Jörg Roesler

Ostdeutsche Wirtschaft im Umbruch

1970–2000

bpb: Bundeszentrale für politische Bildung

Jörg Roesler
Dr. sc. oec., Wirtschaftshistoriker, geb. 1940 in Berlin
Studium der Volkswirtschaft, Wirtschaftsgeschichte und Geschichte an der Humboldt-Universität zu Berlin
zahlreiche Publikationen zur Wirtschaftsgeschichte der DDR und Osteuropas, darunter:
„Zwischen Plan und Markt. Die Wirtschaftsreform in der DDR 1963 - 1970" (1990)
„Wirtschaftliche Transformationsprozesse in der Ex-DDR und ihren östlichen Nachbarländern im Vergleich" (1995)
„... ohne Energie geht gar nichts!" Die ostdeutsche Energiewirtschaft von den Kombinaten zur VEAG (1980 - 2001), zusammen mit Dagmar Semmelmann (2002)
„Die Wirtschaft der DDR" (2002)
der Autor ist selbstständig und hält seit 1999 Lehrveranstaltungen im Fach Volkswirtschaft an der Hochschule der Künste in Berlin Charlottenburg

Umschlag:
Vorderseite: Montage eines Chemieanlagenbaus
Foto: Huss-Medien GmbH
Rückseite: Alt und Neu: Zur Hälfte saniertes Wohnhaus in Threna
Foto: transit/P. Hirth

Bonn 2003

Redaktion und Bildredaktion: Hildegard Bremer, Iliana von Koscielski-Cholewa
Gestaltung: Michael Rechl

Satz und Druckvorstufe: Werbeagentur Rechl, Kassel & Wanfried
Druck: Bonifatius Druck Buch Verlag, Paderborn

ISBN 3-89331-487-3

Inhalt

Braunkohletagebau
in der Lausitz/Brandenburg (1993):
Das Schaufelrad des riesigen
Abraumbaggers hat einen
Durchmesser von 17 Metern
und eine Förderleistung
von 180 000 Kubikmeteren pro Tag

Einleitung

„Man kann die Dramatik der ersten beiden Jahre nach der Wirtschafts- und Währungsunion im Nachhinein kaum darstellen", bekannte zehn Jahre später ein mit der Aufarbeitung der ostdeutschen Landwirtschaft befasster Sozialwissenschaftler.[1] Was er speziell für diesen Wirtschaftszweig äußerte, gilt auch für Industrie und Verkehr, für Handwerk und Handel. Um einige Monate zeitverschoben zur politischen Wende und ein bis zwei Jahre länger andauernd, vollzog sich auch in der Wirtschaft Ostdeutschlands ein fundamentaler Umbruch. Dieser Wechsel von der Plan- zur Marktwirtschaft war zweifellos die ausgeprägteste strukturelle Umwälzung, aber keineswegs der einzige Umbruch in den drei in diesem Band zu behandelnden Jahrzehnten. Während in der politischen Geschichte Ostdeutschlands der demokratischen Revolution von 1989/90 vergleichsweise „ruhige Zeiten" vorangingen bzw. folgten, befand sich die DDR wirtschaftlich, vor allem in der Industrie, bereits seit der zweiten Hälfte der 70er-Jahre in einer Umbruchphase.

Die mit dem Mikroelektronikprogramm der SED-Führung initiierte Investitionspolitik „setzte eine bis wahrscheinlich auf die Anfangsjahre der DDR einmalige Umwälzung der DDR-Wirtschaft in Gang"[2]. Dass die „Mikroelektronisierung" der DDR-Wirtschaft scheiterte, ist bekannt. Dass der Entzug von Investitionsmitteln zur Überalterung des Maschinenparks in der Mehrzahl der traditionellen Industriezweige führte, hat sich tief in das Gedächtnis jener ostdeutschen Arbeiter und Werkleiter eingeprägt, die ihr ganzes Improvisationstalent aufbieten mussten, um die Produktion in „ihrem" Bereich trotzdem in Gang zu halten. Auch nach vollzogener Wirtschaftswende vom volkseigenen zum Privatbetrieb blieben wesentliche strukturelle Veränderungen, wie z.B. der Aufstieg und Niedergang der Bauwirtschaft, in der Wirtschaft der neuen Bundesländer nicht aus. Die – im Vergleich zu den alten Bundesländern – anormale Entwicklung dieses Zweiges war nur ein Zeichen für das, was Bundestagspräsident Wolfgang Thierse in seinen Ende 2000 große Aufmerksamkeit erregenden „Fünf Thesen" als „strukturelle Schwäche der ostdeutschen Wirtschaft" bezeichnete, die es zukünftig zu beseitigen gelte.[3] Der Titel „Ostdeutsche Wirtschaft im Umbruch" hat also seine Rechtfertigung für den größten Teil des hier zu betrachtenden Zeitraums.

Großplakat in Ostberlin aus den 60er-Jahren: „Sozialistisch arbeiten, der Schlüssel zum Weltniveau"

[1] Lutz Laschewski: Vertagtes Ende oder erfolgreicher Wandel? Die Agrargenossenschaften, in: Konrad Hagedorn/Andreas Eisen (Hrsg.): Lernstücke, Genossenschaften in Ostdeutschland, Berlin 2000, S. 49.

[2] Olaf Klenke: Ist die DDR an der Globalisierung gescheitert?, Frankfurt/Main 2001, S. 1.

[3] Wolfgang Thierse: Fünf Thesen zur Vorbereitung eines Aktionsprogramms für Ostdeutschland, Berlin 2001, S.4.

Die wirtschaftliche Entwicklung Ostdeutschlands während der 70er- bis 90er-Jahre ist bisher noch nicht im Zusammenhang, sondern von zwei Gesichtspunkten aus getrennt beschrieben worden. Der eine war das Ende der DDR, das sich für die Wirtschaft im Zusammenbrechen von Produktion und Vertrieb der meisten Betriebe in den ersten Monaten nach der Währungsunion manifestierte. Das offensichtliche Versagen der DDR-Wirtschaft unter den Bedingungen der Marktkonkurrenz – nach der am 1. Juli 1990 im Bereich der Ökonomie vollzogenen deutschen Einheit – war Ausgangspunkt für in die Vergangenheit gerichtete Recherchen. Es galt herauszufinden, wann und wodurch die DDR-Wirtschaft in einen derart hoffnungslosen Zustand geraten war.[4]

Die durch die Währungsunion bewirkte Initialzündung einer marktwirtschaftlichen Entwicklung Ostdeutschlands war Ausgangspunkt für zukunftsorientierte Darstellungen, welche die Integration der Wirtschaft der neuen Länder in die der Bundesrepublik untersuchten.[5] Auch in diesen Arbeiten dominiert die Frage: Wieweit wurde die ostdeutsche Wirtschaftsentwicklung der 90er-Jahre durch die Entscheidungen des Jahres 1990 – ob nun Umtauschkurs, Lohnangleichung oder Finanztransferfestschreibung – geprägt? Wieweit haben die damaligen Entscheidungen zum heute erreichten – für die einen beachtlichen, für die anderen bedenklichen – wirtschaftlichen Ergebnis beigetragen?

In diesem Band wird der Versuch unternommen, die beiden bisher getrennt analysierten Teilaspekte der ostdeutschen Wirtschaftsentwicklung „in einem Stück" zu behandeln. Diese Art des Herangehens an die jüngsten drei Jahrzehnte ostdeutscher Wirtschaftsgeschichte scheint uns ungeachtet der bereits angesprochenen wiederholten Kontinuitätsbrüche in diesem Zeitraum vor allem deshalb gerechtfertigt, weil die Generation von Ostdeutschen, die Anfang der 70er-Jahre ins Berufsleben trat, sie durchschreiten musste und sie, die einstigen „Werktätigen" und heutigen Arbeitnehmer, Selbstständigen oder Arbeitslosen, das wichtigste Moment der Kontinuität in der ostdeutschen Wirtschaft darstellen. Der Blickwinkel in diesem Band muss daher ein anderer sein als der bisher übliche Blick von 1990 zurück oder von der Währungsunion nach vorn. Auf den Versuch, die Hauptfragen, welche den beiden weit verbreiteten Konzeptionen der Darstellung der ostdeutschen Wirtschaftsentwicklung der letzten drei Jahrzehnte zugrunde liegen, zu beantworten, wurde nicht verzichtet. Anliegen des vorliegenden Bandes ist es aber, die Wirtschaftsentwicklung in ihren unterschiedlichen Entwicklungsetappen aus ihren für den jeweiligen Zeitraum charakteristischen Zusammenhängen heraus und in deren Wechselverhältnis zur Politik zu analysieren und darzustellen.

Genauso wie die Wirtschaftsentwicklung in den vergangenen dreißig Jahren in Ostdeutschland stets eng mit Politik verbunden war, so hing sie auch eng mit der Sozialentwicklung zusammen. Nicht nur galt zu DDR-Zeiten die „betriebliche Sozialpolitik" als wesentlicher Bestandteil der DDR-Sozialpolitik. Auch nach 1989 gingen entscheidende Impulse für die soziale Entwicklung in den ostdeutschen Regionen von der Wirtschaft aus. Je nachdem, wie die Betriebe den „Sprung ins kalte Wasser" der Marktwirtschaft überstanden, prägte sich die soziale Lage in ihrem Einzugsbereich in den neuen Ländern aus. Die wirtschafts- bzw. unternehmensnahe Seite der sozialen Entwicklung ist aus diesem Grunde integraler Bestandteil der Schilderung einer sich im Umbruch befindlichen Wirtschaft.

[4] Die bisher umfangreichste Einzelpublikation zu dieser Thematik: Eberhard Kuhrt u.a. im Auftrage des Bundesministeriums des Innern: Die Endzeit der DDR-Wirtschaft. Analysen zur Wirtschafts-, Sozial- und Umweltpolitik, Opladen 1999.

[5] Vgl. z.B. die Beiträge zur Wirtschafts- und Sozialgeschichte, in: Wolfgang Thierse/Ilse Spittmann-Rühle/Johannes L. Kuppe (Hrsg.): Zehn Jahre Deutsche Einheit, Bonn 2000, S. 49ff., 59ff.

HO-Porzelangeschäft in Erfurt, 1983

Die um wesentliche soziale Aspekte bereicherte Wirtschaftsentwicklung wird auf zwei Ebenen behandelt: auf der Ebene des Staates und der des Betriebes/Kombinates bzw. Unternehmens/Konzerns. Der Betrachtung der Wirtschaft „von unten“ wird dabei – augenfällig ist das besonders in der Dokumentation – gebührende Aufmerksamkeit gewidmet. Denn die Aufgabenstellung, die sich die (zweite) Enquete-Kommission setzte, zu „helfen, dass sich die Menschen mit ihren unterschiedlichen Biographien im Einigungsprozess besser wiederfinden“[6] hat sich auch der Autor dieses Bandes zu Eigen gemacht.

Die Unterteilung in fünf Kapitel entspricht der Chronologie. Dort, wo bestimmte Wirtschaftszweige bzw. -probleme erstmals zur Sprache kommen, wurde ein kurzer Rückblick – eventuell auch ein Blick voraus – für zweckmäßig erachtet. Unterteilt man die drei Jahrzehnte unter wirtschafts- und ordnungspolitischen Gesichtspunkten in Abschnitte mit prägenden Zäsuren, dann sind derer drei zu unterscheiden: Die Etappe der zentralistischen Planwirtschaft (von 1971 bis Oktober 1989), die Zeit der Reformversuche mit dem Ziel, in Ostdeutschland eine „sozial und ökologisch orientierte Marktwirtschaft“ zu schaffen (bis März/Juni 1990), und der Zeitraum der Zugehörigkeit des ostdeutschen Wirtschaftsraumes zum Geltungsbereich der bundesdeutschen Marktwirtschaft (ab Juli 1990). Die Eigenständigkeit des relativ kurzen Zeitraums der Wirtschaftsreformen der Regierung Modrow und des Runden Tisches[7] ist bisher kaum erkannt worden. Dem steht gegenüber, dass die Biographien eines bemerkenswerten Teiles des seit den 90er-Jahren in den Unternehmen in den neuen Ländern agierenden ostdeutschen Führungspersonals – ob nun auf der Ebene des Managements oder der Belegschaftsvertretungen (Betriebsräte und Gewerkschaften) – gerade in dieser Zeit der Wirtschaftswende wesentlich geprägt wurden.

Schon aus dem bisher Gesagten wird deutlich, dass es bis heute keine einheitliche Meinung über die „Wende in der Wirtschaft“, aber auch über die Wirtschaftsentwicklung Ostdeutschlands in den beiden Jahrzehnten davor und dem Jahrzehnt danach gibt. Das ist teilweise auf die Quellensituation zurückzuführen. Denn wenn auch seit Jahren die Akten über die DDR-Wirtschaft einschließlich der aufschlussreichen Bestände der Wirtschaftsakten des Ministeriums für Staatssicherheit (MfS)[8] für die wissenschaftliche Aufarbeitung zur Verfügung stehen, so befinden sich doch – mit Ausnahme einer auf Archivquellen beruhenden Publikation über den Zeitraum 1989/90 – die Akten der einschlägigen mit Wirtschaft befassten Institutionen der Bundesrepublik – vor allem der Treuhandanstalt – noch unter Verschluss. Das gestaltet die Erarbeitung überprüfbarer Ergebnisse schwierig. Ein zweiter und wohl der gewichtigere Grund für unterschiedliche Einschätzungen der ostdeutschen Wirtschaftsentwicklung in den letzten drei Jahrzehnten liegt in der für ein zeitgeschichtliches Thema charakteristischen Situation, dass Analyse und Interpretation immer wieder auch unter politischen, vor allem parteipolitischen Gesichtspunkten vorgenommen wurden und werden. Dass zu den im Schlussbericht der zweiten Enquete-Kommission behandelten Themen allein 24 Sondervoten und zehn Stellungnahmen zu Sondervoten von Parteienvertretern und Sachverständigen abgeben wurden, unterstreicht die Meinungsvielfalt zur Entwicklung Ostdeutschlands vor und nach der Einheit. In diesem Band folgt der Autor seinen eigenen, bei der Analyse der ostdeutschen Wirtschafts- und Sozialgeschichte gewonnenen Erkenntnissen. Zugleich ist er bemüht, das gesamte Meinungsspektrum zu Kernfragen der Einschätzung der ostdeutschen Entwicklung – vor allem im Dokumententeil – zu berücksichtigen.

[6] Schlussbericht der Enquete-Kommission „Aufarbeitung von Geschichte und Folgen der SED-Diktatur im Prozess der deutschen Einheit“ (13. Wahlperiode), hrsg. vom Deutschen Bundestag, Bonn (10. Juni) 1998, S. 11.

[7] Das den Wirtschaftsreformaktivitäten der ersten Monate des Jahres 1990 zugrunde liegende „Regierungskonzept zur Wirtschaftsreform in der DDR“ wurde vom Ministerrat am 1. Februar 1990 gebilligt und vom Runden Tisch am 5. Februar 1990 „als Grundlage weiterer notwendiger Entscheidungen zur Durchführung der Wirtschaftsreform positiv eingeschätzt“. Regierungskonzept zur Wirtschaftsreform (Arbeitsgruppe Wirtschaftsreform beim Ministerrat der DDR), Berlin (Ost) 1990, S. IV.

[8] Vgl. Maria Haendcke-Hoppe-Arndt: Die Hauptabteilung XVIII: Volkswirtschaft (MfS-Handbuch, Teil III/10), Berlin 1997.

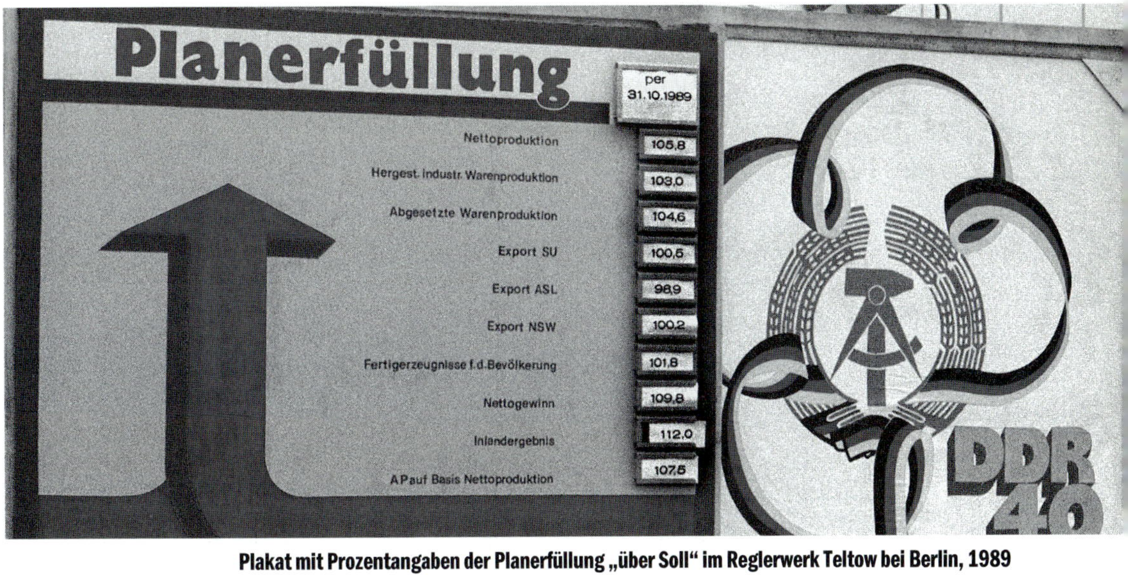

Plakat mit Prozentangaben der Planerfüllung „über Soll“ im Reglerwerk Teltow bei Berlin, 1989

1 Einheit von Wirtschafts- und Sozialpolitik

„Normalisierung" der DDR-Wirtschaft

„Manche haben in dieser Zeit die Frage nach dem ökonomischen System des Sozialismus gestellt", bemerkte Erich Honecker, der neu gewählte Erste Sekretär des Zentralkomitees (ZK), im Bericht des ZK an den VIII. Parteitag der SED im Juni 1970. „Genossen, das ökonomische System des Sozialismus entwickelt sich gut, nur allzu viele ‚außerplanmäßige Wunder' kann es nicht verkraften."[1]

Das „Ökonomische System des Sozialismus", auch als ÖSS bezeichnet, stand für die Wirtschaftsreform seines Vorgängers Walter Ulbricht. Der war nach mehrmonatigem Machtkampf an den Rand der SED-Führungsriege gedrängt worden. Wie Ulbricht nach dem Willen des neuen Ersten Sekretärs keine Rolle mehr spielen sollte, so auch die durch ihn 1963 zunächst in Gestalt des „Neuen Ökonomischen Systems" (NÖS)[2] initiierte, von Honecker und der Mehrzahl der Politbüromitglieder stets mit Misstrauen betrachtete Wirtschaftsreform. Offen wagte der in den ersten Monaten nach seiner Machtübernahme noch äußerst vorsichtige Honecker das Ende der Reformperiode in der DDR-Wirtschaft aber nicht zu verkünden. Noch erfreuten sich NÖS und ÖSS ebenso wie Ulbrichts Technologiepolitik, mit deren Hilfe jener den Westen „überholen ohne einzuholen" wollte, bei vielen Wirtschaftsfunktionären und Ingenieu-

[1] Erich Honecker: Bericht des Zentralkomitees an den VIII. Parteitag der SED, Berlin 1971, S. 37.

[2] Das NÖS wurde in der Industrie und anderen Zweigen der Volkswirtschaft ab 1964 wirksam. Die Wirtschaftsreform basierte auf einer stärkeren Dezentralisierung und einer Regulierung der betrieblichen Produktion mittels ökonomischer Anreize. Ab 1969 wurde es durch das ÖSS abgelöst, das für technologische Schwerpunktbetriebe wieder eine umfassende zentralstaatliche Lenkung einführte, ansonsten aber die Grundregeln des NÖS beibehielt. 1971 wurde das ÖSS abgeschafft.

Erich Honecker nach seiner Wahl zum Ersten Sekretär des ZK der SED auf dem VIII. Parteitag am 15. Juni 1971

Gewerkschaft „strickte mit“

Betriebsleiter des Kraftwerkes „Elbe“ über die Einflussmöglichkeiten der BGL bei der Plandiskussion:

Es gab ja immer drei Bestandteile des Planes: die materiell-finanzielle Seite, das war eindeutig Sache der staatlichen Leitung und der Betriebsleitungen ... und dann gab's den Plan der Arbeits- und Lebensbedingungen, und dort hat die BGL natürlich wesentlich mitgestrickt, indem dann 'ne ganz bestimmte Veränderung der Arbeits- und Lebensbedingungen in den Betrieben: neue Technologien, Leitstandsbau, Schallschutzmaßnahmen – auf Basis der materiellen Möglichkeiten (gefordert wurde). Dann haben sie mitgewirkt an dem gesamten Thema der Kinder- und Ferienbetreuung. Das ist Sache der BGL in erster Linie gewesen, und dort haben sie ihre Meinung auch eingebracht. Ja. Die mussten ja dann auch immer das Koreferat auf der Vertrauensleutevollversammlung halten, wenn die Planverteidigung des Betriebsleiters war. Da wurde über den Planentwurf abgestimmt, ja oder nein.

Jörg Roesler/Dagmar Semmelmann: „... ohne Energie geht gar nichts!“ Die ostdeutsche Energiewirtschaft von den Kombinaten zur VEAG (1980–2001), Berlin 2001 (Vereinigte Energiewerke AG), S. 50.

Kaum manipuliert

Der Präsident des Statistischen Bundesamtes, Egon Hölder, über das Ergebnis der Validitätsprüfung der DDR-Statistik:

Statistik in der ehemaligen DDR – sie diente hauptsächlich dem gesamtstaatlichen Informationsbedürfnis, also der Planung, Leitung und Überwachung der zentral gelenkten Kommandowirtschaft. ... Die von uns durchgeführte Studie untersuchte konkret die Statistik im produzierenden Gewerbe, im Einzelhandel und in der Landwirtschaft. Hier wurden sowohl in Unternehmen selbst als auch bei allen anderen mit der Statistik betrauten Stellen Interviews durchgeführt. ... Welchen Einfluss hatte nach unserer Erkenntnis die zentrale Planung auf die Ergebnisse? ... Das Ist-Ergebnis wurde streng kontrolliert und war weitestgehend richtig. ... Mit anderen Worten: Statistik zeichnete im Wesentlichen die Realität nach, der Plan folgte der Wirklichkeit.

Statement des Präsidenten des Statistischen Bundesamtes Egon Hölder: DDR-Statistik: Schein und Wirklichkeit (Statistisches Bundesamt), Wiesbaden (April) 1991, S. 1.

Mitarbeiter eines VEB in Berlin während der öffentlichen Auswertung der „Halbzeitbilanz“ zur Planerfüllung

ren einer gewissen Beliebtheit. Doch auch die Technologiepolitik Ulbrichts missfiel Honecker. Sie verschlang Mittel, die der neue Erste Sekretär woanders gezielter glaubte einsetzen zu können. Mit den „außerplanmäßigen Wundern“, auf die man in Zukunft besser verzichten solle, waren Ulbrichts Technologieprojekte gemeint. Was die Wirtschaft wirklich brauche, so Honecker, sei ein „bilanzierter Plan als sicheres Fundament“.

Unter Honeckers Ägide erhielt die Planung auch äußerlich wieder jene Bedeutung, die sie in den 50er-Jahren vor der Wirtschaftsreform bereits besessen hatte. Der neue Fünfjahrplan für 1971 bis 1975 wurde, wie es sich gehörte, wieder im Gesetzblatt veröffentlicht und nicht mehr wie der vorangegangene für 1966 bis 1970 lediglich in der Fachzeitschrift „Die Wirtschaft“.

Die zentrale Wirtschaftslenkung vollzog sich während der 70er-Jahre allerdings nicht mittels dieses „Perspektivplans“, sondern – wie früher – über die Jahresplanung. Das Konzept des Jahresplans wurde gewöhnlich im Januar/Februar eines laufenden Jahres für das nächstfolgende Jahr in der Staatlichen Plankommission durch Konsultationen mit den Branchenministerien sowie durch die „Querschnittsministerien“ für Finanzen, Wissenschaft und Technik, Außenhandel sowie Materialwirtschaft erarbeitet. Grundlage war die Analyse des Wirtschaftsablaufs im vorausgegangen sowie die Einschätzung des Plananlaufs für das gerade angelaufene Jahr.

War man sich „oben“ auch bewusst, dass man nicht einfach die gewünschten Planziele vorgeben konnte, so sollten die Betriebe, die Vereinigung Volkseigener Betriebe (VVB) und Kombinate mittels der Planaufgabe doch zur höchstmöglichen Leistung verpflichtet werden. Dazu diente aus der Sicht des Ministeriums auch die „Plandiskussion“, an der, von den Gewerkschaften organisiert, die Betriebsangehörigen teilzunehmen hatten. Der wirkliche Akteur der Plandiskussion war die Betriebsleitung, die versuchte, für das Unternehmen günstigere, d.h. eher zu erfüllende Aufgaben als „Initiative der Werktätigen“ auszugeben.

Die Plankennziffern, mit Kommentaren und Korrekturwünschen „von unten“ versehen, gingen, nachdem die „Planrunde“ in den Betrieben und im Kombinat beendet war, im September/Oktober des jeweiligen Jahres wieder „nach oben“ in die Ministerien und die Staatliche Plankommission. Dort blieben die Einwände aus den Kombinaten und Betrieben in der Regel unbeachtet. Nach Beratungen mit dem Wirtschaftssekretariat des ZK der SED legte die Plankommission sogar oft noch

Praktiken bei der Planerfüllung

Der Generaldirektor des Kombinats Carl Zeiss Jena über seine Methode, immer den Plan zu erfüllen:

Dann gab es den so genannten Planrücklauf, sie verteidigten dann ihre Zahlen, das habe ich immer persönlich gemacht. Da gab es Auseinandersetzungen, ich hatte natürlich auch meine Reserven, man hatte ja schließlich seine Erfahrungen. Also, wenn der drei Millionen weniger Gewinn bringen wollte, wusste ich, da kannst du mitgehen, denn du hast im Kombinat zwanzig Millionen Mark zurückbehalten. Es gab eine Vielzahl nicht definierbarer und nicht aufschreibbarer Praktiken, die so ein System mit sich bringt, ganz einfach dadurch, dass sie nach und nach einen Erfahrungsschatz anhäuften und jedes Jahr ein wenig klüger wurden. ... Natürlich gab es auch Krach und Theater, aber wir hatten zum Schluss immer einen Plan, den wir erfüllt haben. Das Kombinat Zeiss hat alle Pläne fünfzehn Jahre lang erfüllt und übererfüllt.

Theo Pirker/M. Rainer Lepsius/Rainer Weinert/ Hans-Hermann Hertle: Der Plan als Befehl und Fiktion. Wirtschaftsführung in der DDR. Gespräche und Analysen, Opladen 1995 (Leske + Budrich), S. 219.

Blick in den Lagerraum einer Kartonagefabrik in Breitenbrunn/ Erzgebirge, 1988

Planerfüllung auf Umwegen

Eine Direktorin für Beschaffung und Absatz im VEB Feinwäsche zum Vorrang des Exports in die Sowjetunion:

Die Planerfüllung gegenüber der UdSSR in Trikotagen war eines Jahres nicht möglich gewesen. Wir hatten zu wenig geliefert. Das Jahresende näherte sich bedrohlich. Dann haben unsere Chefs in Westdeutschland übrig gebliebene (DDR-)Ware aufgekauft. Diese wurde mit der DDR-Spedition Deutrans in den letzten Tagen des Jahres aus dem Westen abgeholt. Unsere Mitarbeiter haben die Warenbegleitpapiere für die UdSSR umgeschrieben. Die Lastwagen standen mit laufendem Motor draußen. Dann wurden die Fahrer beauftragt, die Ware noch im alten Jahr bei Brest mit den neuen Papieren über die Grenze zu schaffen. Die fuhren wie verrückt und schafften es gerade noch. So konnten wir unseren Plan in dem Jahr erfüllen.

Friedrich Thießen (Hrsg.): Zwischen Plan und Pleite. Erlebnisberichte aus der Arbeitswelt der DDR, Köln 2001 (Böhlau Verlag), S. 120f.

etwas auf die staatlichen Forderungen vom Frühjahr drauf und gab sie dann an die Betriebe und Kombinate zurück.

In den Betrieben kannte man diese Vorgehensweise natürlich. Die Kombinats- und Betriebsdirektoren waren deshalb bestrebt, sich gegen die überzogenen Planvorgaben „von oben" zu wappnen, indem sie ihre wahren Produktionsmöglichkeiten verschleierten und unterhalb der Höchstauslastung planten, um die zu erwartenden umfangreicheren staatlichen Planvorgaben doch noch erreichen zu können.

Rein theoretisch hätten sich Betriebsleitungen und Plankommission bzw. Ministerium natürlich gleich auf realistischere Plankennziffern einigen können. Das hätte manche krummen Manöver, viel Papier und Tausende mit Planrechnungen aller Art vertane Arbeitsstunden gespart. Aber das war unter den Bedingungen der 70er- und 80er-Jahre, als die in den 60er-Jahren zur Verhinderung „weicher Pläne" eingeführten „ökonomischen Hebel" ihre Bedeutung verloren hatten, nicht möglich. So blieb nur noch der „Planpoker" als aufwändiges Regulierungsinstrument für die jährliche Erzeugung. Wer es beherrschte, der galt als ein erfolgreicher Direktor.

Aber auch, wenn es dem Werkleiter nicht gelang, mit verheimlichten Reserven den Plan zu manipulieren, musste die Erfüllung des Jahresplanes noch nicht gefährdet sein. War der Werkleiter gewitzt genug, die Plankommission davon zu überzeugen, dass nicht sein Betrieb, „sondern äußere Einflüsse" den Rückstand in der Planerfüllung bewirkt hatten, dann winkte ihm spätestens zum IV. Quartal des Jahres eine „Planpräzisierung", d.h. eine Reduzierung des Jahresplanes. Damit war die Jahresendprämie, die in den 70er-Jahren immer mehr zum 13. Monatsgehalt der Werktätigen in Ostdeutschland wurde, gerettet. Volkswirtschaftlich ließ sich der eingetretene Rückstand natürlich mit einem Federstrich nicht ausgleichen. Deswegen gab es die „Planpräzisierung" nicht im Abonnement. Überstunden, um den Monatsplan zu retten, waren auch in den 70er- und 80er-Jahren in vielen Betrieben gang und gäbe. Häufig war das der Fall, wenn Industriebetriebe, die in hohem Maße von Energielieferungen der Braunkohlekraftwerke abhängig waren, wegen starken Frostes ihren Plan am Jahresanfang nicht hatten erfüllen können. Auf Überstunden musste aber auch zurückgegriffen werden, wenn dem Betrieb mitten im Jahr Planänderungen (Produktionserhöhungen oder Sortimentsveränderungen) vom zuständigen Ministerium angeordnet wurden, weil „außerplanmäßig" ein akuter Mangel an diesem oder jenem wichtigen Wirtschaftsgut eingetreten war oder sich ein günstiges Exportgeschäft anbot.

Das Planungssystem wurde noch dadurch kompliziert, dass es vorgegebene Dringlichkeitsstufen gab, die regelten, welcher Vertragspartner vorrangig beliefert werden musste. Daran konnte man auch ablesen, wer bei Planuntererfüllung das Nachsehen hatte. In den 70er-Jahren standen Lieferungen für die Landesverteidigung (LVO) und an sowjetische Abnehmer in der Prioritätenliste an oberster Stelle.

Wenn es auch im Getriebe des Planungsmechanismus immer wieder ächzte, gelang es der DDR in den 70er-Jahren, international eine Zeit wirt-

Schilder im VEB Rohrleitungsbau Bitterfeld. Die deutsch-sowjetische Freundschaft wurde über den Betrieb organisiert

Arbeiterin am Klebeautomaten in der Schuhfabrik LUWA in Luckenwalde, 1990. Die Schuhe wurden vorwiegend für die Sowjetunion hergestellt

schaftlicher Abschwünge, auch international beachtliche wirtschaftliche Zuwachsraten von 5 bis 6 Prozent in der Industrie und 4 bis 5 Prozent beim Nationaleinkommen vorzuweisen.[3]

Zu den schlagkräftigsten Argumenten der Werksdirektoren beim Planpoker gegenüber den höheren Planungsinstanzen gehörte der Hinweis auf fehlende Produktionsfaktoren: Ausrüstungen, Material, Zulieferungen, Arbeitskräfte. In den 60er-Jahren hatte es für die Werkleiter ökonomische Anreize gegeben, auf die Einstellung von zusätzlichen Arbeitskräften zu verzichten. Die hatten vorübergehend eine gewisse Entspannung auf dem Arbeitsmarkt bewirkt. Nach Aufhebung dieser Anreize stieg die Arbeitskräfteknappheit in den 70er-Jahre bald wieder an. Der Faktor Arbeit war, genau wie der Materialeinsatz, geplant. Die Zahl der Arbeitskräfte (Planstellen) wurde den Betrieben „mengenmäßig" vorgegeben. Die zentrale staatliche Arbeitskräfteplanung sicherte nur „Schwerpunktbetrieben"[4] des jeweiligen Fünfjahrplanes zusätzliche Arbeitskräfte zu. Die übrigen Betriebe sollten ihren zusätzlichen Bedarf mithilfe von Rationalisierungsmaßnahmen aus dem eigenen Betrieb decken. Ganz im Sinne der „zentralen Kommandowirtschaft" arbeitete das zuständige Staatssekretariat für Arbeit und Löhne mit Ge- und Verboten für die einzelnen Unternehmen. Eine direkte Zuweisung per Plan gab es allerdings für Arbeitskräfte, im Unterschied zu den anderen Produktionsfaktoren, nicht. Seit Anfang der 50er-Jahre herrschte in der DDR de facto, seit Mitte der 50er-Jahre auch de jure Freizügigkeit. Soweit die Betriebe sich durch den vorgegebenen Stellenplan gedeckt fühlten, versuchten sie deshalb, ihr Arbeitskräftereservoir durch Abwerbung aus anderen Betrieben der Region aufzufüllen. Da in allen Betrieben eines Industriezweiges im Prinzip die gleichen Tarife galten, Lohnanreize also nur begrenzt eingesetzt werden konnten, warben die Betriebe gern mit „Extras" im sozialpolitischen Bereich. Auch in den 70er- und 80er-Jahre war das beste Zugmittel das Versprechen, eine Wohnung zu bekommen.

Insgesamt war die Bereitschaft der Werktätigen, den Betrieb zu wechseln, während der 70er-Jahre, verglichen etwa mit den Arbeitnehmern der Bundesrepublik, gering. Der Betrieb war für den Arbeiter oder Angestellten mehr als eine Arbeitsstelle, er war auch sozialer Mittelpunkt. Wesentlichen Anteil daran hatten die „sozialistischen Brigaden"[5]. Diese, eine der vielen in den 50er-Jahren

[3] Statistisches Jahrbuch der Deutschen Demokratischen Republik '90, Berlin (Ost) 1990, S. 14, 22.

[4] Ein Schwerpunktbetrieb war unmittelbar an der Lösung der wichtigsten im jeweiligen Fünfjahrplan zu lösenden Produktionsaufgaben beteiligt. Er war gegenüber den anderen Betrieben insofern privilegiert, als er mehr Investitionsmittel als der Durchschnitt der Betriebe erhielt und in der Regel auch zusätzliche Arbeitskräfte einstellen durfte.

[5] Brigaden bzw. sozialistische Kollektive waren Gruppen von Werktätigen, die nach dem „Prinzip der kameradschaftlichen gegenseitigen Hilfe und Unterstützung" unter der Leitung eines Brigadiers gemeinsam bestimmte Produktionsaufgaben lösten, sich kulturell nach Feierabend betätigten und sich fachlich weiterbildeten. Die Brigade war in der Regel die unterste Struktureinheit eines Betriebes.

Zu viele Dringlichkeitsstufen

Ein Planungsleiter im Maschinenbauhandel in Karl-Marx-Stadt (Chemnitz) über Lieferprioritäten in seinem Betrieb:

Andererseits hatten wir selbst nach „Dringlichkeiten" auszuliefern. Dazu gab es ständig überarbeitete Rangfolgen, die vom LVO-Bedarf, d.h. für Organe der Landesverteidigung, über den Bedarf für Unternehmen, die im Anlagenexport und im NSW-Export, also im Export mit dem Nichtsozialistischen Wirtschaftsgebiet, tätig waren, bis hin zu speziellen von der Regierung festgelegten Vorhaben, wie z.B. den Bau des Palastes der Republik oder das Wohnungsbauprogramm oder die Förderung der Konsumgüterproduktion, reichten. Zeitweise mussten wir Verteilungen mit bis zu 15 verschiedenen Dringlichkeitskategorien vornehmen.

Friedrich Thießen (Hrsg.): Zwischen Plan und Pleite. Erlebnisberichte aus der Arbeitswelt der DDR, Köln 2001 (Böhlau Verlag), S. 74.

„Viele sind wegen der Wohnung hergekommen“

Der Betriebsleiter des Kraftwerks Hagenwerder über Betriebswohnungen als Anwerbemittel:

Nach Hagenwerder haben wir die Leute aus der ganzen Republik geholt. Öffentliche Werbung, Delegierung, was es alles gab, gute Verdienstmöglichkeiten. Aber das Allerwichtigste war 'ne Wohnung. Wir konnten also 'ne Wohnung versprechen, die ersten Jahre. Viele hatten keine Wohnung, viele sind wegen der Wohnung hergekommen, aus den unterschiedlichsten Berufen, haben sich hier qualifiziert. Wohnungen waren in den 50er- und 60er-Jahren das A und O.
Hatten Sie Wohnungen, kriegten Sie Leute, und wir hatten Wohnungen, die Neubauwohnungen, die wir hier außerhalb des Stadtrandes gebaut haben, die großen Blöcke da, Plattenbauten, alles fürs Kraftwerk und für die Grube –, und damit hatten wir Leute.
Also, viele Arbeitskräfteprobleme konnten wir am Anfang dadurch lösen, dass wir ihnen außer 'ner sehr interessanten Arbeit auch 'ne Wohnung bieten konnten.

Jörg Roesler/Dagmar Semmelmann: „... ohne Energie geht gar nichts!“ Die ostdeutsche Energiewirtschaft von den Kombinaten zur VEAG (1980–2001), Berlin 2001 (Vereinigte Energiewerke AG), S. 55.

im Auftrage der SED-Führung durch den FDGB (Freier Deutscher Gewerkschaftsbund) bzw. die FDJ (Freie Deutsche Jugend) kreierten „Bewegungen“, erwiesen sich, im Unterschied zu vielen anderen „Arbeitsinitiativen“, für die gesamte Zeit der Existenz der DDR als bedeutungsvoll. Mit einem mit dem FDGB abgesprochenen und in der Gewerkschaftszeitung „Tribüne“ veröffentlichten Appell einer Bitterfelder Chemiebrigade „sozialistisch zu arbeiten, zu leben und zu lernen“ hatte die „Bewegung der sozialistischen Brigaden“ 1959 begonnen.[6] Ende der 60er-Jahre waren in den zunächst als Elitebewegung besonders klassenbewusster Arbeiter geplanten sozialistischen Brigaden bereits knapp zwei Drittel aller Arbeiter und Angestellten der Industrie organisiert. In den 70er- und 80er-Jahren wurde die Brigadebewegung auf alle Wirtschaftsbereiche ausgedehnt. 1988 waren 84 Prozent aller Arbeiter und Angestellten in den Industriebetrieben Mitglieder einer „sozialistischen Brigade“ bzw. zwei von drei in der Wirtschaft tätigen Personen. Ein ähnliches Wachstum verzeichneten die Jugendbrigaden – Zusammenschlüsse von Jungarbeitern und -arbeiterinnen –, deren Zahl von knapp 16 000 im Jahre 1971 auf mehr als 45 000 im Jahre 1985 anstieg. Sie erfuhren größere Aufmerksamkeit durch die Gewerkschaften und die Betriebsleitung als andere Brigaden. Um sie kümmerten sich auch insbesondere die SED und die FDJ.

[6] Gemeinsamer Plan des Sekretariats des Bundesvorstandes des FDGB und des Sekretariats des Zentralrats der FDJ zur Organisierung einer Bewegung zur Erringung des Titels „Brigade der sozialistischen Arbeit“, (SAPMO A1.201.1317, unp.)

Neubauwohnungen in Görlitz für Kraftwerker aus Hagenwerder

[7] ASA, Rep. 93/987 unp.; 95/128 unp.

[8] Der Titel „sozialistisches Kollektiv" wurde einmal im Jahr an die Brigaden vergeben, die ihren Brigadeplan nachweislich erfüllt hatten. Er enthielt Zielstellungen politischer, ökonomischer und kultureller Art. Der Kampf um den Titel war jedes Jahr aufs Neue zu führen und seine Erfüllung abzurechnen.

Zu den Pflichten der sozialistischen Brigaden gehörte es auch, ein Brigadetagebuch zu führen. Am Anfang gab es genug „engagierte" Brigaden, nach deren Auffassung das Brigadebuch „kein Buch der guten Taten", sondern eine Widerspiegelung realen betrieblichen Lebens „ohne Schönfärberei" sein sollte. Aber bereits in den 60er-Jahren wurde bemängelt, dass „dem Ringen um höchste Produktionsergebnisse" im Tagebuch nicht mehr genügend Raum gewidmet würde. Diese Tendenz setzte sich in den 70er- und 80er-Jahren offensichtlich unvermindert fort. Im Jahre 1987 stellte die Schriftstellerin Marga Tschirner in einem Brief an den Bundesvorstand des FDGB fest, „dass sich der Inhalt der Tagebücher, im Gegensatz zu früher, verändert hat. Nicht mehr die Tagebuchform wird gehandhabt, sondern das Schreiben von Artikeln mit Überschriften über Brigadeausflüge, Besuch in der Patenklasse usw. ... Auseinandersetzungen werden kaum geschildert. Kritische Bemerkungen fehlen, meist auch Probleme der Arbeit."[7]

Zumindest teilweise war diese Schelte unberechtigt. Denn im Aufruf der Bitterfelder Chemiewerker von 1959 hatte auch der Satz gestanden: „Sozialistisch leben wollen wir, indem sich die ganze Brigade für jeden einzelnen und jeder einzelne für die Brigade als Kollektiv verantwortlich fühlt." Diese Solidarität untereinander ist es, an die sich ehemalige Mitglieder „sozialistischer Kollektive"

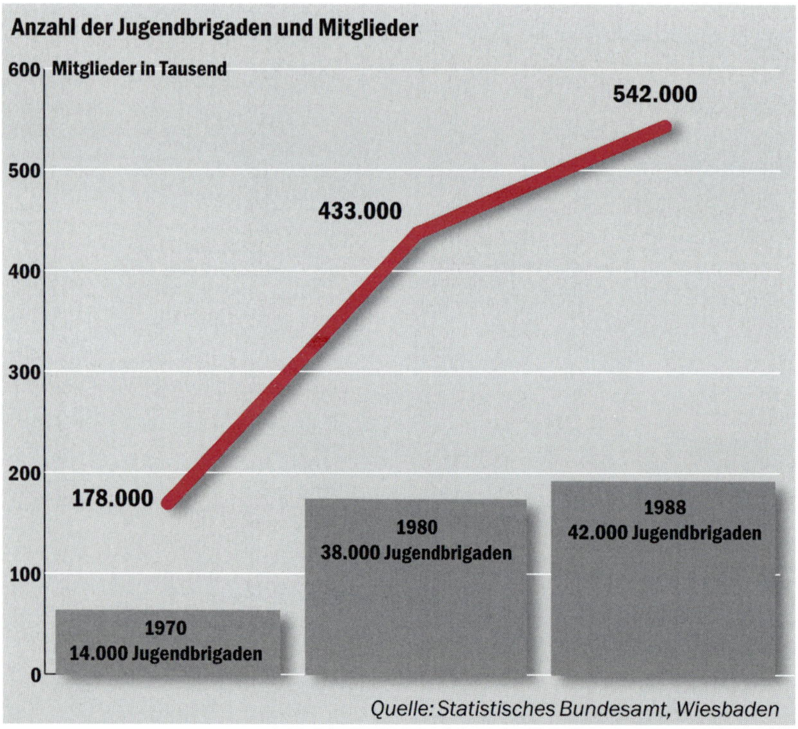

Intuitive Leistungskontrolle

Aussagen eines Arbeitswissenschaftlers über die gegenseitige Kontrolle der Arbeitsleistung innerhalb der Brigaden zu DDR-Zeiten:

In den Produktionsbrigaden bestimmte überwiegend der technologische Prozess die Kontakte der Werktätigen. Der wichtigste und durch die Kollegen am besten einschätzbare Aspekt, nachdem der Einzelne in der Brigade beurteilt wurde, war ... seine erbrachte Leistung. Wusste doch jeder, dass ungenügende Leistungen nicht zur Erfüllung der Normen führen. ... Während übergeordnete Instanzen zur Kontrolle und Bewertung der Gruppenleistung exakte Indikatoren benötigten, brauchten die Brigademitglieder diese zur Einschätzung ihrer Kollegen nicht, da sie ausreichend über deren Tätigkeit informiert waren. Die Meinung der Brigade zur Leistung der Mitglieder stellte ein wichtiges Mittel der kollektiven Erziehung und Selbsterziehung dar. Sie spielte die bedeutendste Rolle bei der Umsetzung der Leistungsanforderungen in kollektives Bewusstsein.

Kerstin Nawroth/Gerhard Kullmann: Die Bedeutung und Veränderung von sozialen Bindungen in den Gruppenstrukturen der Produktionsbelegschaften in den neuen Bundesländern (Institut für Arbeitswissenschaften Dresden), Dresden 1993, S. 8.

Bemühungen ums Brigadetagebuch

Entwicklungsstellenleiter im VEB Wissenschaftlich-Technisches Zentrum Automobilbau über den Titelkampf[8] in seinem „sozialistischen Kollektiv":

Verbunden mit dem „Titelkampf" sind Tätigkeiten wie das Anstreichen von Klassenräumen in irgendeiner Schule, gemeinsamer Besuch von Museen, Kundgebungen, Veranstaltungen, Führen eines umfangreichen Tagebuches usw. ... Und so hetzte ich mit meinen Leuten durch Museen, Veranstaltungen und verbrachte mit einigen Kollegen, die noch hinreichend des Schreibens kundig waren, einen Teil meiner Zeit mit der Abfassung des Tagebuches, dessen Inhalt noch durch eine Jury zu bewerten war. ... Es folgte eine „Titelverteidigung", die noch einmal Zeit kostete, und danach gab es eine Anstecknadel und wohl 20 oder 50 Mark.

Friedrich Thießen (Hrsg.): Zwischen Plan und Pleite. Erlebnisberichte aus der Arbeitswelt der DDR, Köln 2001 (Böhlau Verlag), S.159f.

Jugendbrigade auf der Blockwarte des Kraftwerks Thierbach

fast ausnahmslos bis heute erinnern. Die überwiegend gute Arbeitsatmosphäre, in der Mobbing kaum gedeihen konnte, hatte zweifellos auch ihre leistungsstimulierende Seite, die wenig mit den formalen Verpflichtungen zu Höchstleistungen im „sozialistischen Wettbewerb“ zu tun hatte, die „sozialistische Kollektive“ in ihr jährlich abzurechnendes Brigadeprogramm schreiben mussten.

Nostalgischer Blick zurück

Ein Meister aus dem Kraftwerk Hagenwerder über „seine“ Jugendbrigade:

Da hatten se festgestellt, dass wir 'ne Jugendbrigade machen können, und da wurd' ich dann Jugendbrigadier. – Es war eigentlich eine schöne Zeit für mich; wir warn ooch 'n sehr schönes Kollektiv. – Ja, und dann kriegten wir 1983 die Auszeichnung „Hervorragendes Jugendkollektiv der DDR“. – Und das war wirklich eine echt schöne Zeit. Nach der sehn' ich mich gerne zurück, weil, 's war ooch Zusammenhalt der Menschen gewesen, und man hat sich eingesetzt, ooch mit Schlitzohrigkeit.

Jörg Roesler/Dagmar Semmelmann: „... ohne Energie geht gar nichts!“ Die ostdeutsche Energiewirtschaft von den Kombinaten zur VEAG (1980–2001), Berlin 2001 (Vereinigte Energiewerke AG), S. 47.

Das Strategiekonzept der „Einheit von Wirtschafts- und Sozialpolitik“

Im Dezember 1971 zitierte Ministerpräsident Willi Stoph bei der Vorstellung des Fünfjahrplanes 1971 bis 1975 ein Wort der „Bestarbeiterin“ Frida Hockauf aus dem Jahr 1954: „So wie wir heute arbeiten, werden wir morgen leben.“ Dieser Satz war unter der Herrschaft Ulbrichts fast zur Staatsdoktrin avanciert. Stoph nahm das Hockauf-Wort aber zum Ausgangspunkt für eine genau in die entgegengesetzte Richtung zielende Argumentation: Da das Morgen nicht mehr fern sei, könne man schon jetzt in der DDR dazu übergehen, heute so zu leben, wie man bereits arbeite. Stoph bezog sich auf die Ausführungen des neuen Ersten Sekretärs des der SED, Erich Honecker, der auf dem VIII. Parteitag der SED im Juni desselben Jahres verkündet hatte, es sei an der Zeit, mit der Ausgestaltung der „entwickelten sozialistischen Gesellschaft“ zu beginnen. In diesem Zusammenhang formulierte er erstmals: „Die Hauptaufgabe ... besteht in der weiteren Erhöhung des materiellen und kulturellen Lebensniveaus des Volkes auf der Grundlage eines hohen Entwicklungstempos der sozialistischen Produktion und des Wachstums der Arbeitsproduktivität.“[9] Der Satz wurde später als Geburtsstunde der Strategie Honeckers von der „Einheit von Wirtschafts- und Sozialpolitik“ bezeichnet.

[9] Erich Honecker (Anm. 1), S. 38.

Honecker und die Mehrheit des Politbüros waren davon überzeugt, dass eine stetig sich verbessernde materielle Versorgung und die Abwesenheit von Not und Existenzkampf originäre Kennzeichen eines sich verwirklichenden Sozialismus seien. Im Unterschied zu Ulbricht meinte er, mit der Verwirklichung dieses Zieles habe man nun, fast 20 Jahre nach Verkündung des Aufbaus des Sozialismus in der DDR, lange genug gewartet.

War die „Einheit von Wirtschafts- und Sozialpolitik" einerseits konstitutiv für das Selbstverständnis der SED-Führung in dem Sinne, dass die alten Ziele der Arbeiterbewegung nunmehr Wirklichkeit werden sollten, so war die neue Strategie gleichzeitig in zweifacher Hinsicht auch Mittel zum Zweck. Nicht nur Honecker, auch die „Rechner" an der Spitze der Staatlichen Plankommission waren bereit, daran zu glauben, dass eine deutlich verbesserte Versorgung der Arbeiter und Angestellten auch deren Bereitschaft fördern würde, ihre Anstrengungen bei der Produktion jener Güter zu erhöhen, die nunmehr reichlicher zur Verfügung stehen sollten. Sozialpolitik und Arbeitsproduktivität sah man in einem wechselseitig Gewinn bringenden Verhältnis: Die Sozialpolitik wirkte im Dienste der Wirtschaftspolitik und die Wirtschaftspolitik zugunsten der Sozialpolitik. Ihre Einheit galt als „Triebkraft ökonomischen und sozialen Fortschritts". Jedenfalls, so stellte man sich das in der SED-Führung vor, würde die Bereitschaft, mehr zu leisten, größer sein, als wenn man den Werktätigen weiterhin den Wohlstand der sozialistischen Gesellschaft erst für die fernere Zukunft versprach. Im Vergleich zu dem von Ulbricht während der Wirtschaftsreform propagierten „ökonomischen Hebel", bei denen die Leistung vor der Belohnung stand, sollte bei der Verwirklichung der „Einheit von Wirtschafts- und Sozialpolitik" zunächst die „Belohnung" in Form von „sozialpolitischen Maßnahmen" verteilt werden, um dadurch zu höheren Leistungen anzustacheln. Im Laufe der Zeit würden Leistung und Belohnung Hand in Hand gehen.

Die SED-Führungsriege rechnete zweitens damit, dass größerer Wohlstand die Bevölkerung stärker an sie binden würde. Diese Legitimationsfunktion war von Honecker zunächst wohl vor allem auf die Sicherung seiner eigenen, noch ungefestigten Stellung an der Parteispitze gemünzt worden. Von der neuen Politik der „Hebung des Volkswohlstandes" erhoffte er sich eine gewissermaßen nachträglich gewährte Billigung des Führungswechsels im Staate, bei dem die Öffentlichkeit – sowohl die mehr als zwei Millionen SED-Genossen als auch die übrige Bevölkerung – nicht gefragt worden war. Später, als die Krisensymptome in der DDR zunahmen, ging es ihm und dem Polit-

Verbesserung des Lebensstandards

Doris Cornelsen, Leiterin der Abteilung „DDR und sozialistische Industrieländer" im Deutschen Institut für Wirtschaftsforschung (DIW), über die „Einheit von Wirtschafts- und Sozialpolitik":

Dieser Beschluss machte damals sicherlich Sinn, denn in der Wiederaufbauphase und dann auch in den 50er-Jahren und in den 60er-Jahren war der Verbrauch immer am Ende der Wachstumsskala angesiedelt. Irgendwann hatte die Bevölkerung den Eindruck: nun sei sie auch und der Lebensstandard dran. So war man Anfang der 70er-Jahre mit der Entwicklung ganz zufrieden ...

Anatomie einer Pleite. Der Niedergang der DDR-Wirtschaft seit 1971. Materialien einer Diskussionsveranstaltung der Friedrich-Ebert-Stiftung, Berlin 2000, S. 20.

Gefahr für die Modernisierung der Wirtschaft

Gerhard Schürer, Vorsitzender der Staatlichen Plankommission, über seine Befürchtungen angesichts der 1972 verkündeten sozialpolitischen Maßnahmen:

Noch wollte ich es nicht glauben, dass Erich Honecker ökonomisch so ungebildet war, um nicht zu verstehen, dass man mit vier Prozent Wachstum der Leistungen auf die Dauer nicht fünf bis sieben Prozent Zuwachs im Lebensstandard bilanzieren kann. Das war auch gegen die Losung von der Einheit von Wirtschafts- und Sozialpolitik gerichtet, denn nun hätte man sagen können: „So wie wir heute leben, wollen wir morgen arbeiten." Ich sah die Gefahr, dass dieses Programm nur durch wachsende Kreditaufnahmen im westlichen Ausland oder, was noch schlimmer war, durch die Vernachlässigung der Investitionen zur Modernisierung der Wirtschaft oder durch beides zu finanzieren war. In der ... Diskussion im Politbüro wurde ich jedoch so scharf und einmütig zurückgewiesen, dass mich selbst Zweifel plagten, ob mein Auftreten richtig war.

Gerhard Schürer: Gewagt und verloren. Eine deutsche Biografie, Frankfurt/Oder 1996 (Frankfurt Oder Editionen), S. 95f.

büro bei der weiteren hartnäckigen Verfolgung der „Strategie der Hauptaufgabe" um mehr, um die Akzeptanz der SED-Herrschaft durch das Volk überhaupt. Die materielle Sicherstellung der Bevölkerung wurde so immer stärker zum (erhofften) Unterpfand für die politische Loyalität des Volkes gegenüber seiner Führung. Von den drei Anfang der 70er-Jahre erkennbaren Motiven für die Herstellung der „Einheit von Wirtschafts- und Sozialpolitik" blieb gegen Ende der 80er-Jahre nur noch dieses übrig.

Bei der „Hauptaufgabe" handelte es sich nicht um einen Maßnahmenkatalog, den Honecker nach dem Machtwechsel gewissermaßen aus der Tasche zog. Sie wurde in der ersten Hälfte der 70er-Jahre erst schrittweise zur Strategie entwickelt und auf dem IX. Parteitag der SED 1976 im neuen Parteiprogramm festgeschrieben. Realisiert wurde sie

Glückliche Besitzer einer Neubauwohnung: junge Familie aus Erfurt, um 1982

Privathäuser und Plattenneubauten des Neubauviertels „Fritz Heckert" in Karl-Marx-Stadt (Chemnitz), um 1981

Häuserfassade in Leipzig-Connewitz, einem Arbeiterviertel, 1990

Lösung der Wohnungsfrage

Bauminister Wolfgang Junker zur gedachten Funktionsweise des Wohnungsbauprogramms als Leistungsstimulator:

Im Bericht des Politbüros an die 9. Tagung des Zentralkomitees ist die Orientierung gegeben, für die Lösung der Wohnungsfrage in unserer Republik 2,8 bis 3 Millionen Wohnungen in den Jahren 1976 bis 1990 zu bauen beziehungsweise zu modernisieren. Das bedeutet, dafür in den kommenden drei Planjahrfünften mehr als 200 Milliarden Mark unseres Nationaleinkommens aufzuwenden.

Die vom VIII. Parteitag beschlossene Hauptaufgabe berücksichtigt die Gesetzmäßigkeit des Sozialismus, dass die Verbesserung der Lebensbedingungen der Werktätigen eine entscheidende Triebkraft für die Entwicklung der gesellschaftlichen Produktion ist. Diese Erkenntnis des Marxismus-Leninismus hat das Leben vielfältig bestätigt, und wir wissen sehr gut, welche große Rolle dabei die Verbesserung der Wohnverhältnisse spielt.

Bei der Begründung unserer Ziele zur Lösung der Wohnungsfrage der DDR gehen wir aus von der Analyse des vorhandenen Wohnungsbestandes. Wir verfügen über rund 6,2 Millionen Wohnungen. Seit Gründung der DDR bis zum Jahre 1970 wurden 1 240 000 Wohnungen gebaut und die Wohnverhältnisse für etwa 4 Millionen Bürger verbessert. Wir alle wissen aber, dass trotz dieser Anstrengungen unseres Staates die Wohnbedingungen noch hinter den Anforderungen unserer gesellschaftlichen Entwicklung zurückbleiben. Viele Altbauten entsprechen insbesondere hinsichtlich ihrer Ausstattung und ihrer hygienischen Bedingungen nicht mehr den heutigen Erfordernissen.

Hermann Weber (Hrsg.): DDR. Dokumente zur Geschichte der DDR, München 1986 (dtv-Verlag), S. 336.

Wohnungsbauprogramm als Kernstück der Sozialpolitik

Aus dem 1976 verabschiedeten SED-Programm zum Thema „Einheit von Wirtschafts- und Sozialpolitik“:

Die Sozialistische Einheitspartei Deutschlands wird auch künftig alle Anstrengungen darauf richten, dass die wachsenden Arbeitsleistungen, die Fortschritte in der Produktion sowie die zunehmende Anwendung wissenschaftlich-technischer Errungenschaften der Arbeiterklasse und allen anderen Werktätigen zugute kommen und das Lebensniveau des Volkes und seine Kultur ständig weiter gehoben werden, dass sein geistiges Leben reicher wird. ...

Das Wohnungsbauprogramm ist das Kernstück der Sozialpolitik der Sozialistischen Einheitspartei Deutschlands. Es ist darauf gerichtet, bis 1990 die Wohnungsfrage zu lösen. Damit wird ein altes Ziel der revolutionären Arbeiterbewegung verwirklicht

Programm der Sozialistischen Einheitspartei Deutschlands, Berlin 1976 (Dietz Verlag), S. 22f.

Schritte gegen Lärm und Schmutz

Erich Honecker, von 1971 bis 1989 Erster Sekretär des ZK der SED, zu den ökologischen Problemen der DDR, 1971:

Gemeint ist der Umweltschutz, der Kampf gegen die Verschmutzung von Luft und Wasser, die Eindämmung des Industrie- und Verkehrslärms. Gewiss ist Geld das eine, was wir dazu brauchen. Gewiss ist, dass wir nur schrittweise vorankommen werden. Aber schon heute könnte vieles praktisch verbessert werden, wenn die staatlichen Organe und Wirtschaftsleiter auch in dieser Sache alle Reserven mobilisieren und stets das Wohl des arbeitenden Menschen im Auge haben.

Erich Honecker: Bericht des Zentralkomitees an den VIII. Parteitag der SED, Berlin 1971 (Dietz Verlag), S. 40.

durch sozialpolitische Maßnahmen, die in unregelmäßigen Abständen von der SED und dem Ministerrat, meist zusammen mit dem FDGB, erlassen wurden. Die bedeutendsten Sozialpakete wurden 1972 und 1976 verteilt. In den Mittelpunkt rückte dabei zunehmend der Wohnungsbau, der ambitionierteste und zugleich teuerste Programmpunkt.

Das mit der „Einheit von Wirtschafts- und Sozialpolitik" von der politischen Führung erhoffte Wechselspiel von Wohlstandsförderung und der darauf basierenden Zunahme wirtschaftlichen Wachstums beurteilte man schon 1972, als das „große sozialpolitische Programm" beschlossen wurde, in der Plankommission skeptisch. Seine unbeirrte Beibehaltung musste das Sozialprogramm zwangsläufig zu einem Gegenprogramm der Investitionserhöhung bzw. der Sicherung des gegebenen Investitionsniveaus in der Wirtschaft machen.

Im Kontext seiner Darlegung „der Reihe der Maßnahmen zur weiteren Verbesserung der Lebensbedingungen" sprach Honecker 1971 auf dem VIII. Parteitag der SED auch über ein Thema, das er bald nicht mehr in Zusammenhang mit der „Hauptaufgabe" brachte und Jahre darauf am liebsten ganz verschwieg: die Verbesserung der Umweltbedingungen für die Werktätigen. Auf dem Parteitag handelte es sich noch um „ein weiteres Problem", das hier „nicht unerwähnt bleiben soll, dessen Bedeutung in den kommenden Jahren zunehmen wird".[10]

12. Oktober 1988 in Berlin Hohenschönhausen: Feierliche Schlüsselübergabe für die dreimillionste Wohnung, die seit dem VIII. Parteitag der SED (1971) fertiggestellt wurde

Die Partei hält Wort

Pressemeldung von der Übergabe der einmillionsten Wohnung an eine Berliner Arbeiterfamilie:

Im Beisein des Generalsekretärs des ZK der SED und Vorsitzenden des Staatsrates der DDR, Erich Honecker, wurde die einmillionste Wohnung übergeben, die in Durchführung des vom VIII. Parteitag der SED beschlossenen Wohnungsbauprogramms seit 1971 in der DDR fertig gestellt wurde. Den Schlüssel erhielt die Familie des Berliner Bauarbeiters Hermann G., Brigadier in der Berliner Werkzeugmaschinenfabrik Marzahn. Bewegt sprach der Brigadier aus der BWF Marzahn für diese Ehrung seinen herzlichen Dank aus. Die Partei hat beschlossen, sagte er, dass die Wohnungsfragen für die Menschen in unserer Republik bis 1990 gelöst werden soll. Wie sie Wort hält, erleben wir täglich.

Neues Deutschland vom 7. Juli 1978.

[10] Ebd., S. 40.

Tankwaggons der Buna-Werke in Schkopau/Sachsen-Anhalt, 1991. Buna gehörte einst zu den ersten Groß-Chemie Anlagen der Welt und stellte mit „Plaste und Elaste“ ein DDR-Symbol dar

Geheime Verschlusssache

Der „Runde Tisch“ im Februar 1990 über die „Umweltpolitik“ der DDR:

Alle Entscheidungen zu Umweltfragen wurden im „Büro Mittag“ getroffen. Nur zwei Aspekte interessierten dabei:
- Relevanz zur wirtschaftlichen Entwicklung (und dies auch nur im Kurzfristbereich)
- Übereinstimmung mit dem gewünschten Sozialismusbild

In der Regel wurden Umweltinformationen aus den Mess- und Kontrollsystemen nicht nur vernachlässigt und unterschätzt, sondern in den letzten Jahren meist ignoriert bzw. direkt verfälscht. Die bis 1974 öffentlichen Umweltberichte waren 1978/79 wenigstens noch fast allen Mitgliedern des Ministerrates als VVS [vertrauliche Verschlusssache] zugänglich. Ab 1982 wurden sie mit der höchsten Geheimhaltungsstufe versehen und nur noch in drei Exemplaren persönlich an G. Mittag, W. Stoph und E. Mielke[11] versandt.

Der ehemalige Umweltminister der DDR, Hans Reichelt, nutzte offensichtlich immer wieder (und nachweisbar bis Ende 1989) seinen eingegrenzten „Spielraum“, die drängenden Probleme zu Gehör zu bringen. Als partiell funktionsfähig erwies sich hierbei der außenpolitische Druck in Umweltfragen. ... Obwohl z.B. die DDR bekanntlich die höchste spezifische SO_2-Emissionsrate in Europa aufweist, sollte H. Reichelt das „30%-Reduzierungsabkommen“ von 1984 in München nicht unterschreiben. Der tatsächliche Verlauf der Konferenz zwang zur Unterschrift, die nach vorherigen Telefonaten mit Mittag und dessen Abstimmung mit Honecker dann möglich wurde. Die danach (!) eingeleiteten Untersuchungen der technischen Realisierung kamen immer wieder ins Stocken, sodass die Ratifizierung des völkerrechtlichen Vertrages von Jahr zu Jahr hinausgeschoben wurde. Die internationale Berichterstattung erfolgte auf der Grundlage von vorsätzlich gefälschten Zahlen. Die letzte veröffentlichte Zahl dazu wurde von Honecker selbst vorgegeben.

BArch DA 3/10, Runder Tisch, 9. Sitzung vom 22. Februar 90, Information 9/6, Bl. 98f.

[11] Günter Mittag (1926–1994) war von 1976 bis 1989 Leiter der Wirtschaftskommission beim Politbüro des Zentralkomitees der SED;
Willi Stoph (1914–1999) war zur gleichen Zeit Vorsitzender des Ministerrates der DDR;
Erich Mielke (1907–2000) war seit 1957 Minister für Staatssicherheit.

Staubfahnen und Ascheregen

Über die Umweltverschmutzung in und um die Buna-Werke:

Obwohl die Beschäftigten des Kombinates und die Bewohner der umliegenden Gemeinden seit vielen Jahren die extremen Umweltbelastungen tagtäglich riechen und sehen konnten, wurden die Daten über den Schadstoffausstoß von den Verantwortlichen bis 1989 wie ein Staatsgeheimnis behandelt. Auch Havarien und Unfälle wurden tunlichst verschwiegen. Die MfS-Dienststellen sammelten darüber Informationen und berichteten den übergeordneten SED-Leitungen. Deren Reaktionen bestanden zumeist im Nicht-Reagieren.

An das Märchen von der Einhaltung gesetzlich festgelegter Grenzwerte glaubte in der Chemieregion ohnehin niemand. Die vom Ascheregen grauen Dächer in der Umgebung des Schkopauer Werkes und die täglich sichtbaren Staubfahnen aus den Schornsteinen des Werkes waren genug Belege für das ökologische Desaster. ... Mit den in der Zeit der Krise erstmals publizierten Daten erfuhren die sinnlichen Eindrücke nur noch ihre amtliche Bestätigung.

Rainer Karlsch/Raymond Stokes: Die Chemie muss stimmen. 1990–2000. Bilanz des Wandels, Leipzig 2000 (Edition Leipzig), S. 50.

Tatsächlich startete die DDR auf dem Gebiet der Umweltpolitik zunächst nicht schlecht. Im Mai 1970 beschloss die Volkskammer ein Landeskulturgesetz, das die DDR auf den Umweltschutz verpflichtete. Ein Jahr später wurde das Ministerium für Umweltschutz und Wasserwirtschaft geschaffen. Es folgten in den 70er-Jahren Gesetze bzw. Durchführungsverordnungen zur Reinhaltung des Wassers und der Luft sowie Anordnungen zur Nutzbarmachung und schadlosen Beseitigung der Abfallprodukte.

Auch an Sanktionen gegen Umweltverstöße durch die Betriebe war gedacht worden. Bei Luftverunreinigungen wurden erstmals 1976, verstärkt dann 1979, Immissionsgrenzwerte - sowohl Kurzzeit- als auch Dauergrenzwerte - vorgeschrieben. Beim Übertreten dieser Werte hatten die Betriebe ein Staub- und Abgasgeld zu entrichten, das auf der Grundlage der Differenz zwischen zulässiger und tatsächlicher Emission unter Berücksichtigung der Überschreitungsdauer festgelegt wurde. Unter maßgeblicher Beteiligung der „Kammer der Technik" arbeitete man in der DDR Verfahren zur Reinhaltung der Luft, zum Schutz des Bodens und der Gewässer aus. Doch als man die Tätigkeitsfelder Forschung und Formulierung von Gesetzen sowie Verordnungen hinter sich lassen konnte und zum aktiven Umweltschutz übergehen sollte, stellte sich heraus, dass es mit „Reserven mobilisieren" und „Sanktionen zahlen" nicht getan war. Eine wirksame Bekämpfung der Umweltverschmutzung erforderte Investitionsmittel in Milliardenhöhe. Und die konnten nicht mehr von den schon reduzierten Ausgaben für Reproduktion und Erweiterung der industriellen Anlagen abgezwackt werden, sondern bestenfalls noch von der Finanzierung der Hauptaufgabe, z.B. vom Wohnungsbauprogramm. Das zu befürworten, fand sich im Politbüro niemand bereit. Der Umweltschutz war damit de facto als ein Teil der Hauptaufgabe gestorben. Die Umweltprobleme wurden zunehmend dadurch „gelöst", dass man das Ausmaß der Umweltverschmutzung zu verheimlichen suchte. Die Ökologie wurde zur „geheimen Verschlusssache".

Der Erfolg des Wohnungsbauprogramms konnte jedoch auch damit nicht garantiert werden. Im Jahre 1978, als sich Honecker bei der Übergabe der millionsten Wohnung feiern ließ, war bereits erkennbar, dass das bei der Verkündung des Wohnungsbauprogramms angestrebte Ziel, den Bedarf an Wohnraum zu befriedigen, nicht erreicht werden würde. Denn der Bedarf blieb auch bei stagnierender Bevölkerung in der DDR nicht konstant, sondern stieg an. Das war nicht nur auf das gewachsene Bedürfnis der Werktätigen nach mehr Wohnkomfort zurückzuführen, sondern auch auf die faktische Festschreibung der Mieten auf dem Niveau von 1936. Damit bestand wenig Anreiz, bei Verringerung der Anzahl der Familienmitglieder aus einer zu groß gewordenen Wohnung auszuziehen. Eine bei der Verwirklichung der „Strategie der Einheit von Wirtschafts- und Sozialpolitik" ergriffene Maßnahme konterkarierte auf diese Weise die andere. Die Hauptaufgabe erwies sich nicht nur hinsichtlich des Verhältnisses von erforderlichen und verfügbaren Finanzmitteln als ungenügend durchdacht, sondern war auch in sich widersprüchlich.

Der Silbersee in Bitterfeld/Sachsen-Anhalt. Er hieß so, weil er biologisch tot war und silbern glänzte. In die ehemalige Braunkohlengrube wurden seit den 30er-Jahren die Abwässer der Filmfabrik Agfa (bis 1945), später ORWO und anderer Betriebe eingeleitet

Betriebliche Sozialpolitik

Als Erich Honecker im Juni 1971 die „Einheit von Wirtschafts- und Sozialpolitik" verkündete, bezog er sich nicht explizit auf die betriebliche Sozialpolitik. Das sollte aber nicht so interpretiert werden, als habe diese im Feld der „Hauptaufgabe" keine besondere Rolle spielen sollen. Es bedeutete vielmehr, dass Honecker in diesem Bereich der staatlichen Sozialpolitik nicht in Abgrenzung, sondern in Fortführung der bereits unter seinem Vorgänger Ulbricht entwickelten Strategien Sozialpolitik zu betreiben gedachte.

Die betriebliche Sozialpolitik, vor allem Arbeiterversorgung und Kinderbetreuung, hatten bereits in den 60er-Jahren einen hohen Stellenwert genossen. Auf dem erreichten Niveau fortzufahren war weniger spektakulär als die Zukunftsverheißung des „besser Leben" in die Gegenwart zu holen.

In diesem Sinne legte Honecker, bezogen auf die Fünfjahrplanperiode 1971 bis 1975, den Gewerkschaften nahe, darauf zu achten, „dass die Verbesserung der Arbeits- und Lebensbedingungen der Werktätigen nirgendwo an den Rand der Leitungstätigkeit gerät. ... Eine bestimmte Portion Hartnäckigkeit in dieser Sache gehört zum guten Gewerkschafter."

Unmittelbar auf die betriebliche Ebene der Sozialpolitik zielten dagegen die im April 1974 beschlossenen „Maßnahmen zur besseren Anerkennung der Arbeitsleistungen verschiedener Beschäftigtengruppen". Neben einer Prämienausschüttung anlässlich von „Ehrentagen" der Arbeiter verschiedener Industriebranchen regelte der Beschluss die „Verbesserung der Arbeits- und Lebensbedingungen für Werktätige, die durch Nachtschichtarbeit zur besseren Ausnutzung der Grundfonds beitragen, sowie für Werktätige, die durch ihre Arbeit auf Bau- und Montagebaustellen zeitweise getrennt von ihren Familien leben".[12] Konkret ging es um einen längeren Mindesturlaub, Nachtschichtprämien, unentgeltliche Baustellenunterkunft und Fahrkostenzuschüsse.

Das auf dem IX. Parteitag der SED 1976 verabschiedete neue Parteiprogramm interpretierte die dort festgeschriebene „Einheit von Wirtschafts- und Sozialpolitik" stark aus der Perspektive der Betriebe. Es wurde postuliert, „dass die Arbeit die wichtigste Sphäre des gesellschaftlichen Lebens ist". Deshalb ginge es darum, „die Arbeitsbedingungen planmäßig so zu gestalten, dass sie Arbeitsfreude, Einsatzbereitschaft und Schöpfertum sowie das Streben der Werktätigen nach Ordnung, Sicherheit und Disziplin fördern."[13] Damit war die betriebliche Sozialpolitik mehr als Bestandteil, sie war zur „Hauptsäule der allgemeinen Sozialpolitik"[14] ge-

[12] Erich Honecker (Anm. 1) S. 59.

[13] Programm der Sozialistischen Einheitspartei Deutschlands, Berlin (Ost) 1977, S. 23f.

[14] Peter Hübner: Der Betrieb als Zentrum der Sozialpolitik in der DDR, in: Christoph Boyer/Peter Skyba (Hrsg.): Repression und Wohlstandsversprechen, Dresden 1999, S. 70.

Schmiererin in einem Großbetrieb zur Braunkohleförderung nahe Senftenberg/Lausitz

Gleiche Chancen für alle?

Regine Hildebrandt, von 1990 bis 1999 brandenburgische Arbeits- und Sozialministerin, über die Stellung der Frauen im Erwerbsleben der DDR:

Der Grundsatz „Gleicher Lohn für gleiche Arbeit" war fest im gesellschaftlichen Bewusstsein verankert und im Prinzip auch durchgesetzt. Der Pferdefuß war nur: Häufig verrichteten Frauen nicht die gleiche Arbeit wie die Männer, sie waren in schlechter bezahlten Berufen und niederen Positionen tätig, wie das auch im Westen der Fall war und immer noch ist. Die oberen Sprossen der Karriereleitern waren im Großen und Ganzen von Männern besetzt; das durchschnittliche Einkommen der Frauen fiel um ein Viertel geringer aus als das der Männer. Mit gut einem Drittel waren die Frauen in der DDR am Familieneinkommen beteiligt, die westdeutschen mit achtzehn Prozent.

Die wenigen Frauen in besonders verantwortungsvollen Positionen mussten sich ihre Stellung und ihr Ansehen mühevoll erarbeiten – und einen Anspruch darauf in den meisten Fällen zunächst einmal durch Parteizugehörigkeit erwerben –, aber nicht mit härtesten Bandagen erkämpfen. Manche wurden sogar gegen ihren Willen dahin gedrängt. Ihre Förderung war ein in der sozialistischen Ideologie verankertes, unantastbares Postulat. Frauen, die etwas erreichen wollten, mussten die Männer nicht „wegbeißen", sondern nur beharrlich ihr Ziel verfolgen.

Regine Hildebrandt: Wer sich nicht bewegt, hat schon verloren, Bonn 1996 (Verlag J.H.W. Dietz Nachfolger), S. 100.

worden. Sie umfasste, so umriss es eine Anordnung aus dem Jahre 1972[15], die Felder Arbeiterversorgung, Entwicklung des geistig-kulturellen Lebens der Werktätigen, sportliche Betätigung und Jugendbetreuung, Kinderbetreuung, Ferienbetreuung, Naherholung und Wohnungswirtschaft.

Die betriebliche Sozialpolitik erfüllte in der DDR mehrere Funktionen. Im „Arbeiter- und Bauern-Staat" DDR realisierte sie – erstens – soziale Verbesserungen für die Beschäftigten, für die die revolutionäre Arbeiterbewegung seit Jahrzehnten gestritten hatte und die teilweise in Betrieben des Bergbaus und der Schwerindustrie durchgesetzt worden waren. Sie erleichterte – das galt insbesondere für Frauen – die Bewältigung des Arbeitslebens.

Die betriebliche Sozialpolitik hatte – zweitens – ebenfalls eine legitimatorische Funktion. Lücken

[15] Anordnung über die Finanzierung der betrieblichen Einrichtungen und Maßnahmen für die Betreuung der Werktätigen vom 28. März 1972 (GBl der DDR, 1972, Teil II, S. 225ff.).

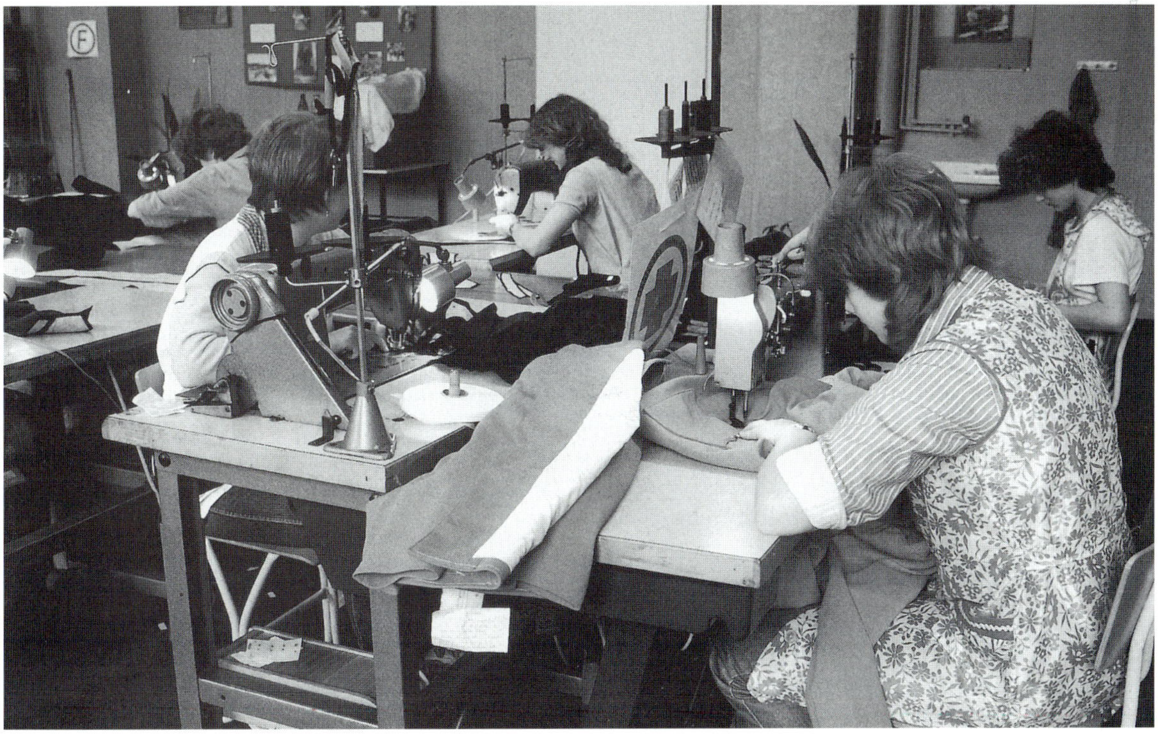

Frauenarbeitsplätze: Blick in die Nähabteilung eines Textilwerkes in Cottbus

Eingang zum Ferienheim des Straßenbaukombinats Magdeburg: Ein „Muss" für jeden größeren Betrieb waren Urlaubsquartiere in landschaftlich reizvoller Gegend für die Betriebsangehörigen

in Versorgung und Betreuung, die es generell noch gab, sollten für die Arbeitenden, besonders in Großbetrieben, aufgehoben werden und die Belegschaften vor allem der Schwerpunktbetriebe stärker noch als die Gesamtbevölkerung an „Partei und Regierung" binden.

Die Großbetriebe boten, was ansonsten immer knapp war und in den 80er-Jahren vielfach sogar Mangelware wurde: ein umfangreiches Warensortiment in Betriebsverkaufsstellen, ferner Dienstleistungen aller Art, von Schuhmacherarbeiten bis zum Verkauf von Theaterkarten. Drittens hatte die betriebliche Sozialpolitik eine ökonomische Funktion. Sie sollte die Leistungsfähigkeit der Werktätigen sichern (das galt besonders für die Einrichtungen des betrieblichen Gesundheitswesens), ihre Leistungsbereitschaft steigern und damit unmittelbar zur Produktivkraftentfaltung beitragen. Diese Seite hatte besonders Ulbricht am Herzen gelegen.

Unter Honecker nahm vor allem die Legitimationsfunktion an Bedeutung zu, da es mithilfe der betrieblichen Sozialpolitik über längere Zeit möglich war, die gegen Ende der 70er-Jahre deutlicher werdenden Zeichen nachlassender Versorgung im Alltag für die Betriebsbelegschaften noch einige Jahre abzufangen oder doch wenigstens zu kaschieren.

Werkleiter und Kombinatsdirektoren schätzten die betriebliche Sozialpolitik vor allem als Lenkungsinstrument für die Versorgung mit Arbeitskräften. Die Hervorbringung und Beibehaltung einer Stammbelegschaft, Grundvoraussetzung für eine stabile Planerfüllung, vollzog sich im Wesentlichen dadurch, dass mit „Extras" im Bereich der betrieblichen Sozialpolitik freie Arbeitskräfte angelockt oder gebundene aus Betrieben, die mit Sozialeinrichtungen schlechter ausgestattet waren, abgezogen wurden.

Von besonderer Bedeutung war die betriebliche Sozialpolitik für die dort beschäftigten Frauen. So wurden im Rahmen der betrieblichen Sozialpolitik seit den 70er-Jahren große Anstrengungen unternommen, insbesondere den werktätigen Müttern die Vereinbarkeit von Beruf und Familienarbeit durch eine mütterfreundliche Versorgungs- und Arbeitszeitpolitik zu erleichtern. Nur weil die durch den hohen Grad der Frauenerwerbstätigkeit entstehenden Lücken in der hauswirtschaftlichen und innerfamiliären Tätigkeit durch betriebliche Sozialleistungen ersetzt werden konnten, war ein kontinuierlicher beruflicher Einsatz der weiblichen Beschäftigten möglich.

Privilegien der „roten Hochöfer"

Meister und Gewerkschafter Horst-Dieter Sallani über Privilegien der „roten Hochöfner":

Es gab besondere Privilegien in Eisenhüttenstadt ... und noch mal im EKO für die Mitarbeiter des EKO. ... Es gab das geflügelte Wort der roten Hochöfner ... Die waren privilegiert in jeglicher Hinsicht, ob das nun mit Nahrungsmitteln war: Was es in der Stadt nicht gab, haben die Ehemänner oder Ehepartner aus dem EKO mitgebracht. Ob's Verdienst war, ob es die Anzahl der Urlaubstage war, ob es die Möglichkeit des Urlaubmachens war in Örtlichkeiten wie Insel Rügen oder sonstigen Austauschferienlagern in Thüringen oder der ČSSR oder der Volksrepublik Ungarn oder der Volksrepublik Polen zur damaligen Zeit. Oder die Kontingentierung von Autos: Wenn du im EKO warst – und du warst nicht gerade derjenige, der Mist gebaut hat oder sonst etwas – hattest du eher eine Chance, dann warst du derjenige, der bei finanzieller Möglichkeit eher ein Auto bekommen konnte wie der, der in der Stadt wohnte und „nur" einfacher Eisenhüttenstädter war, der vielleicht im Kraftverkehr, Backwarenkombinat oder Fleischkombinat gearbeitet hat. Du warst dort immer irgendwie privilegiert.

Herbert Nicolaus/Lutz Schmidt: Einblicke. 50 Jahre EKO Stahl, Eisenhüttenstadt 2000 (EKO Stahl GmbH), S. 175.

Klubhaus und Reitstall

Soziale Extras in Großbetrieben der chemischen Industrie (Buna):

Der Betrieb war nicht nur Arbeitsstätte, sondern vermittelte auch Urlaubsreisen bzw. Ferienplätze in betriebseigene Heime und verfügte über begehrte Werkswohnungen. Bestandteile betrieblicher Sozialpolitik waren des Weiteren der Unterhalt von Kantinen, von verschiedensten Dienstleistungseinrichtungen, Klubhäusern, Kindergärten, Sportstätten, Betriebsorchestern und Kulturgruppen. Allein das Buna-Werk unterhielt sechs Betriebssportgemeinschaften und zwei Reitställe. All dies schuf ein Geflecht intensiver kollegialer Beziehungen, die häufig bis ins private Leben reichten. Finanziert wurden diese sozialen Wohltaten überwiegend aus den Erlösen der Produktion.

Rainer Karlsch/Raymond Stokes: Die Chemie muss stimmen. 1990–2000. Bilanz des Wandels, Leipzig 2000 (Edition Leipzig), S. 64f.

Wachsende Auslandsverschuldung

Ende der 60er-, Anfang der 70er-Jahre war die Entspannung soweit vorangeschritten, dass Restriktionen für westliche Banken, an die osteuropäischen Länder Kredite auszugeben, ebenso verschwanden wie die Furcht der Regierungen dieser Länder, sich mit den „imperialistischen Staaten" finanziell einzulassen. Zugleich bestand in den westlichen Industrieländern ein gewisses Überangebot an freien Mitteln, und die Kreditinstitute der Ersten Welt waren bestrebt, für sich in der Zweiten und Dritten Welt neue Märkte zu erschließen. Schon Walter Ulbricht hatte versucht, daraus für seine Technologieprojekte Nutzen zu ziehen und eine gewisse Verschuldung zugelassen. Aber erst unter Erich Honecker wurde die Westverschuldung zu einem Dauerproblem für die DDR.

Die ursprünglich der verstärkten Kreditaufnahme im Westen zugrunde liegenden Überlegungen waren durchaus plausibel: Man importierte moderne Technik bis hin zur schlüsselfertigen Fabrik. Die Fabrik war von vornherein so zu konzipieren, dass nach deren Fertigstellung ein beträchtlicher Teil ihrer Produktion – mit neuester Technik erzeugt und modernen Standards entsprechend – auf westlichen Märkten abgesetzt werden konnte. Mithilfe der Deviseneinnahmen sollte es dann innerhalb von einigen Jahren möglich sein, die für die Fabrik oder den Kauf von Einzelmaschinen verauslagten Dollar oder DM zurückzuzahlen. Ähnliche Vorstellungen, wie sie die DDR-Führung hatte, begann man auch in anderen RGW-Ländern[16] zu verwirklichen, am ausgiebigsten in Polen unter dem damaligen Parteichef Edward Gierek.

Die Pläne der DDR wie auch die anderer osteuropäischer Staaten, über den Weg der zeitweisen Verschuldung vom technologischen Niveau des Westens zu profitieren, sollten sich aus verschiedenen Gründen als Fehlkalkulationen erweisen. Die erste Fehlkalkulation war die, dass angenommen wurde, der einmalige Kauf einer Maschine oder Fabrik ermögliche nach deren Montage und der Aufnahme des Westexportes für viele Jahre einen ständigen Fluss von Devisen zurück in die DDR. Nicht berechnet worden war, dass auch nach der Installation der Westanlagen noch Kosten in harter Währung in größerem Umfang anfallen würden: Wenn eine westdeutsche Maschine in die technologisch rückständigere DDR-Wirtschaft eingeführt wurde, waren die Zulieferbetriebe, deren Ausrüstung nicht aufgebessert worden war, oft nicht in der Lage, die benötigten Vorprodukte überhaupt oder in der für die Endfertigung notwendigen Qualität zu liefern. Dann mussten Komponenten für die Produktion aus dem Westen eingeführt werden – und zwar laufend.

Die zweite Fehleinschätzung war, dass man in den zentralen wirtschaftsleitenden Institutionen der DDR von der Marktsituation der westlichen Industrieländer, wie man sie aus den 60er-Jahren kannte, auf diejenige der 70er-Jahre schloss. Auf die weltweit wenig durch Wirtschaftskrisen betroffenen 60er-Jahre folgten aber – zumindest in den westlichen Industrieländern nach dem „Erdölpreisschock" vom Herbst 1973 – deutliche Krisenjahre. Der Absatz für Industrieprodukte sank zeitweise. Auf den sich nicht mehr rasch erweiternden oder sogar schrumpfenden Märkten für Industrieprodukte verschärfte sich der Wettbewerb unter den Anbietern. Aus einer Preiskonkurrenz, bei der DDR-Exporteure sich durch Preisnachlässe (die nicht auf die Gewinne des Exportbetriebes angerechnet wurden) behaupten konnten, wurde eine unerbittliche Verdrängungskonkurrenz. Besorgte westliche Regierungen begannen darüber hinaus, ihre Märkte gegenüber ausländische Konkurrenten durch erschwerte Einfuhrbedingungen zu schützen. Innerhalb Westeuropas verbot sich das durch die Bestimmungen der Europäischen Wirtschaftsgemeinschaft (EWG).

[16] Der RGW, Rat für gegenseitige Wirtschaftshilfe, im Westen auch COMECON genannt, war eine 1950 gegründete Wirtschaftsvereinigung der osteuropäischen Staaten und der Sowjetunion. Er wollte einen sozialistischen Weltmarkt schaffen, um den erzwungenen Verzicht der osteuropäischen Staaten auf Marshallplan-Hilfen und die Nachteile westlicher Embargomaßnahmen zu kompensieren.

Erdölschock und Exporteinbrüche

Doris Cornelsen, Leiterin der Abteilung „DDR und östliche Industrieländer" im DIW, über Veränderungen im gesamtwirtschaftlichen Umfeld:

Anfang 1971 war dieser berühmte VIII. Parteitag mit seiner Festlegung, dass der Kommunismus den Konsum und den Wohlfahrtsstaat fördern muss. Das lief unter dem Schlagwort „Einheit von Wirtschafts- und Sozialpolitik ... Die konzeptionellen Änderungen kamen zu einem außerordentlich ungeeigneten Zeitpunkt. In den 70er-Jahren hatten wir in der Weltwirtschaft zwei Ölpreisschocks: 1973/74 und noch einmal 1979/80.
Die Ölpreise stiegen von 1973 bis 1981 auf das Zehnfache. Auch die Preise von anderen Industrierohstoffen sind gestiegen, allerdings nicht im gleichen Umfang, wie das bei dem Öl der Fall war. In der westlichen Welt breitete sich Protektionismus aus. Das hat die Exporte der DDR behindert ... Das heißt: Wir hatten es mit einer völligen Veränderung des gesamtwirtschaftlichen Umfelds zu tun.

Anatomie einer Pleite. Der Niedergang der DDR-Wirtschaft seit 1971. Materialien einer Diskussionsveranstaltung der Friedrich-Ebert-Stiftung, Berlin 2000, S. 20.

„Das war eine Zurufpolitik"

„Devisenbeschaffer" Alexander Schalck-Golodkowski über Forderungen im Politbüro nach Westimporten im Rahmen der „Hauptaufgabe":

Da kamen nämlich Zurufe aus allen Ecken – der eine wollte Jeans kaufen für die Jugend, der andere wollte, was weiß ich, Bananen – alles Schwachsinn, es war wirklich Schwachsinn. Statt Maschinen zu kaufen für die Produktion und was Vernünftiges, haben wir nun auf irgendeinen Zuruf Konsumgüter gekauft. Sindermann war da führend: Also Alex, mach' doch mal Jeans, kauf' doch mal eine Million Jeans für die Studenten; und dann wurde um den Preis gefeilscht, ob der nun 160 Mark ist oder 100 Mark – dieser Subjektivismus war zum Kotzen. Das war eine Zurufpolitik.

Theo Pirker/M. Rainer Lepsius/Rainer Weinert/ Hans-Hermann Hertle: Der Plan als Befehl und Fiktion. Wirtschaftsführung in der DDR. Gespräche und Analysen, Opladen 1995 (Leske + Budrich), S. 160.

Gegen Importe aus Osteuropa aber wurden derartige protektionistische Maßnahmen wirksam. Die Absatzsituation im Devisenausland verschärfte sich für DDR-Betriebe noch dadurch, dass in den 70er-Jahren erstmals die südost- und ostasiatischen Schwellenländer mit ihren Industrieprodukten auf dem westeuropäischen Markt auftraten. Das geschah ausgerechnet in dem Marktsegment, in dem die DDR bisher ihre Exporterfolge erzielt hatte: bei Standardware der mittleren und unteren Qualität im Bereich von Textilien, Möbeln und Maschinen.

Die veränderte Marktsituation der 70er-Jahre machte alle bei der Kreditaufnahme entwickelten Vorstellungen einer relativ raschen und eigentlich problemlosen Rückzahlung durch Westexporte aus den neuen Produktionen obsolet. Doch für die DDR war das nicht der einzige Grund rasch wachsender Verschuldung.

Ein anderer lag in der Struktur der in den 70er-Jahren mit dem geborgten Geld unternommenen Importe. Die Valutamittel wurden nicht nur für die Einfuhr von Maschinen und Anlagen verwendet, sondern in beträchtlichem Maße auch für den Import von Konsumgütern.

Mit Westimporten, von Bananen bis Jeans, konnte zwar Honecker anschaulich die Vorteile seiner „Einheit von Wirtschafts- und Sozialpolitik" demonstrieren, aber keinen „Rücklauf" von Devisen erwarten. Es ging aber nicht nur um „Sahnehäubchen" zur Demonstration der Hauptaufgabe. Da zu ihrer Realisierung ein größerer Konsumzuwachs geplant worden war, als bei gegebenem Investitionsniveau in der DDR erzeugt worden konnte, musste mit Konsumgüterimporten aus dem Westen die Differenz zwischen Anspruch und Wirklichkeit abgedeckt werden.

Aus all diesen Gründen wurde zwischen 1972 und 1978 für 10 Mrd. Valutamark/VM[17] (= 5 Mrd. Dollar) mehr importiert als exportiert.[18] Während der Anteil der Importe aus den westlichen Industrieländern zwischen 1970 und 1975 von 23 auf 27 Prozent wuchs, verharrte der Anteil der Exporte bei 22 Prozent.

Insgesamt wickelte die DDR Mitte der 70er-Jahre etwas mehr als ein Viertel (26 Prozent) ihres gesamten Außenhandels mit dem Westen ab. Der negative Handelsbilanzsaldo, der sich auch 1979 und 1980 fortsetzte, war der Hauptgrund dafür, dass die Verschuldung der DDR gegenüber dem NSW (Nichtsozialistisches Wirtschaftsgebiet) von 1975 bis 1980 dramatisch von 8,8 Mrd. auf 23,6 Mrd. VM anstieg.[19]

[17] Die Valutamark war eine DDR-spezifische virtuelle Währungseinheit zur Umrechnung der in ausländischen Währungen ausgedrückten Weltmarktpreise bei Exporten und Importen, Dienstleistungen usw. Eine Valutamark entsprach einer D-Mark.

[18] Hans-Hermann Hertle: Gespräch mir Gerhard Schürer, in: Deutschland Archiv, 2/1992, S. 133.

[19] Zahlungsbilanz der ehemaligen DDR 1975 bis 1989, hrsg. von der Deutschen Bundesbank, Frankfurt/Main (August) 1999, S. 60.

Etwa zwei Drittel der Ausfuhr ging in den RGW-Raum, vorrangig in die Sowjetunion. Dort veränderte sich für die DDR während der 70er-Jahre auf der Absatzseite zunächst vergleichsweise wenig. Speziell für den riesigen sowjetischen Markt waren Betriebsanlagen in den 50er-Jahren (vor allem Werften) und in den 60er-Jahren (vor allem Maschinenbaubetriebe) hochgezogen worden. Deren Produktion zeichnete sich durch einen hohen Standardisierungsgrad und große Stückzahlen aus. Als auch im RGW – mit jeweils mehrjähriger Verzögerung – die Rohstoffpreise stiegen, musste die DDR die höheren Kosten für Importe aus der Sowjetunion durch eine weitere Ausdehnung der Exporte an Erzeugnissen der verarbeitenden Industrie ausgleichen, was auch gelang.

Tatsächlich erreichte die DDR durch den Ausstoß ihrer Industrieerzeugnisse in großen Serien günstigere Ergebnisse bei der Kostensenkung als mit importierten Anlagen aus westlichen Industrieländern. Das effektivitätssteigernde Mittel Standardisierung passte jedoch relativ schlecht zu dem kleinen Binnenmarkt der DDR, der eine Vielzahl von Erzeugnissen in verhältnismäßig kleiner Stückzahl verlangte. In der heimischen Versorgung konnte man an die positiven Ergebnisse, die in den Betrieben mit überwiegendem Ostexport durch Nutzung der Vorteile der Großproduktion erzielt wurden, nicht anknüpfen. Im Gegenteil, das umfangreiche Warensortiment, das die meisten Betriebe, die für den Binnenmarkt produzierten, anbieten mussten, verteuerte die Erzeugung. Deswegen waren die Entwickler von den Werkleitungen dazu angehalten, alle Standardisierungsmöglichkeiten auch auf dem Konsumgütersektor

Blick in die Produktionshalle des Schwermaschinenbau-Kombinats für Umformtechnik in Erfurt, um 1980

Einheitszahnbürste hilft Produktivität steigern

Karl Robert Schnick, Bereichsleiter Technologische Projektierung im Kombinat Musikinstrumente und Kulturwaren, über die Folgen der Standardisierung:

Wenn fast die gesamte DDR morgens und abends die gleiche Zahnbürste benutzte, dann bin ich daran vielleicht nicht ganz unschuldig. Zu den Produkten, die wir in unserem VVB herstellten, gehörten nämlich auch Zahnbürsten. Wir bekamen den Auftrag, die standardisierte Herstellung einer neuen, von einem Arzt entwickelten Zahnbürste, Mukodent, zu planen. ... Ich rechnete durch, was alles machbar war. Es zeigte sich, dass sich eine Standardisierung der Fertigung für einzelne Regionen der DDR nicht lohne – die Bevölkerungszahl war zu klein. Es musste schon die Nachfrage der gesamten DDR einbezogen werden. Deshalb schlug ich schließlich vor, eine automatische Fertigung für die gesamte DDR aufzubauen. Meine Berechnungen fanden Anklang, und unser Chef erklärte die Zahnbürste Mukodent für die gesamte DDR für verbindlich. Das hieß, dass der Handel nur noch dieses Produkt vertreiben durfte. So etwas ließ sich in der zentralen Planwirtschaft anordnen. Damit war der Absatz gesichert und wir begannen damit, die Produktion aufzubauen.

Friedrich Thießen (Hrsg.): Zwischen Plan und Pleite. Erlebnisberichte aus der Arbeitswelt der DDR, Köln 2001 (Böhlau Verlag), S. 130.

„Hornberger Schießen“ im „kleinen Kreis“

Gerhard Schürer, Chef der Staatlichen Plankommission, über die Wahrnehmung der Verschuldung im Politbüro der SED:

Unsere Berechnungen zum Sozialpolitischen Programm der Partei hatten sich leider als richtig erwiesen. Es war schlimm, dass ich mit meinem Einspruch im Politbüro aus dem Jahre 1972 Recht behielt und dass eben manches nicht realisierbar war, auch wenn die Partei es wollte. Fakten sind hartnäckig. Trotz gutem Wirtschaftswachstum von jährlich stabil vier Prozent reichten die Mittel aus eigener Leistung nicht zur Finanzierung aus. Der ungenügende Effektivitätsgrad der Wirtschaft verdaute nicht die Maßstäbe des Programms. ... Meine Interventionen bei Honecker zur Zahlungsbilanz bei jeder Vorlage der Jahrespläne „beantwortete“ er stets mit einer Sitzung „im kleinen Kreis“, an der – in unterschiedlicher Zusammensetzung (und die wurde von Honecker festgelegt) – im Wesentlichen die für Wirtschaftsfragen im Politbüro verantwortlichen Mitglieder und wenige Experten (der Finanzminister, der Leiter der Abteilung Planung und Finanzen des ZK) teilnahmen. Diese Beratungen gingen immer aus wie das „Hornberger Schießen“ ..., d.h., die Sitzungen führten zu keinen grundsätzlichen Beschlüssen, sondern nur zu kosmetischen Veränderungen, dort etwas mehr zu exportieren und dort etwas weniger Wichtiges zu streichen.

Aber Anfang der 80er-Jahre standen wir vor der Notwendigkeit prinzipieller Änderungen, wollten wir als DDR weiter zahlungsfähig bleiben. Alfred Neumann (Politbüromitglied) sagte einmal in seiner burschikosen Art im Politbüro sinngemäß: „Als Walter Ulbricht noch das Politbüro leitete, hatten wir kaum Schulden im Westen, lieber Erich, aber seitdem du es leitest, haben wir Schulden wir ein preußischer Major.“ Erich Honecker lenkte sofort von einer drohenden Diskussion ab und forderte mich auf, einen Bericht vorzulegen, wie der „Sockel“ (so nannte er immer den Saldo von Forderungen und Verbindlichkeiten) in kurzer Zeit halbiert werden könne. ... Bei uns wusste niemand, wie eine Halbierung des „Sockels“ zu erreichen ist. Genau genommen wollte das auch niemand wissen, denn man ahnte, dass die Konsequenzen verheerend wären.

Gerhard Schürer: Gewagt und verloren. Eine deutsche Biografie, Frankfurt/Oder 1996 (Frankfurt Oder Editionen), S. 114f.

zu nutzen, wodurch sich in den 70er-Jahren das Warensortiment zwangsläufig verengte.

Ein anderer Grund für die Verringerung der Vielfalt des Warenangebots in der DDR war die 1972 vorgenommene Enteignung der in der DDR noch existierenden privaten bzw. halbprivaten Unternehmen (Betriebe mit staatlicher Beteiligung).

Die Betriebe wurden größeren Volkseigenen Betrieben (VEB) bzw. Kombinaten angeschlossen, die die aus ihrer Sicht wenig rentable, weil bestenfalls in Klein- und Mittelserien vorgenommene Fertigung von Endprodukten im Verlaufe der 70er-Jahre durch die Teilfertigung von standardisierten Erzeugnissen aus ihrer Hauptproduktion ersetzten. Am Ende der 70er-Jahre war abzusehen, dass eine Weiterführung der einkommenserhöhenden, konsumfördernden Strategie der „Einheit von Wirtschafts- und Sozialpolitik“ nicht mehr möglich sein würde, da die Verschuldung inzwischen bedrohliche Ausmaße annahm. Gleichzeitig entsprach das zunehmend um Westimporte gekürzte und mit seiner auch aus der einheimischen Sortimentsverringerung resultierenden Schlichtheit gekennzeichnete Angebot an Konsumgütern immer weniger den vielfältiger werdenden Bedürfnissen der Bevölkerung nach qualitativ hochwertigen Erzeugnissen.

2 Die ökonomische Strategie der Achtzigerjahre

Fehlgeschlagene Mikroelektronisierung

Am 12. September 1988 übergab Wolfgang Biermann, Generaldirektor des Kombinates Carl Zeiss Jena, auf der Leipziger Herbstmesse das erste Muster eines 1-Megabit-Speichers an Honecker. Um diese Übergabe wurde ein gewaltiger Medienrummel organisiert, der nachweisen sollte, dass die DDR auch in den 80er-Jahren den ihr zugeschriebenen Platz unter den zehn ersten Industrienationen der Welt behauptet hatte. Bei der Übergabe vergaß Honecker nicht darauf hinzuweisen, dass die DDR neben den USA, Japan und der Sowjetunion zu den wenigen Ländern gehörte, die die technischen Voraussetzungen für die Entwicklung der Mikroelektronik im eigenen Lande geschaffen hätten. Was als Prestigeobjekt der SED-Führung endete und weltweit den nicht unberechtigten Eindruck der Hochstapelei hinterließ, hatte ein Jahrzehnt zuvor als durchaus seriöses Unternehmen begonnen.

Auf der 6. Tagung des ZK der SED im Juni 1977 war der „Beschluss zur Beschleunigung der Entwicklung, Produktion und Anwendung der Mikroelektronik in der DDR" gefasst worden. Es war nicht Größenwahn in den Köpfen einiger Polit-

Industriezweigbildung auf Zuruf

Antwort von Wolfgang Biermann, Generaldirektor des Kombinats Carl Zeiss Jena, auf die Frage: Wie ist das Kombinat zur Mikroelektronik gekommen?

Das kann ich Ihnen genau sagen. 1987 tagte auch die Runde der Generaldirektoren im kleinen Kreise in Berlin, Mittag war der Chef. Es ging um die Erfüllung des NSW-Planes, alle wurden hart 'rangenommen, die ihn nicht erfüllt hatten. Und zwischendurch sagte Dr. Mittag zu mir: Also da sind wir uns doch einig, ihr übernehmt die Mikroelektronik. Das war alles, kann ich eidesstattlich bezeugen.
Später hat er mich hinbestellt und einen Beschluss vorbereitet. Wir haben dann hunderte Millionen an Ausrüstungen für die Mikroelektronik bekommen, alle elektronischen Anlagen, die Mikroskope, die ganzen Steuerungsfragen, die Geräte für die Belichtungen der Platten usw. gekriegt.

Theo Pirker/M. Rainer Lepsius/Rainer Weinert/ Hans-Hermann Hertle: Der Plan als Befehl und Fiktion. Wirtschaftsführung in der DDR. Gespräche und Analysen, Opladen 1995 (Leske + Budrich), S. 226.

Arbeitsplatz in einer der Fertigungshallen im VEB Carl Zeiss Jena

Das Entstehen einer Legende

Doris Cornelsen, ehemalige Leiterin der Abteilung „DDR und östliche Industrieländer" des DIW, über die Platzierung der DDR in den Kreis der zehn führenden Industrienationen:

Ich will nur etwas zum zehnten Platz sagen: Das stammt nicht aus der DDR. Das ist ein Produkt der Weltbank. Die Weltbank hat in ihrem Weltbankatlas immer derartige Vergleiche gemacht. Dort kam die DDR, glaube ich, auf den 10. oder 12. Platz oder so. ... Das wurde jahrelang publiziert. Dann wurde der Weltbank gesagt: Die Statistik in diesen Ostblockstaaten ist mit der westlichen nicht vergleichbar. Es gibt keine freien Preise, keine konvertiblen Währungen usw. Das könnt Ihr nicht weiter so machen. Daraufhin forderte die Weltbank Gutachten zu dieser Frage an. Wie man erwarten konnte, haben die Gutachter den Kritikern Recht gegeben. Daraufhin hat die Weltbank Anfang der 80er-Jahre die Ostblockländer nicht mehr in die Vergleiche aufgenommen. Doch die früheren Angaben zum Platz der DDR sind lebendig geblieben. Aber es handelt sich, wie gesagt, nicht um eine Berechnung der DDR.

Anatomie einer Pleite. Der Niedergang der DDR-Wirtschaft seit 1971. Materialien einer Diskussionsveranstaltung der Friedrich-Ebert-Stiftung, Berlin 2000, S. 21.

Mikroelektronische Entwicklungsanlage im Röhrenwerk Mühlhausen, um 1978

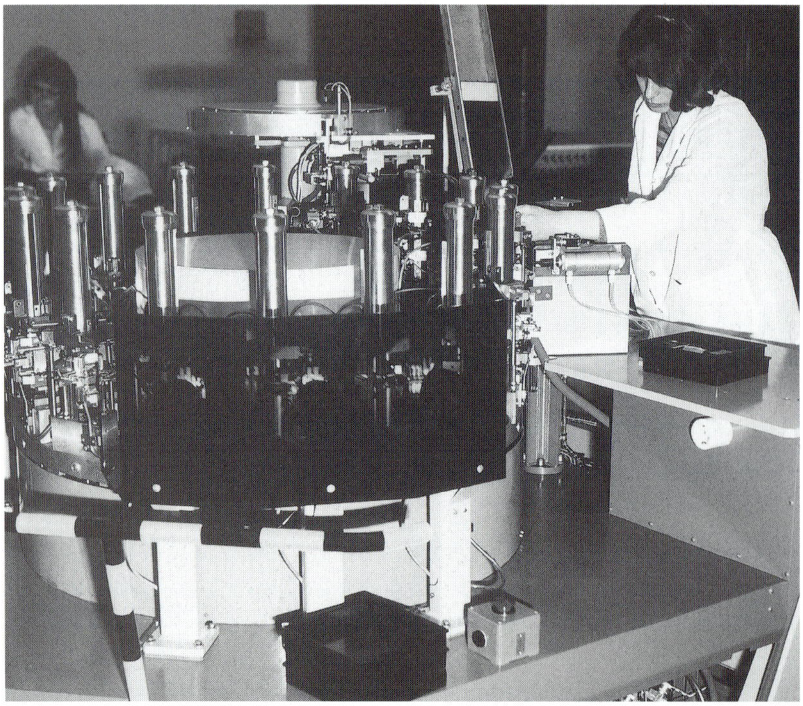

büromitglieder, der den Anstoß hierzu gegeben hatte, sondern die durchaus reale Sorge um sich verschlechternde Exportbedingungen für DDR-Produkte in westlichen Industrieländern.

Seit den 60er-Jahren hatte der Export hochwertiger Industrieprodukte, vor allem von Maschinenbauerzeugnissen, zunehmenden Einfluss auf die Gestaltung der Handelsbilanz der DDR mit den westlichen Industrieländern bekommen und bestimmte somit wesentlich die Höhe ihrer Deviseneinnahmen. Diese wurden für die DDR umso wichtiger, je mehr sie sich unter Honecker auf Kreditaufnahmen einließ und die daraus resultierenden notwendigen Zinszahlungen und Tilgungssummen anwuchsen.

Die Maschinenbauerzeugnisse aus der DDR erfreuten sich noch Anfang der 70er-Jahre im Westen eines guten Rufs. „Einige waren sogar international ohne Einschränkungen konkurrenzfähig."[1] Noch im Jahre 1976 hatte die führende amerikanische Fachzeitschrift „American Machinist" die DDR zu den weltweit führenden Exporteuren von Werkzeugmaschinen gerechnet. Doch gerade Mitte der 70er-Jahre kam es zu einem Einbruch in diesem für die DDR bis dahin sicheren und auch lukrativen Exportsektor. Was war geschehen? In der ersten Hälfte der 70er-Jahre gelang es vor allem in Japan numerische Steuerungen für Werkzeugmaschinen zu entwickeln, mit deren Hilfe die Werkstücke bedeutend exakter gefertigt werden konnten, als dies per Hand oder mit den bis dahin üblichen mechanischen bzw. pneumatischen Steuerungen möglich war: die CNC-Steuerungen (Computerised Numeric Control). Technisch waren sie eine Weiterentwicklung der bereits in den 60er-Jahren verwendeten NC-Steuerungen (Numeric Control). Aber erst die CNC-Steuerungen erwiesen sich im Einsatz als so ökonomisch, dass der Einbau solcher Steuerungen für alle Produzenten, die im internationalen Wettbewerb bestehen wollten, notwendig erschien.

Die DDR musste also, wollte sie ihre Position als Exporteur von Werkzeugmaschinen auf dem Weltmarkt behaupten, ihre Qualitätsware auch mit der neuen Qualitätssteuerung CNC verkaufen. Für den Bau von CNC-Steuerungen benötigte sie aber Mikroprozessoren, deren Herstellung den Aufbau einer mikroelektronischen Industrie voraussetzte, was Ulbricht angestrebt hatte, unter Honecker anfangs aber zurückgestellt worden war. Solange die DDR diese Steuerungen nicht selbst produzierte, musste sie sie für Devisen kaufen und in die eigenen Produkte einbauen. Der Netto-Devisenerlös,

[1] Urteil von Wolfgang Sittig, zwischen 1978 und 1990 in leitenden Positionen innerhalb des Krupp-Konzerns und der BASF-Gruppe, in: Friedrich Thießen (Hrsg.): Zwischen Plan und Pleite. Erlebnisberichte aus der Arbeitswelt der DDR, Köln 2001, S.107.

„Ohne Mikroelektronik geht nichts"

Günter Mittag, Leiter der Wirtschaftsabteilung des ZK, über die kritische Haltung des Vorsitzenden der Staatlichen Plankommission, Gerhard Schürer, zum Mikroelektronikprojekt:

Schürer hat gesagt, dass er dafür eingetreten ist, die Mikroelektronik nicht zu entwickeln, dafür aber den Maschinenbau. Ich setzte voraus, dass ihnen klar ist, dass ohne Mikroelektronik nichts geht, weder in der DDR noch in der BRD. Und dass jedes Zurückbleiben oder schon der Verzicht auf die Entwicklung der Mikroelektronik gleichbedeutend ist mit dem Verzicht auf den Maschinenbau. Es gibt keinen Maschinenbau ohne Mikroelektronik. Und seine Illusion, Millionen von Bauelementen irgendwo auf der Welt aufzukaufen, um sie dann im Rucksack hierher zu bringen, um einen Maschinenbau zu machen, das ist der prinzipiell falsche Standpunkt von Schürer.

Theo Pirker/M. Rainer Lepsius/Rainer Weinert/ Hans-Hermann Hertle: Der Plan als Befehl und Fiktion. Wirtschaftsführung in der DDR. Gespräche und Analysen, Opladen 1995 (Leske + Budrich), S. 25.

den die DDR auf diese Weise erzielen konnte, lag aber 30 bis 40 Prozent unter den noch in der ersten Hälfte der 70er-Jahre erzielten Gewinnen.

Angesichts des durch die Rückzahlungsverpflichtungen stark angewachsenen Devisenbedarfs der DDR konnte Günter Mittag seinen Parteichef Honecker von der Notwendigkeit überzeugen, in der DDR die Mikroelektronik aufzubauen. Er konnte sich damit auch gegen Gerhard Schürer und die anderen „Rechner" von der Staatlichen Plankommission durchsetzen, die vor den Nachteilen warnten, die eine Investitionskonzentration auf diesen neuen Zweig für die Versorgung der übrigen Branchen mit modernen Anlagen zur Folge haben würde.

Die Befürworter einer eigenen Mikroelektronik in der DDR sprachen aber nicht nur über außenwirtschaftliche Notwendigkeiten, sondern auch von den neuen Möglichkeiten binnenwirtschaftlicher Rationalisierung und Automatisierung, die eröffnet würden, wenn die DDR-Wirtschaft „mikroelektronisiert", d. h. mit Computern ausgestattet würde. Die Mikroelektronik würde es auch gestatten, in der DDR begehrte, weil in der Bundesrepublik bereits seit längerer Zeit verfügbare technische Konsumgüter wie Farbfernseher und Uhren mit Digitalanzeige oder vollautomatische Waschmaschinen zu produzieren. Mag sein, dass es vor allem diese Aussichten waren, die Honecker von der Mikroelektronik überzeugten.

Als in Vorbereitung des „Mikroelektronikplenums" vom Juni 1976 beraten wurde, welchen Weg die DDR einschlagen sollte, war von dem später betriebenen Alleingang der DDR noch nicht die Rede. Vielmehr sah man in der SED-Führung durchaus den neuen, gewissermaßen internationalen Charakter der Technologie. Daraus schlussfolgerte man, dass „bei der schnellen Entwicklung der Mikroelektronik die DDR selbst nicht allein in der Lage" sein würde, „in der gesamten Breite und Vielfalt moderne Bauelemente zu entwickeln und herzustellen sowie die dazu erforderlichen TSA (Technologische Spezialausrüstungen) und Materialien zu produzieren".[2] Aus dieser Erkenntnis heraus wurden seitens der DDR zwei Kooperationsstrategien verfolgt: Zusammenarbeit bei der Entwicklung der Mikroelektronik mit den übrigen RGW-Ländern und Kooperation mit den westlichen Industrieländern. Beide Ziele konnten jedoch nicht bzw. nur bruchstückhaft verwirklicht werden.

Im RGW war nur die UdSSR technologisch so weit vorangeschritten, dass sie als Partner infrage kam. In der Sowjetunion sperrte sich aber der militärisch-industrielle Komplex aus Geheimhaltungsgründen gegen eine enge Kooperation selbst mit

[2] Gerhard Müller: Die Politik der SED zur Herausbildung und Entwicklung der Mikroelektronik der DDR im Rahmen der ökonomischen Strategie zur Durchsetzung der intensiv erweiterten Reproduktion (1976–1985), Berlin (Ost) 1989, S. 69.

Produktionshalle im VEB Carl Zeiss Jena Stammwerk

denjenigen DDR-Unternehmen wie Carl Zeiss Jena, die für die Sowjetunion mikroelektronische Rüstungsgüter zu produzieren hatten, von denen das (allerdings nur hinsichtlich ihrer zivilen Zwecke) bekannteste die Multispektralkamera war. Trotz mehrerer Abkommen über die Zusammenarbeit beider Länder auf dem Gebiet der Mikroelektronik in den 80er-Jahren blieb der technologische Zugewinn der DDR im Ergebnis der Kooperation mit der Sowjetunion bescheiden.

Von westlicher Seite wurden infolge einer erneuten Verschlechterung des Ost-West-Klimas ab Mitte der 70er-Jahre die Exportverbote im Bereich Hochtechnologie von der Cocom[3] bedeutend verschärft. Um diese Embargobestimmungen zu umgehen, entschied sich die DDR für den illegalen Technologietransfer. Zu dessen Hauptorganisatoren zählte der Bereich Kommerzielle Koordinierung (Koko) im Ministerium für Außenhandel, an dessen Spitze Alexander Schalck-Golodkowski stand, sowie die bis 1986 von Markus Wolf geleitete Hauptverwaltung Aufklärung (HVA) mit ihrer Sektion Wissenschaft und Technik (SWT) und die ebenfalls im Ministerium für Staatsicherheit (MfS) angesiedelte Hauptverwaltung zum Schutze der Volkswirtschaft (HA XVIII). Für sich genommen waren die Aktivitäten zur Beschaffung meist erfolgreich. In vielen Bereichen wurde „profitabel gearbeitet".[4] Jedoch konnte auch mithilfe fleißiger Spione das Embargo nicht an allen erforderlichen Stellen umgangen werden. Auch lagen die Preise für die illegal erworbene High-Tech-Ware gewöhnlich höher als auf dem (für die DDR gesperrten) Weltmarkt der Branche. Viel schwerwiegender aber war, dass im Gegensatz zu Lizenzerwerbungen, mit deren Hilfe z.B. Siemens den Anschluss an das von japanischen und amerikanischen Konzernen bestimmte Weltniveau auf dem Gebiet der Mikroelektronik fand, beim illegalen Technologietransfer keine Serviceleistungen für Maßnahmen zur Inbetriebnahme, für den langfristigen Betrieb bzw. für die Beschaffung von Ersatzteilen vereinbart werden konnten. Hinzu kam die Unsicherheit, die mit den informellen Geschäften generell verbunden war.

Statt der ursprünglich geplanten internationalen Kooperation auf dem Gebiet der Mikroelektronik kam es in den 80er-Jahren zum Versuch, die Mikroelektronik in der DDR überwiegend autark zu entwickeln. Damit aber war das kleine Land von den Ressourcen her überfordert. Die führenden westlichen Mikroelektronikfirmen modernisierten ihre Produktion mit hohem Tempo bei gleichzeitig sich ständig verringernden Kosten. Trotz Milliardeninvestitionen (die teilweise durch Investitionskürzungen in anderen Zweigen aufgebracht werden mussten) und ungeachtet der Fähigkeit ihrer Wissenschaftler und Ingenieure gelang es der DDR nicht, die auf dem „Mikroelektronikplenum" von 1976 erstmals öffentlich benannten Defizite gegenüber dem Westen auch nur im entferntesten aufzuholen. 1989 betrug der Rückstand der DDR-Elektronikindustrie bei Bauelementen und Industrieelektronik etwa vier Jahre, bei Rechentechnik und Unterhaltungselektronik sieben und bei der Nachrichtentechnik 13 Jahre.

Eine der Ursachen des Rückstands in der Entwicklung der Mikroelektronik lag im breiten Sortiment, das in der DDR entwickelt wurde. Nach unterschiedlichen Schätzungen deckte die DDR zwi-

Auf der Suche nach Kooperationspartnern

Das MfS berichtet am 11. April 1977 dem Minister für Elektrotechnik/Elektronik/Gerätebau über Probleme der Kooperation im Bereich der Mikroelektronik mit potenten Partnern in Ost und West:

So unterliegen in den führenden kapitalistischen Industrieländern der Verkauf und die Lizenzvergabe moderner elektronischer Bauelemente, hochproduktiver Ausrüstungen und Mess- bzw. Prüfeinrichtungen sowie die Fertigungstechnologien strengen Embargobestimmungen. Z.B. hat die USA-Regierung für die Mikroelektronik und einige angrenzende Gebiete die Embargobestimmungen extrem verschärft und kontrolliert über diesen Mechanismus die westeuropäischen und japanischen Konzerne. Der militärisch-industrielle Komplex der USA räumt der Mikroelektronik eine absolute Vorrangstellung ein und konzentriert darauf bedeutende Mittel und Kontrollmaßnahmen zur Verhinderung des Abfließens entsprechender ideeller und materieller Potenzen.

(Erschwerend für die DDR kommt hinzu), dass die UdSSR aus militärstrategischen Überlegungen ihr Entwicklungs- und Produktionspotenzial gegenwärtig nur in begrenztem Umfang für die Zusammenarbeit mit den sozialistischen Ländern zur Verfügung stellt. Spezielle Gebiete der Mikroelektronik der UdSSR sind Bestandteile des Verteidigungspotenzials und erfüllen somit wichtige Aufgaben beim Ausbau der militärischen Überlegenheit sowie bei der Durchsetzung der Abrüstungskonzeption gegenüber den USA.

BStU-ZA, 2666, Bl. 3f.

[3] Cocom = Coordinating Committee, mit dem Sitz in Paris, eingerichtet von den USA, schrieb den westlichen Industriestaaten vor, welche Waren von militärischer Relevanz nicht in den Ostblock exportiert werden durften.

[4] Olaf Klenke: Ist die DDR an der Globalisierung gescheitert? Autarke Wirtschaftspolitik versus internationale Weltwirtschaft – Das Beispiel Mikroelektronik, Frankfurt/Main 2001, S. 68.

schen 50 und 83 Prozent ihres Eigenbedarfs an mikroelektronischen Bauelementen aus einheimischer Produktion. Die Bundesrepublik versorgte sich hingegen nur zu 20 bis 30 Prozent selbst. In der DDR konnten nur geringe Stückzahlen produziert werden. Beim 256-KB-Chip z. B. lag diese bei 0,5 Mill. Stück pro Fabrik gegenüber einem internationalen Schwellenwert für wirtschaftliche Fertigungsgrößen von 120 Mill. Stück. Die Missachtung der „economies of scale“ führte dazu, dass die Herstellungskosten dieses Chips Ende der 80er-Jahre das Fünfzehnfache des internationalen Durchschnitts betrugen. Die in den 80er-Jahren von der DDR verfolgte Strategie, vom Mikrochip bis zum Computer alles produzieren zu wollen, hatte sich als völlig verfehlt erwiesen.

Export um jeden Preis

Ende der 70er-Jahre, nach dem zweiten Erdölpreisschock und mit den von der mikroelektronischen Revolution bewirkten Strukturveränderungen in den nationalen Industrien, wurde deutlich, dass eine weltweite Periode mit vergleichsweise ruhigem Wirtschaftswachstum zu Ende ging. Im Westen verlor die nationale Politik einen Teil ihres Einflusses auf die Ökonomie. Die Zinssouveränität ging an die globalen Finanzmärkte weitgehend verloren. In der Bundesrepublik kam die anfangs erfolgreiche Wirtschaftspolitik des Kanzlers Helmut Schmidt in tiefen Misskredit. Die Konjunkturprogramme verpufften. Anfang der 80er-Jahre geriet die Wirtschaft der Bundesrepublik in eine Rezession, von der sie sich erst nach einem Wechsel der staatlichen Wirtschaftssteuerung infolge des Regierungswechsels unter Kanzler Helmut Kohl erholte. Mitte der 80er-Jahre befand sie sich wieder auf einem Wachstumspfad.

Die DDR-Wirtschaft blieb – trotz aller rhetorischen Beteuerungen ihrer Führung, man befände sich vor den Stürmen der kapitalistischen Weltwirtschaft geschützt im sicheren Hafen der RGW – von den wirtschaftlichen Umbrüchen nicht unberührt. Das war auch nicht verwunderlich. Die Deutsche Bundesbank schätzte die Import- und Exportquote der späten DDR-Wirtschaft auf 25 bis 30 Prozent ihres Bruttoinlandsprodukts. Damit hatte die DDR „eine beachtliche Einbindung in den internationalen Wirtschaftsverkehr“ erreicht.[5] Der Anteil der Westexporte lag 1980 bei 27 Prozent. Die DDR-Wirtschaft hatte sich also auch den Turbulenzen des Weltmarktes zu stellen. Der dort zu beobachtende zunehmende Verdrängungswettbewerb, Hochzinspolitik und Schuldenkrise trafen vor allem Schwellenländer und die mit dem Weltmarkt verbundenen ökonomisch schwächeren Wirtschaften Osteuropas. Mexiko und Brasilien genauso wie Polen, Ungarn und Rumänien wurden ihren Gläubigern gegenüber zahlungsunfähig.

Aber auch die DDR sah sich gezwungen zu reagieren. Die in den 70er-Jahren übliche Augenwischerei der Verantwortlichen im kleinen Kreis der „Arbeitsgruppe Zahlungsbilanz“ reichte nicht mehr. Die veränderten Weltwirtschaftsbedingungen hatten sich der DDR vor allem über die Zunahme des schon seit Anfang der 70er-Jahre negativen Handelsbilanzsaldos mit dem NSW und durch ein rasantes Anwachsen ihrer Verbindlichkeiten in harter Währung mitgeteilt. Vor allem weil die Einfuhr die Ausfuhr seit der zweiten Hälfte der 70er-Jahre jährlich um 2,8 bis 4,0 Mill. VM übertraf, erhöhte sich die Nettoverschuldung der DDR zwischen 1975 und 1980 rasch von 8,8 auf 23,6 Mrd. VM und stieg danach – allerdings langsamer – bis auf 25,1 Mrd. VM im Jahre 1982 an.[6] Die DDR geriet international in den Verdacht zahlungsunfähig zu sein. In dieser Situation war eine Fortsetzung der defizitären Außenhandelspolitik nicht mehr möglich. Es blieb der SED-Führung nichts

[5] Zahlungsbilanz der ehemaligen DDR 1975 bis 1989, hrsg. von der Deutschen Bundesbank, Frankfurt/Main (August) 1999, S. 12.

[6] Diese und die folgenden Angaben über Außenhandel, Zahlungsbilanz und Verbindlichkeiten der DDR gegenüber dem NSW sind entnommen aus: Ebd., S. 49ff.

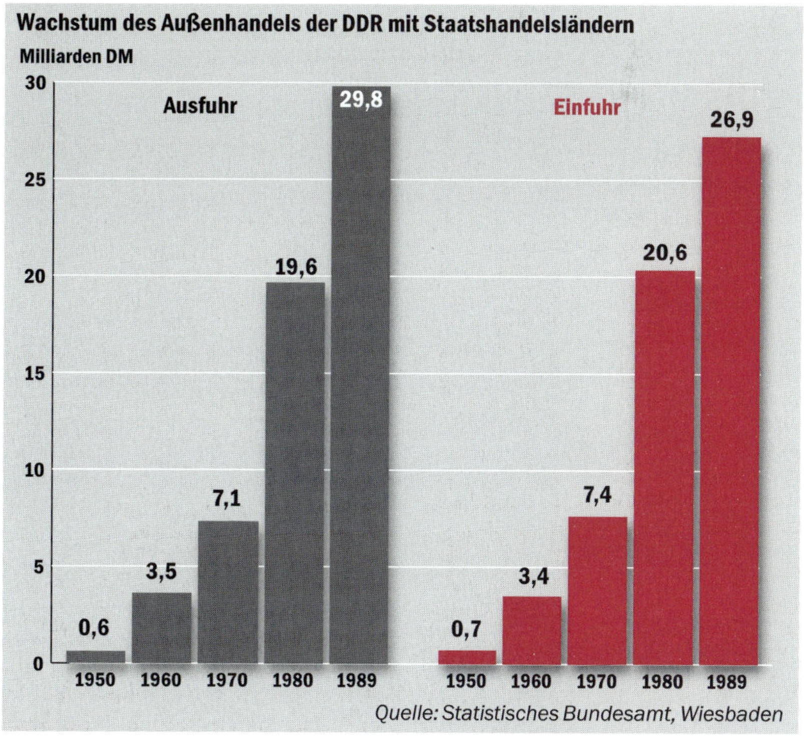

Das Ende der Konsumsteigerung

Doris Cornelsen, Leiterin der Abteilung „DDR und östliche Industrieländer" im DIW, über die Auswirkungen der internationalen Schuldenkrise:

Dazu kam Anfang der 80er-Jahre noch die so genannte Schuldenkrise. Damals stiegen die Zinssätze von 6 Prozent auf 13 Prozent, haben sich also mehr als verdoppelt. Das bedeutete für die Westverschuldung der DDR eine enorme Belastung. 1981 gab es die Zahlungsschwierigkeiten von Polen und Rumänien. Die westlichen Banken haben deren Situation blind auf alle Ostblockländer übertragen. Es wurde dadurch für alle Länder schwierig, Anschlusskredite zu finden. In dieser Phase stand nun in der DDR der Konsum im Vordergrund: Erhöhung der Mindestlöhne und der Mindestrenten, familienpolitische Maßnahmen, Forderungen der Konsumgüterproduktion, Wohnungsbauprogramme. Diese Politik musste mit den Außenhandelsproblemen geändert werden. Der Verbrauch nahm dann, obwohl es nicht im Sinne der DDR-Regierung war, real praktisch nicht mehr zu. Verbrauchsgüter wurden in wachsendem Umfang exportiert. Es war wirklich bemerkenswert, wie diese Planwirtschaft es geschafft hat, das Defizit im Westhandel zu senken und sogar in einen Überschuss zu verwandeln sowie eine Schuldenkrise zu verhindern.

Anatomie einer Pleite. Der Niedergang der DDR-Wirtschaft seit 1971. Materialien einer Diskussionsveranstaltung der Friedrich-Ebert-Stiftung, Berlin 2000, S. 21.

anderes übrig, als ihre bisherige Wirtschaftspolitik grundlegend zu überdenken.

Das Ergebnis dieser Überlegungen war die „Ökonomische Strategie der Achtzigerjahre". Sie wurde im von Erich Honecker auf dem X. Parteitag der SED 1981 vorgetragenen Bericht des Zentralkomitees in zehn Punkten ausführlich dargelegt. Im Kern reduzierten sich die zehn Punkte auf die Forderungen nach

- Intensivierung, d. h. Erhöhung des Wirkungsgrades der einheimischen Ressourcen wie der Braunkohle. Vor allem wurde der sparsamere Umgang mit den begrenzten (und Anfang der 80er-Jahre auf 17 Mill. Tonnen gekürzten) Lieferungen des preisgünstigen sowjetischen Erdöls gefordert.
- Erhöhung der Arbeitsproduktivität. Eine weiterhin wachsende Produktion sollte mithilfe moderner Technik bzw. auf der Grundlage der Rationalisierung der vorhandenen Technik, vor allem durch Anwendung der Ergebnisse der Mikroelektronik und der Robotertechnologie in allen Zweigen der Volkswirtschaft mit einer gleich bleibenden Zahl von Arbeitskräften erreicht werden.
- Strukturveränderungen in der Erzeugung zugunsten eines höheren Veredlungsgrades, höherer Qualität und höherer Devisenrentabilität.

Die letztgenannte Forderung zielte bereits direkt auf den Export, dessen Sicherung bzw. geforderte Ausdehnung angesichts der weltweiten Verdrän-

Luxuskonsumgüter: Verpackungshalle des Süßwarenwerkes in Delitzsch

gungskonkurrenz nur durch erhebliche Verbesserung der Modernität und Erzeugnisqualität der Exportgüter zu erreichen war. Doch auch die zweite Forderung war auf die Unterstützung der Exportoffensive ausgerichtet. Die Produktivitätssteigerungen sollten die Exporte verbilligen. Die mit der ersten Forderung formulierte Einsparung von importierten Rohstoffen und Materialien, ergänzt durch die stärkere Nutzung einheimischer Roh- und Brennstoffe, diente vor allem dem Ziel, Einfuhren zu kürzen.

Auf diese Weise, so sah es die „ökonomische Strategie" der SED vor, sollte in den 80er-Jahren das Defizit in der Handelsbilanz abgebaut und schließlich sogar in einen Überschuss verwandelt und dadurch letztlich auch die Zahlungsbilanz verbessert werden. Der im Außenhandel zu erwirtschaftende Überschuss aber sollte vornehmlich zur Tilgung der Auslandsschulden eingesetzt werden. „Die DDR-Wirtschaft stand seither unter dem Diktat der Zahlungsbilanz, die Handelsbilanz musste nachhaltig umgekehrt werden."[7] Die Ausrichtung der gesamten Wirtschaft auf den Export – auch die Sowjetunion verlangte für ihre Rohstofflieferungen in zunehmendem Maße die Lieferung hochwertiger Exportgüter – krempelte die Wirtschaft der DDR um. Dies allerdings weniger in der gewünschten Richtung Intensivierung und Effektivität als vielmehr durch eine Zunahme von nicht durchkalkulierten Hau-Ruck-Aktionen. Bewusst in Kauf genommen wurde dabei die Vernachlässigung der Industriezweige außerhalb des Export- und Elektronikbereichs durch Verringerung der produktiven Investitionen.

Abstriche, nicht nur hinsichtlich der Westimporte, wurden auch im Konsumgüterbereich gemacht.[8] Wenn das Politbüro auch an der „Strategie der Einheit von Wirtschafts- und Sozialpolitik" festhielt, konnte es quantitative und vor allem qualitative Minderungen in der Versorgung der Bevölkerung nicht mehr vermeiden. Es besaß z. B. keine Möglichkeiten mehr, die Produktion von

[7] Maria Haendcke-Hoppe-Arndt: Außenwirtschaft und innerdeutscher Handel, in: Eberhard Kuhrt/Hannsjörg F. Buck/Gunter Holzweißig (Hrsg.): Die wirtschaftliche und ökologische Situation der DDR in den 80er-Jahren, Opladen 1996, S. 57.

[8] Die individuelle und gesellschaftliche Konsumtion wuchs 1971 bis 1975 durchschnittlich jährlich um 5,5 Prozent, 1981 bis 1985 dagegen nur noch um 2,4 Prozent. Vgl. Siegfried Kupper: Eine „schonungslos offene" Information, in: Deutschland Archiv, 5/2001, S. 767

Fatale Folgen der Umstellung auf Einfachgarne

Schreiben des Ministeriums für Leichtindustrie an den Wirtschaftssekretär des ZK der SED, Günter Mittag, über die Folgen der Drosselung der Westimporte, 1982:

Durch Einsatz von Einfachgarnen aus Mittelstapelbaumwolle anstelle von Zwirnen und Gespinsten aus Langstapelbaumwolle (NSW-Importe) bei Geweben für Leibwäsche entstehen folgende Wirkungen:
Der Arbeitsaufwand wird wesentlich größer, da, um diese Garne verarbeiten zu können, zusätzliche Arbeitsgänge erforderlich sind und die Arbeitsproduktivität wegen schlechterer Verarbeitungseigenschaften um ca. 8 bis 10 Prozent sinkt. ...
Analoge Wirkungen treten bei folgenden Sortimenten ein:

- Umstellung von Bademänteln und Frottierhandtüchern von Zwirn-Schlinge-Sortiment und Velours auf Frottier u. Ä. aus Einfachgarn;
- Umstellung von Schlafanzügen von Popeline auf Einfachgarnstoffe;
- Umstellung von Oberbekleidung aus Popeline und Gabardine (Zwirne) auf Stoffe aus Einfachgarn.

Christian Heimann: Systembedingte Ursachen des Niedergangs der Wirtschaft. Das Beispiel der Textil- und Bekleidungsindustrie 1945–1989, Frankfurt/Main 1997 (Peter Lang), S. 341.

Qualitätseinbußen nach Drosselung von Westimporten: Leipziger Baumwollspinnerei

Arbeitsaufwand nur für den Export

Beschwerde einer Abgeordneten des Bezirks Karl-Marx-Stadt (Chemnitz) im Bezirkstag über die Bevorzugung modischer Exportmodelle, 1986:

Zur Veranschaulichung der Kollektion wurden den Abgeordneten Modelle vorgeführt. Einige gefielen uns sehr gut. Meistens waren das jedoch Exportmodelle. Von der Optik her fielen also diese Erzeugnisse sofort ins Auge. Auf die Frage, warum das so ist, wurde erklärt, dass für diese Modelle ein höherer Aufwand erforderlich ist: Steppnähte, Taschenklappen und anderes. Aber das sind doch gerade die Details, die ein Modell ansprechend machen. Was haben wir gekonnt, wenn wir für den Binnenmarkt Erzeugnisse mit geringerem Arbeitsaufwand produzieren – nur damit die Stückzahl eingehalten wird –, die nicht gekauft werden, weil sie nicht den modischen Vorstellungen der Kunden entsprechen und dann die Volkswirtschaft als Überplanbestände belasten?

Christian Heimann: Systembedingte Ursachen des Niedergangs der Wirtschaft. Das Beispiel der Textil- und Bekleidungsindustrie 1945–1989, Frankfurt/Main 1997 (Peter Lang), S. 341.

Westexporte um jeden Preis

Dieter Taubert, Direktor Ökonomie in einem Maschinenbaubetrieb in Karl-Marx-Stadt (Chemnitz), über die Priorität der Westexporte:

Auf den Außenmärkten, besonders im „Nichtsozialistischen Wirtschaftsgebiet" (NSW), gab es für das Kombinat fast übermächtige Konkurrenz (Siemens, Bosch, Krupps, Braun etc.). Trotzdem hatte der NSW-Export die höchste Priorität. Die Ertragskennzahlen waren zwar oft ungenügend, aber die Devisen wurden gebraucht. Der Export ging vorrangig an die BRD (vor allem in den Versandhandel), nach Frankreich, in die Beneluxländer. In der Lieferpriorität folgten dem NSW-Export die Sowjetunion, dann das übrige SW (Sozialistisches Wirtschaftsgebiet) und schließlich das Inland.

Friedrich Thießen (Hrsg.): Zwischen Plan und Pleite. Erlebnisberichte aus der Arbeitswelt der DDR, Köln 2001 (Böhlau Verlag), S. 141

Schaufensterwerbung für Spitzenerzeugnisse der Planwirtschaft, 1983

Konsumgütern wie Videorecorder oder auch nur Geschirrspülmaschinen – Geräte, die für die Bundesbürger in den 80er-Jahren bereits eine Selbstverständlichkeit waren – in größerem Maßstab aufzunehmen oder wenigstens eine neue Variante des „Wartburg" oder „Trabant" in Serie zu bringen.

Allerdings gelang es den DDR-Krisenmanagern unter Günter Mittag – bei Inkaufnahme einer deutlichen Verschlechterung der langfristigen ökonomischen Gesamtaussichten – kurzfristig die finanzwirtschaftliche Situation der DDR deutlich zu verbessern. Dank rigoroser Importkürzungen und einer Exportoffensive ohne Rücksicht auf die Erfordernisse des Binnenmarktes, gelang es erstmals 1981 einen Außenhandelsüberschuss zu erzielen, der sich von 1982 bis 1985 jährlich auf 2,5

Das VEB Braunkohle-Veredelungswerk in Espenhain vor den Toren Leipzigs. Beim Entschwefeln der Braunkohle wurden hier täglich über vier Tonnen Schwefelwasserstoff durch die Schornsteine gejagt

bis 3 Mrd. VM belief. Diese Exporte wurden aber insofern teuer erkauft, als „um jeden Preis" exportiert wurde, wodurch sich die „Devisenertragskennziffer", die aussagte, wie viel Mark der DDR an Produktion aufgewendet werden mussten, um 1 DM Erlös zu erzielen, von 1:2,2 (1980) auf 1:4,4 (1989) verschlechterte.

Wichtigster Exportschlager waren in den 80er-Jahren nicht, wie man sich das im Politbüro vorgestellt hatte, die mit DDR-Mikroelektronik ausgestatteten Maschinenbauerzeugnisse (bis Ende 1989 mussten in 80 Prozent der Werkzeugmaschinen mikroelektronische Steuerungen westlicher Provenienz eingebaut werden), sondern Rohstoffe bzw. Halbfertigerzeugnisse, so genannte „weiße" Derivate, die aus dem im Petrochemischen Kombinat Schwedt tief gespaltenen sowjetischen Erdöl gewonnen wurden.

Um dieses Erdöl so weit wie möglich als Ausgangsprodukt für die Exporte in den Westen einsetzen zu können, wurde für die DDR-Binnenwirtschaft die „Heizölablösung", d. h. die Rückkehr zur Verfeuerung von Rohbraunkohle angeordnet und durchgesetzt. Dadurch standen 6 von den 17 Mill. Tonnen sowjetischen Erdöls als Ausgangspunkt für Exporte in den Westen zur Verfügung. In die „Energieumstellung" mussten 15 Mrd. Mark investiert werden, eine Investition, „mit der unmittelbar kein Leistungs- und Effektivitätszuwachs verbunden war".[9]

[9] SAPMO-BArch DY 30 3013, Bl. 97.

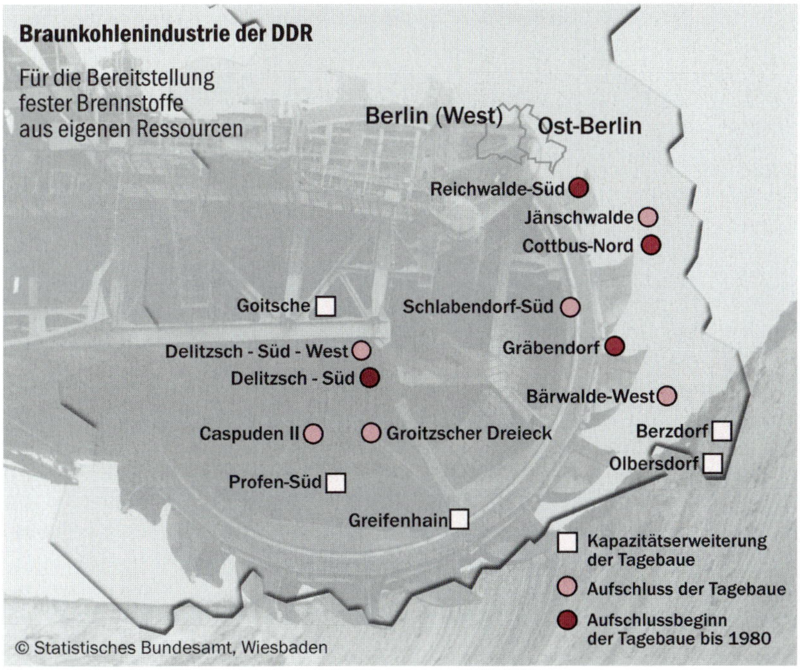

Nur auf dem Plakat – hier in Ost-Berlin – war das Bündnis zwischen der SED und der KPdSU „unzerstörbar“

Keine extreme Verschuldung

Der damalige Bundesbankpräsidenten Karl Otto Pöhl über das Ausmaß der DDR-Verschuldung:

Die Zahlungsunfähigkeit ist nicht das Ende der Welt. Sie bedeutet gar nichts, bis auf den Umstand, dass die Banken im Moment keine Zinsen kriegen. Die DDR war ja nicht extrem verschuldet. Uns haben die 30 Milliarden D-Mark nie beunruhigt. Und die Innenschulden (der DDR) waren vollkommen belanglos, ... waren eine rein buchhalterische Betrachtungsweise. Aber selbst wenn es so weit gekommen wäre – ein Moratorium hätte die DDR nicht umgebracht. Der Internationale Währungsfonds stellt dann zwar bestimmte Bedingungen, die sind aber längst nicht so weitgehend wie die totale Aufgabe der eigenen Finanzhoheit bei einer Währungsunion. Die SED ist nicht wegen ihrer Schulden gekippt, sondern weil das System moralisch diskreditiert war und Gorbatschow die Hand weggezogen hat.

Daniela Dahn: Wir bleiben hier oder Wem gehört der Osten. Vom Kampf um Häuser und Wohnungen in den neuen Bundesländern, Hamburg 1994 (Rowohlt Taschenbuch Verlag), S. 55.

Auf der anderen Seite konnte die DDR ihre Auslandsschulden in harter Währung nach 1982 deutlich abbauen. Die Nettoschulden sanken 1982 von 25,1 auf 15,5 Mrd. DM im Jahre 1985. Während andere osteuropäische Staaten sich umschulden und vom Internationalen Währungsfonds Vorschriften machen lassen mussten, galt die DDR wieder als solvent. Die Umstellung in weiten Bereichen der Volkswirtschaft war zugunsten eines Unternehmens, nämlich des Exports von Erdölderivaten, vorgenommen worden, was sehr riskant war, da die Exportgewinne auf der Differenz zwischen den (niedrigeren) sowjetischen Preisen und den (höheren) Weltmarktpreisen für Öl beruhten. Ende des Jahres 1985 fielen die seit zwölf Jahren stark überhöhten Erdölpreise auf dem Weltmarkt innerhalb von wenigen Wochen um die Hälfte. Dadurch wurden auch die mit dem Erdölprodukte-Exportgeschäft der DDR erwirtschafteten Deviseneinnahmen um etwa die Hälfte reduziert. Der „umgekehrte Erdölschock“, für die Bundesrepublik ein Moment weiterer Konsolidierung nach Überwindung der Wirtschaftskrise von Anfang der 80er-Jahre, „hat die DDR in eine Situation gebracht, die dann beschleunigt zu einer negativen Entwicklung führte“.[10]

[10] Siegfried Wenzel, damals stellvertretender Vorsitzender der Staatlichen Plankommission, in: Anatomie einer Pleite. Der Niedergang der DDR-Wirtschaft seit 1971. Materialien einer Diskussionsveranstaltung der Friedrich-Ebert-Stiftung, Berlin 2000, S. 26.

Als das „Derivategeschäft“ nicht mehr funktionierte und die Mikroelektronik weiterhin nicht zur Erhöhung der Attraktivität der Maschinenbauexporte der DDR beitragen konnte, wurden (ab 1987) Zahlungsbilanz und Leistungsbilanz wieder negativ. Das Defizit betrug 1988 und 1989 bereits wieder knapp 3 Mrd. VM. Damit nahm auch die Nettoverschuldung gegenüber dem westlichen Ausland erneut zu, und zwar stieg sie von 15,5 im Jahr 1985 auf 19,9 Mrd. VM im Jahr 1989.

Schon aus der fast parallelen Entwicklung von Außenhandelsbilanz und Verschuldungsentwicklung gegenüber dem NSW wird erkennbar, dass die teilweise seit der zweiten Hälfte der 60er-Jahre anfallenden direkten Zahlungen der Bundesrepublik an die DDR in Form von Autobahngebühren, über das „Müllgeschäft“ oder die „Kirchengeschäfte A und B“ (u.a. Häftlingsfreikäufe) vergleichsweise wenig Einfluss auf die Zahlungsbilanz der DDR bzw. ihre Westverschuldung hatten. Und auch die als spektakulär empfundenen „Strauß'schen Milliardenkredite“ von 1983 und 1984 waren mehr von psychologischer Wirkung im Vergleich zu den Ergebnissen einer – allerdings mit dauerhaften Schäden für die DDR-Volkswirtschaft – erkauften Exportoffensive der DDR. Dies wurde auch vonseiten

Mülldeponie Ketzin bei Potsdam. Dort wurde der Hausmüll aus Westberlin abgelagert, aber auch Sondermüll wie z. B. Ölfässer

der Bundesregierung bestätigt, als der langjährige Bundesfinanzminister Theo Waigel am 30. Juni 2000 vor dem Bundestag erklärte: „Die Transferleistungen der Bundesrepublik und die Kredite des Westens trugen trotz gegenteiliger Äußerungen keineswegs zur Verlängerung der Lebenszeit der DDR bei. Sie waren schon von ihrem Volumen her nicht mehr als ein Tropfen aus den heißen Stein.“[11]

Günter Mittags Kombinatswirtschaft

Günter Mittag, unter Ulbricht glühender Verfechter der Wirtschaftsreform, hatte sich 1970 rechtzeitig auf Honeckers Seite geschlagen. Die meisten Mitglieder des Honecker'schen Politbüros blieben ihm gegenüber allerdings misstrauisch. Mittag verlor 1973 seine Stellung als Wirtschaftssekretär des ZK der SED. Mit den größer werdenden wirtschaftlichen Schwierigkeiten der DDR besann sich Erich Honecker jedoch wieder stärker auf Mittag, der 1976 erneut Wirtschaftssekretär des ZK wurde. Seitdem konnte im Politbüro bzw. Ministerrat keine wesentliche wirtschaftspolitische Entscheidung mehr gegen seinen Willen ge-

Mittags unangefochtene Position in Wirtschaftsfragen

Harry Möbis, leitender Mitarbeiter des Ministerpräsidenten Willi Stoph, über Günter Mittags Entscheidungsbefugnis in Wirtschaftsfragen:

Honecker stand unverdrossen hinter Mittag. Als sich Stoph in der Sitzung des Politbüros am 13. Juni 1988 über Entscheidungen Mittags zum Abbruch der Importe für ein Warmbandwalzwerk aus der UdSSR, später aus Japan, beschwerte, weil erheblicher volkswirtschaftlicher Verlust eingetreten war, da konterte Honecker. Stoph sagte damals sinngemäß: „Man brauch sich nicht zu wundern, wenn hier ein Sekretär (Mittag) allein entscheidet.“ ... Stoph erhielt im Politbüro von keiner Seite Unterstützung. Selbst Mielke, der über alle Informationen, die Lage der Wirtschaft betreffend, verfügte und der Mitarbeiter hatte, die auch die Ursachen kannten und genau wussten, wie mitunter die Wahrheit manipuliert wurde, hüllte sich in Schweigen.

Harry Möbis: Von der Hoffnung gefesselt. Zwischen Stoph und Mittag – unter Modrow, Frankfurt/Oder 1999 (Frankfurter Oder Editionen), S. 237.

[11] In: Das Parlament, 28/2000, S. 9; vgl. auch Wolfram Weimer: Deutsche Wirtschaftsgeschichte. Von der Währungsreform bis zum Euro, Hamburg 1998, S. 297ff.

„Gleitlagerbetrieb des VEB Berliner Metallhütten- und Halbzeugwerke: Mitglieder der Brigade ‚Geschwister Scholl' aus der Verbunddreherei erreichten im Betrieb als erstes Kollektiv den Titel für ausgezeichnete Qualitätsarbeit" (ADN-Meldung vom 16. Februar 1979)

fällt werden. Auch die für die 80er-Jahre charakteristische Zusammenfassung sämtlicher Betriebe der DDR in wenige große Kombinate geht auf Günter Mittag zurück.

Bis Ende der 70er-Jahre waren die volkseigenen Betriebe auf unterschiedliche Art in Produktionsgruppen zusammengefasst worden: vor allem als Vereinigungen Volkseigener Betriebe (VVB), teilweise auch schon als Kombinate. Doch dann war es aus mit der gewissen Vielfalt in den Leitungsstrukturen.

Auf seiner 7. Tagung im November 1977 ließ das ZK der SED verkünden: „Die Kombinate sind die modernste Form der Leitung in Industrie und Bauwesen. Ihrer weiteren Ausgestaltung und zugleich der Bildung neuer Kombinate misst das Politbüro größte Bedeutung bei."[12] Mit der „Verordnung über die volkseigenen Kombinate, Kombinatsbetriebe und volkseigenen Betriebe" vom 8. November 1979 wurde das Kombinat zur „grundlegenden Wirtschaftseinheit der materiellen Produktion". Was war damit gemeint?

Im Idealfall sollten im Kombinat um die eigentlichen Produktionsbetriebe herum Zulieferbetriebe und Unternehmen, die auf die materiell-technische Betreuung der Anlagen der Hauptbetriebe sowie deren technologische Weiterentwicklung spezialisiert waren, angesiedelt sein – manchmal auch der entsprechende Außenhandelsbetrieb. Erreicht werden sollte damit, dass im Kombinat alle charakteristischen Tätigkeiten zur Herstellung des Haupterzeugnisses, z.B. Werkzeugmaschinen, oder zur Gewährleistung der wichtigsten Dienstleitungen, z.B. Energieübertragung und Fernwärmeleitung, von der Produktion über die Instandhaltung der Anlagen bis hin zur Forschung und Entwicklung vereinigt waren.

Das klang angesichts der bekannten Nachteile, die der „Ressortgeist" mancher Ministeriumsabteilungen für die industriezweigübergreifende Kooperation in der DDR bis dahin gebracht hatte, ganz plausibel. Aber den eigentlichen Zweck der Zusammenschlüsse benannte man bestenfalls intern: Die Bildung der Kombinate war vor allem der Versuch, die immer wieder auftretenden Mangelerscheinungen, d.h. fehlende Zulieferungen, unzureichende Bereitstellung an Instandhaltungs- und Rationalisierungsmitteln usw., durch Verringerung der Abhängigkeit der Kombinate von Kooperationsbeziehungen „nach außen" einzuschrän-

[12] Gesetzblatt der DDR, 1979, Teil I, S. 355f.

Organisationsstruktur eines Industriezweiges in der DDR bis 1979

Vereinigung Volkseigener Betriebe (VVB)*
Volkseigene Betriebe/VEB (Hersteller industriezweigtypischer Erzeugnisse)
Betriebsteile**
Betriebsabteilungen**
Brigaden bzw. Arbeitsgruppen**

*(sowie bereits einige Kombinate) ** in fast allen VEB

Organisationsstruktur eines Industriezweiges in der DDR während der 80er-Jahre

VE Kombinat / Stammbetrieb

VEB	VEB	VEB	VEB
Hersteller industriezweigtypischer Erzeugnisse	Zuliefererbetriebe	Forschungsbetriebe	Reparatur- und Instandhaltungsbetriebe

Betriebsteile**
Betriebsabteilungen**
Brigaden bzw. Arbeitsgruppen**

** in fast allen VEB

ken. Diese „Autarkisierung" der Kombinate widersprach komplett einem zu dieser Zeit zu beobachtenden Trend in den westlichen Ländern. Dort ging man seit den 70er-Jahren stärker zum „Outsourcing" über, d.h., man konzentrierte sich auf die Kernproduktion und gliederte Zulieferbetriebe und Serviceleistungen aus der Hauptproduktion aus. Ergebnis sollte der „schlanke" Betrieb sein. Die Kombinatsbildung aber führte zu einer Verstärkung des „Insourcing".

Man kann sich vorstellen, dass die durch „umfassende Kombinatsbildung" bewirkte Neuordnung der Beziehungen zwischen den Betrieben, eine Grundsatzentscheidung mit beträchtlichen Wirkungen, der Sachkenntnis der betroffenen Betriebsdirektoren und ihrer beratenden, vielleicht auch mitentscheidenden Stimme bedurft hätte. Doch die Unternehmen wurden nicht gefragt. Weder durften sie zur prinzipiellen Entscheidung der durchgehenden Kombinatsbildung auf Basis der Stammbetriebsleitung Stellung nehmen, noch hatten sie ein Wort mitzureden, wenn entschieden werden musste, welche Produktions-, Zuliefer- und Servicebetriebe usw. dem zu gründenden Kombinat zugeordnet werden sollten oder welches der Unternehmen Stammbetrieb wurde. Stattdessen kam es bei der Kombinatsbildung zu einem quantitativ orientierten generalstabsmäßigen Vorgehen. „Für Günter Mittag war die Kombinatsidee eine glänzende Möglichkeit, wieder als Träger eines Wirtschaftskonzeptes wirksam zu werden. Er konnte etwas Großes gestalten und machte das leider in seiner ‚Hundert-Prozent-Methode', wie sie von alters her den stalinistischen Denkmustern in der Parteipraxis entsprach", charakterisierte einer von Mittags leitenden Mitarbeitern das Herangehen seines Chefs.[13] Auf diese Weise entstanden 1980 zunächst 130 Kombinate in der zentralgeleiteten Industrie, denen 1981 weitere in der bezirksgeleiteten Industrie folgten, sodass ihre Gesamtzahl auf 224 mit 3,5 Mill. Mitarbeitern anwuchs.

Die „umfassende Kombinatsbildung" fiel zeitlich fast zusammen mit dem Übergang zur Politik des „Exports um jeden Preis". Welche Intentionen auch immer hinsichtlich der Ausgestaltung der Kombinate bestanden hatten, ihre tatsächliche Profilierung erhielt die „Mittag'sche Kombinatswirtschaft" im Zuge der Notmaßnahmen zur Entschuldung der DDR. Die Auswirkungen der Politik einer Ausweitung von Westexporten und der Kürzung von Westimporten betrafen nicht nur die im Zentrum der Aufmerksamkeit stehenden „Export-

[13] Claus Krömke: Das „Neue ökonomische System der Planung und Leitung der Volkswirtschaft" und die Wandlungen des Günter Mittag, Berlin 1996, S. 47.

„Im Tagebau Delitzsch-Südwest wurde zu Ehren des X. Parteitages der SED am 14. März 1981 17 Tage vorfristig der Dauerbetrieb aufgenommen. Dazu begrüßten die Berg-, Bau- und Montagearbeiter herzlich Günter Mittag (2.v.r.), Mitglied des Politbüros und Sekretär des ZK der SED" (ADN-Meldung vom gleichen Tage)

Ansicht des Kraftwerkes Hagenwerder

führer“ und die Mikroelektronikkombinate, sondern sämtliche Kombinate, die „durchschnittlichen“ vielleicht sogar besonders. Da immer mehr Produkte des Maschinenbaus exportiert wurden und die Werkzeugmaschinenbaukombinate z.B. immer weniger Kapazität hatten, die verschlissenen Anlagen bei den einheimischen Betrieben zu ersetzen oder auch nur Ersatzteile zu liefern, ordnete Mittag an, dass sich alle Kombinate Rationalisierungsmittelbaubetriebe bzw. -abteilungen zuzulegen hatten. Was in diesen Abteilungen oft mit zusammengesuchter maschineller Ausstattung speziell für den Bedarf des jeweiligen Kombinats stückweise oder in kleinen Serien produziert wurde, konnte zwar die Weiterführung der Hauptproduktion im Kombinat sichern, aber nie das Produktivitätsniveau der in großen Stückzahlen produzierenden Maschinenbaukombinate erreichen. Wenn auch von den „Rationalisierungsmittelbauern“ viel Grips und Können in die Ersatzproduktion gesteckt wurde: Sie war – auch für DDR-Maßstäbe – unwirtschaftlich und wirkte im Rahmen der Volkswirtschaft produktivitätssenkend.

Schild an einer Werkstatt in Angermunde. Die Kombinate waren verpflichtet, zehn Prozent vom Umsatz als Konsumgüter herzustellen. Sie mussten deshalb auch Servicenetze aufbauen

Prämien locken nicht mehr

Ein Meistervertreter der Elektromonteure im Kraftwerk Hagenwerder über die Einstellung der Kollegen zu Wochenendreparaturen Ende der 80er-Jahre:

Wir haben uns auch teilweise extrem eingesetzt in der Zeit. Ich erinnere mich an Reparaturen, wo ich mit meinen Kollegen manchmal mehr als 24 Stunden ununterbrochen auf den Beinen und im Kraftwerk war. – (Ende der 80er-Jahre) war es dann für den Meister schon ein Stück schwierig, immer wieder Leute zu motivieren, am Wochenende zu arbeiten. In der Woche musste ja dieses Kraftwerk laufen, weil Energie Mangelware war. – Schon von der Mitte der 80er-Jahre an war zu erkennen, dass man die Leute mit Geld, mit 'ner Prämie, nicht mehr locken konnte, weil die Freizeit immer wichtiger wurde. ... Das Geld hatte an Wert verloren. Da war 's sicherlich viel, viel intelligenter, wenn man sagte: „Hört mal zu, ihr seid dafür verantwortlich; seht zu, dass wir das in den Griff kriegen ...“ usw. Also, dass man die Leute als Personen wichtig nahm, als Fachmann ansprach, sie einbezogen hat. – Aber am Ende waren es auch immer wieder dieselben, die sich eingesetzt haben und die auch immer gekommen sind. – Man hat ja gemerkt, wer ist denn nachts gekommen zur Störung(sbeseitigung), und bei wem konnte man denn klingeln? Und der andere hat einfach sich da nicht mehr engagieren wollen. Das war aber keine Protesthaltung, das war einfach auch Lustlosigkeit.

Jörg Roesler/Dagmar Semmelmann: „... ohne Energie geht gar nichts!“ Die ostdeutsche Energiewirtschaft von den Kombinaten zur VEAG (1980–2001), Berlin 2001 (Vereinigte Energiewerke AG), S. 40.

Ganz ähnliche volkswirtschaftliche Auswirkungen hatte die von Mittag angeordnete Konsumgüterproduktion. Mit Beginn der 80er-Jahre erging an alle Kombinate der Schwerindustrie und des Maschinenbaus vonseiten der SED-Führung die Anweisung, neben ihrer Hauptproduktion auch Konsumgüter herzustellen. Der Wert dieser artfremden Produktion sollte zehn Prozent der industriellen Gesamtproduktion betragen. Die Betriebe waren somit nachdrücklich aufgefordert, Konsumgüter als Zusatzproduktion zu entwickeln – und zwar, was das Sortiment betraf, in eigener Verantwortung. Die einmal beschlossenen 10 Prozent Konsumgüterproduktion wurde von Günter Mittag mit zunehmender Vehemenz eingefordert. Was viele Kombinatsdirektoren zunächst als vorübergehende Notmaßnahme eingestuft und entsprechend zurückhaltend behandelt hatten, entpuppte sich bald als unveräußerlicher Bestandteil der SED-Wirtschaftspolitik der 80er-Jahre. Da jeder Kombinatsdirektor auf eigene Faust seine Betriebsdirektoren anwies, Konsumgüterproduktionen zu entwickeln, entstand um die Hauptproduktion der Kombinate herum ein buntes Gemisch von unwirtschaftlichen Kleinproduktionen. So stellte ein Strom produzierendes Kombinat Ende der 80er-Jahre „nebenbei" u.a. folgende Konsumgüter her: Champignons, destilliertes Wasser, Fußluftpumpen für PKW, Gartenschaukeln, Garderoben, Gartenzwerge, Grillkohle, Kleinsttransformatoren für Piko-Spielzeugbahnen, Musikinstrumente für Kinder, Ofenvorlegebleche, Pkw-Auspuffanlagen, Plastgehäuse für Piko-Spielzeugbahnen, Saunauhren, Spielkreisel, Spielzeugeisenbahnen aus Holz, Stehleuchten, Terrazzo-Platten, Tragetaschen, Wand-, Tisch- und Pendeluhren.

Ebenso wie der kombinatseigene Rationalisierungsmittelbau hatte auch die kombinatsinterne Konsumgüterproduktion in einem Notstand ihren Ursprung. 1972 waren die privaten und halbstaat-

„Eigenbräu" aus dem Kraftwerk Zschornewitz

lichen Betriebe enteignet und in die VEB eingegliedert worden. Ihre Konsumgüterproduktion wurde zwar noch für eine kurze Zeit weitergeführt, dann aber komplett eingestellt. Als sich Ende der 70er-Jahre diese mehr als peinliche Folgeerscheinung des „Umwandlungsprozesses" von 1972 immer deutlicher zeigte, kam man im Wirtschaftssekretariat des ZK der SED auf die Idee, die Sorge um den Ersatz für die fehlenden Erzeugnisse den Kombinaten der Schwer- und Metall verarbeitenden Industrie zu übertragen.

Die Politik des „Export um jeden Preis" hatte ihren Preis: Volkswirtschaftlich wurden dabei Verluste gemacht, denn ein Teil des Nationaleinkommens der DDR floss ins westliche Ausland ab. Außerdem führte die Beibehaltung investitionsaufwändiger Teile der Strategie der „Einheit von Wirtschafts- und Sozialpolitik", wie z.B. das Wohnungsbauprogramm, in den 80er-Jahren – bei nachlassendem Wachstum – zu einer Verknappung der für

Der unrentable Gartenzwerg

Herbert Knaack, Generaldirektor des Kombinats Verbundnetze Energie, über die mangelnde Wirtschaftlichkeit der Konsumgüterproduktion:

Man konnte, weil die offizielle Politik hieß: Also, macht bitte Konsumgüter ... den (Vorschlag) nicht einfach ablehnen, weil es eigentlich Unsinn war. Da musste man sich schon sehr viel einfallen lassen, um manchen Unsinn nicht zu machen. Ich hab da auch ganz offen diskutiert und habe gesagt: „Also, Konsumgüter, wo man noch was dabei zusetzt, das wollen wir eigentlich nicht." Zum Beispiel hatten sie Gehwegplatten erfunden; irgendwo machten sie Gehwegplatten aus Asche und Beton, und die wurden in der Herstellung so teuer, dass sie, glaub ich, 70 Pfennig in der Herstellung kosteten, aber der Endverbraucherpreis war bloß 20 Pfennige. Da hab ich gesagt: „Wie kann man so was machen?! Das ist doch gegen jegliche Wirtschaftlichkeit; ich kann doch nicht Leute damit beschäftigen, was zu tun, wo man aus dem andren Geschäft 50 Pfennig dazulegen muss für jede Platte! Wie wollt ihr denn das verantworten?! Das geht doch so nicht!! So was kann man doch nicht machen!" – „Ja, aber dann können wir gar nichts machen!" – „Na, also, denkt euch was andres aus." – Und das Schärfste: Ein Netzbetrieb in Weimar war darauf gekommen, Gartenzwerge zu produzieren. Die hatten irgendwo in 'ner Ecke Formen für Gartenzwerge gefunden, und dann hatten sie Gartenzwerge aus Gips hergestellt und hatten die bemalt und haben sie als Konsumgüter (angeboten). Da hab ich gesagt: „Das ist doch nicht möglich, müsst ihr uns das antun?!"

Jörg Roesler/Dagmar Semmelmann: „... ohne Energie geht gar nichts!" Die ostdeutsche Energiewirtschaft von den Kombinaten zur VEAG (1980–2001), Berlin 2001 (Vereinigte Energiewerke AG), S. 25.

Von der Substanz leben

Karl Robert Schnick, Bereichsleiter Technologische Projektierung/Kombinat Musikinstrumente und Kulturwaren, über die Folgen überzogener Sparpolitik:

Das für unseren Bereich zuständige Ministerium in Berlin wurde auf mich aufmerksam. Ich bekam die Berufung in eine Arbeitsgruppe zur Vorbereitung des nächsten 5-Jahrplanes 1979/80 für den Industriezweig „Bezirksgeleitete Industrie". Das waren Möbelhersteller, Schlachtereien, Zigarettenhersteller und Ähnliches. Wir arbeiteten mit 7 oder 8 Mann 5 Monate hart.

Mein Kollege war Kaufmann und rechnete aus, dass für einfache Reproduktion 10 Mrd. Mark gebraucht würden. Heute spricht man wohl von Abschreibung und Reinvestition. Der Verschleiß der Substanz, der in den nächsten fünf Jahren zu erwarten war, hatte also einen Wert von 10 Mrd. Mark. Eine Wirtschaft, die stagniert, würde genau den Verschleiß reinvestieren. Eine Wirtschaft, die wächst, würde mehr als den Verschleiß und eine Wirtschaft, die von der Substanz lebt, weniger investieren. Wir wussten, die Mittel waren knapp und trauten uns nicht, Wachstum einzuplanen. Aber weniger als Stagnation wollten wir auch nicht. So beantragten wir 10 Mrd. Mark. Was bekamen wir zugeteilt? 2 Mrd. Mark! Mit Worten: zwei. Mehr durfte nicht ausgegeben werden. Wir lebten also von der Substanz.

Friedrich Thießen (Hrsg.): Zwischen Plan und Pleite. Erlebnisberichte aus der Arbeitswelt der DDR, Köln 2001 (Böhlau Verlag), S. 134.

Batteriewerk (Bleibatterien) in Lichtenberg: Die Arbeiter müssen mit Gasmasken arbeiten

Folgen ausbleibender Investitionen

Die Staatliche Bilanzinspektion über die Folgen ausgebliebener Investitionen im Bereich Zellulosechemiefaser des VEB Filmfabrik Wolfen 1988:

Die nicht gesicherte Produktion ... (ist) durch folgende Faktoren verursacht:
- Unzureichende Realisierung erforderlicher Instandhaltungsmaßnahmen ... . Die wesentlichen Hauptausrüstungen sind 50 Jahre alt.
- Nicht mögliche Einhaltung der entsprechend dem Arbeitsschutz festgelegten Werte der Schadstoffkonzentration. Gegenwärtig werden die zulässigen Werte um das 10fache überschritten. Durch diese hohe Schadstoffbelastung müssen ständig 30 bis 40 Arbeitskräfte vorbeugend zeitweilig aus dem Bereich ausgegliedert werden.
- Fehlende Arbeitskräfte.
- Verzögerung der Inbetriebnahme notwendiger Investitionen im Rahmen des Stabilisierungsprogramms.

Christian Heimann: Systembedingte Ursachen des Niedergangs der Wirtschaft. Das Beispiel der Textil- und Bekleidungsindustrie 1945–1989, Frankfurt/Main 1997 (Peter Lang), S. 372.

Technische Sicherheit erheblich eingeschränkt

Ein Bericht der Hauptverwaltung XVIII „Sicherheit der Wirtschaft" des MfS über den Zustand von Anlagen in Betrieben der Grundstoffindustrie:

Aus der vorliegenden Einschätzung ist ersichtlich, dass insbesondere in der chemischen Industrie und der Kohle- und Energiewirtschaft – vor allem infolge des technischen Zustandes von Anlagen – weiterhin wesentliche Gefährdungspunkte bestehen. In diesen Industriezweigen befindet sich eine Reihe technisch und moralisch verschlissener Anlagen in Betrieb, deren normative Nutzungsdauer bereits um viele Jahre überschritten ist. Diese Anlagen besitzen keine Schutzgüte mehr, die technische Sicherheit ist dadurch erheblich eingeschränkt. Einige davon müssen ohne Ausnahmegenehmigung weiter betrieben werden. Diese Lage konnte durch die jährlich nur im begrenzten Umfang möglichen Instandhaltungsmaßnahmen nicht wesentlich verbessert werden. In diesen Anlagen haben Produktionsstörungen teilweise weiter zugenommen.

BStU MfS-BdL 008191, Bl. 2.

Erhaltung, Modernisierung und Erweiterung des Kapitalstocks der Wirtschaft vorhandenen Mittel. Die Investitionsrate begann zu fallen. Betrugen die Investitionen in der zweiten Hälfte 70er-Jahre noch 29 Prozent des Nationaleinkommens, so fielen sie im Laufe der 80er-Jahre kontinuierlich und erreichten 1989 mit 18 Prozent einen Tiefpunkt. Hinzu kam die höchst ungleichmäßige Verteilung der verbleibenden Investitionen, die vorrangig in den Wohnungsbau und die Mikroelektronik gingen. Abgesehen von diesem Bereich und einigen Exportführern reichten die Investitionsmittel oft nicht mehr für den rechtzeitigen Ersatz verschlissener Anlagen. Zwischen 1977 und 1989 stieg der Anteil der Ausrüstungen in der Industrie der DDR, die älter als zehn Jahre waren, von 42,6 auf 50,6 Prozent an. Gleichzeitig ging der Anteil moderner, bis zu zehn Jahre alter Anlagen von 57,4 auf 49,4 Prozent zurück. In der Bundesrepublik lag der Anteil dieser Ausrüstungen 1980 bei 71,0 Prozent und 1989 bei 69,9 Prozent.[14]

In den „durchschnittlichen" Kombinaten mussten zusätzliche Anstrengungen für die Erhaltung der (vollen) Funktionsfähigkeit der alternden Maschinen und Anlagen unternommen werden. Keine Berufsgruppe wuchs in diesen Kombinaten in den 80er-Jahren so schnell wie die der Instandhalter. In den Braunkohlekraftwerken der DDR kamen Ende der 80er-Jahre auf drei „Produzenten" von Elektroenergie zwei, die dafür zu sorgen hatten, dass die Produktion weiter lief. Auch das Heer der Instandhalter, ebenso wie die Produktionsabteilungen von Konsumgütern und der Rationalisierungsmittelbau verkleinerten die Steigerungsrate der Arbeitsproduktivität in der Volkswirtschaft der DDR. Hatte diese zwischen 1981 und 1985 noch 4,5 Prozent betragen, so verringerte sich die Produktivität bis 1989 auf 2,0 Prozent.[15] Um trotzdem die im Plan geforderten Zuwachsraten zu erreichen, wurden zusätzliche Arbeitskräf-

Revision im Kraftwerk Hagenwerder

[14] Wirtschaftsreport. Daten und Fakten zur wirtschaftlichen Lage Ostdeutschlands, Berlin (Ost) 1990, S. 57.

[15] Olaf Klenke (Anm. 4), S. 521ff.

Einsatzmöglichkeiten ausländischer Arbeitskräfte

Das Staatssekretariat für Arbeit und Löhne über die Leistungsfähigkeit unterschiedlicher Gruppen ausländischer Arbeitskräfte:

Für Arbeitsplätze mit Anforderungen an eine volle Facharbeiterausbildung, persönliche Eignung und hohe Leistungsbereitschaft ist nur ein nicht exakt bestimmbarer Teil der ausländischen Werktätigen einsetzbar. Zum Beispiel sind die langjährig tätigen polnischen Frauen in der Mikroelektronik überhaupt nicht kurzfristig ersetzbar. Auch viele polnische männliche Werktätige, die gut ausgebildet in die DDR kommen, sind mit Werktätigen aus anderen Ländern nicht zu ersetzen.
Für vietnamesische Werktätige ist typisch, dass sie stark motiviert sind, viel Geld zu verdienen, um Unterstützung für die Familien und Sicherung einer zukünftigen Arbeit in der Heimat vorzubereiten. Ihre Teilnahme an der Qualifizierung außerhalb der Arbeitszeit ist dagegen relativ unbefriedigend. Bei den Vietnamesen gibt es aber Werktätige, die sich vom Durchschnitt in Fähigkeit und Leistung abheben und geeignet sind, hohe Anforderungen – besonders was Qualitätsarbeit angeht – zu erfüllen.

Lehrmeister mit Mosambikanern im Kraftwerk Jänschwalde

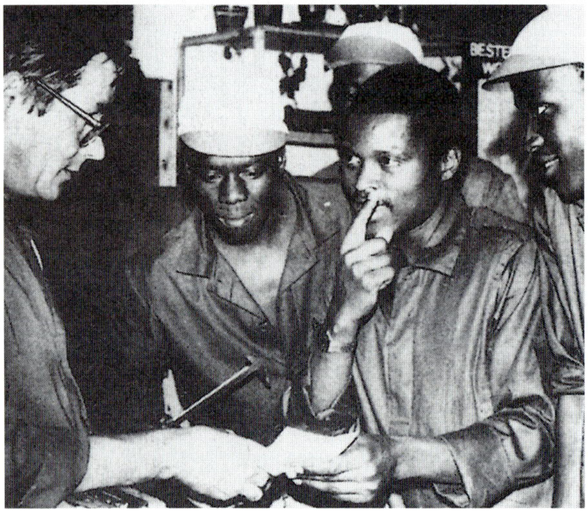

Da alle vietnamesischen Werktätigen sich gut in betriebliche Ordnungen einfügen, sehen die Betriebe über Mängel hinweg und besetzen Arbeitsplätze, die auch mit minderer Leistungsfähigkeit besetzt werden können.
Mocambiquanische Werktätige tauschen die Notlage in der Heimat fast gegen alle ihnen hier gebotenen Plätze ein. Die Kenntnisse und Fähigkeiten sind begrenzt, ebenso die Lernfähigkeit. Relativ gut anpassungsfähig, hat sich aber die berufliche Einsatzbreite für Mocambiquaner immer mehr erweitert, sodass viele Anlerntätigkeiten mit ihnen zu besetzen sind.

BArch DQ 3, 163, unp.

VEB Rationalisierung Anlagebau in Marzahn, 1989: Deutsch-vietnamesische Abteilung

Leipziger Seminare: Belastung statt Hilfestellung

Claus Krömke, leitender Mitarbeiter des Wirtschaftssekretärs des ZK der SED, Günter Mittag, über die „Leipziger Seminare“:

Mittag kam auf den verhängnisvollen Gedanken, die regelmäßigen Beratungen mit den Generaldirektoren mit einer Verpflichtungsbewegung zu verbinden. Während sich Mittag auf der einen Seite große Mühe machte, neue Wege für höhere Effektivität aufzuzeigen und so vielleicht auch zu helfen, diese Orientierung zu verstärken, wurde auf der anderen Seite durch diese regelmäßigen Verpflichtungen das gewünschte Vertrauen zerstört.
Weil ich mich immer auf die erstere Seite konzentrierte und auch dazu mit Mittag viele Diskussionen hatte, merkte ich viel zu wenig, dass die Masse der Generaldirektoren auf diesen Seminaren nur von einem Gedanken beherrscht wurde: „Wie bringe ich meine Verpflichtungen.“ Und das war ja auch ernst, denn es gab ja direkt so genannte „Kontrollberatungen“ im Herbst des jeweiligen Jahres, wo der Erfüllungsstand kontrolliert wurde.
So entwickelten sich die „Seminare“ von einer gedachten Hilfestellung für nicht wenige zu einer Geißel und Belastung.

Claus Krömke: Das „Neue ökonomische System der Planung und Leitung der Volkswirtschaft“ und die Wandlungen des Günter Mittag (Helle Panke: hefte zur ddr-geschichte, 37), Berlin 1996, S. 48.

te benötigt. Die Betriebe rissen sich deshalb um ausländische Vertragsarbeiter, vor allem um die leistungsfähigeren Polen und Vietnamesen.

Es gab viele Wirtschaftsleiter (Manager) in der DDR, welche die zunehmenden Funktionsschwierigkeiten und die daraus resultierende nachlassende Leistungskraft in ihren Kombinaten, Betrieben und Abteilungen sehr wohl spürten. Sie waren durchaus versucht, wenigstens in ihrem Bereich einer Politik, deren langfristig katastrophale Auswirkungen sie sahen, entgegenzuwirken. Auch im Wirtschaftssekretariat des ZK konnte man sich das vorstellen. Um jeder „Renitenz" vorzubeugen, entwickelte Mittag zusätzlich zum Planungsmechanismus ein Anpeitsch- und Kontrollsystem für die Kombinate, das unter dem Begriff „Leipziger Seminare" bekannt geworden ist. Zweimal im Jahr, vor der Frühjahrs- und der Herbstmesse, hatten sich alle Generaldirektoren der Kombinate samt den ihnen zugeordneten Parteiorganisatoren des ZK zu einer Kontrollberatung zu versammeln. Im Frühjahr forderte der Wirtschaftssekretär des ZK der SED von den Kombinatsdirektoren Aufgaben „zusätzlich zum Plan" ein. Im Herbst wurden die Ergebnisse der bisherigen Planverwirklichung einschließlich der übernommenen Zusatzaufgaben überprüft. Niemand konnte oder wollte sich der „Zusatzaufgabe" entziehen, und jeder, der seinen Plan bzw. Zusatzplan nicht erfüllte, wurde bloßgestellt. Die Leipziger Seminare sicherten dem Wirtschaftssekretär des ZK – an den zuständigen Industrieministerien vorbei – den direkten Durchgriff auf die einzelnen Betriebe und Wirtschaftszweige. Sie waren zweifellos der Höhepunkt des die DDR-Planwirtschaft generell charakterisierenden Wirtschaftszentralismus.

Montage von Wendelplattenfräsköpfen. „Als Monat der höchsten Planerfüllung im ersten Halbjahr konnten die Werktätigen im Stammbetrieb des Werkzeugkombinates Schmalkalden den Juni abrechnen" (ADN-Meldung vom 6. Juli 1983)

Keine Chance für ein offenes Wort

Bernd Lipinski, seinerzeit erster Stellvertreter des Generaldirektors im Kombinat Braunkohlekraftwerke, über die Erfahrungen seines Chefs beim Ablauf der „Leipziger Seminare":

Also, ich war persönlich nicht bei diesen ZK-Seminaren bei Günter Mittag. Das heißt, ich hätte ... dort hingehn müssen; das hatte aber dann nicht mehr geklappt, Gott sei Dank, weil die Wende kam. Aber ich hatte vom Generaldirektor davon gehört. Wir haben ja auch abends mal zusammengesessen, wenn alles vorbei war und 'n Bierchen mit'nander getrunken. Und der hat das dann mal so rübergebracht. Da sagte der: „Weißt du was, du musst zwar da sein, aber ja nicht auffallen!" Der Mittag hat von der Kanzel dort oben die Leute runtergeputzt – also, es war schon nicht schön. Und dann wurden eben zwei, drei Musterbeispiele ausgesucht, die dort aufgetreten sind – wie damals hier die von Jena, mit diesem Mikrochip, oder dann war 's mal irgendwie mit der Möbelindustrie, die mal grade was Positives rausgebracht haben – und die durften dann reden, wie sie 's gemacht haben, und dann wurde eben gesagt: „Seht her, so geht's, und ihr seid alle viel zu blöd." – – So, und wer dort aufgestanden wäre und hätt' gesagt: „Also, ich möchte mal anmerken ..." – tja, mit dem hätten sie vielleicht noch 'n Gespräch geführt, ob er dann nicht was anderes macht. – Also, die Chance dort Probleme anzusprechen – die war bei Strafe des Untergangs sicher möglich, bei Strafe des Untergangs. Und sicher hätten Sie in vielen kleinen Schritten mal was ansprechen können. Aber die Frage ist eben, wer macht den Anfang, 'ne?! – Wer schmeißt den ersten Stein? Und da muss man sagen: waren 's nicht die Führungskräfte, weil sie genau wussten, wenn sie das tun ..., – nicht, dass sie eingesperrt werden oder was, also, das will ich an der Stelle überhaupt nicht sagen, aber dann war ihre Karriere erst mal zu Ende.

Jörg Roesler/Dagmar Semmelmann: „... ohne Energie geht gar nichts!" Die ostdeutsche Energiewirtschaft von den Kombinaten zur VEAG (1980–2001), Berlin 2001 (Vereinigte Energiewerke AG), S. 23.

Nachlassendes betriebliches Engagement

In der ersten Hälfte der 80er-Jahre beobachtete das für Arbeitskräfteentwicklung in der DDR zuständige Staatssekretariat für Arbeit und Löhne – nach Jahren des Absinkens – wieder eine Zunahme der Fluktuation, d.h. des Arbeitsplatzwechsels der Werktätigen in der Volkswirtschaft. Beunruhigend an der an und für sich nicht allzu großen Steigerung (von 6,0 Prozent 1983 auf 7,4 Prozent Ende der 80er-Jahre) war, dass sie nicht durch die Zunahme der demographisch bedingten „natürlichen Abgänge“ (z.B. in den Altersruhestand) bzw. der „gesellschaftlich notwendigen Abgänge“ (z.B. zur Armee oder ins „Mütterjahr“) zustande kam, sondern durch „gesellschaftlich unerwünschte“ Abgänge. Dabei handelte es sich um solche Fälle, in denen Beschäftigte auf eigenen Wunsch ihr Arbeitsverhältnis lösten, um woanders eine Tätigkeit aufzunehmen. Dies geschah, obwohl die örtlichen Ämter für Arbeit angehalten waren, mit den fluktuationsbereiten Werktätigen ein „individuelles Gespräch“ zu führen, in dem sie in erster Linie darauf Einfluss zu nehmen hatten, „dass der Werktätige den Arbeitsplatz nicht wechselt“, sofern es „keine zwingenden Gründe gibt“.[16] Verhindern konnte das Arbeitsamt den Betriebswechsel auf eigenen Wunsch allerdings nicht.

[16] BArch DQ 3 2345, unpag.

Doch – und das wertete das Staatssekretariat schon ganz richtig – war die „unerwünschte Fluktuation“ ein Zeichen wachsender Unzufriedenheit mit den Arbeitsbedingungen in den Betrieben und der geringer werdenden Bereitschaft zur Kooperation mit den Vertretern der Staatsbürokratie. Die Zeichen für wachsende Unzufriedenheit unter den Arbeitern und Angestellten sowie zunehmende Frustration und Resignation unter den Leitern in der Wirtschaft wurden in der zweiten Hälfte der 80er-Jahre unübersehbar.

Die Gründe für die Unzufriedenheit eines jeden Einzelnen mit dem betrieblichen Arbeitsalltag waren ebenso vielfältig wie die Reaktionen: Sie reichten von nachlassender Leistungsbereitschaft über den Versuch, sich durch Betriebswechsel der

„... da ist was im Busche“

Der Betriebsleiter des Kraftwerks Vockerode, Manfred Rabe, über einen drohenden Streik der Kesselschlosser:

Es war im Frühjahr ’89, im Mai so etwa, als die Reparaturen anfingen, und da wollten die Kesselschlosser von Vockerode streiken. In den Sommermonaten war kaum Windbewegung, und dann zogen die Abgase nicht hoch, sondern schlugen sich im Kesselhaus nieder, und das belastete die dort arbeitenden Instandhalter enorm. Ja, und da haben wir dann gefightet und gestritten, und da hab ich erreichen können, dass eben nicht gestreikt wird.

Ich hab mit denen ’n Konsens, nach Maßnahmen und Möglichkeiten gesucht, um denen die Arbeitsbedingungen zu verbessern. – Wie das verlaufen ist? – Nun, zunächst kam ’n Anruf der BGL: Es rumort. – Der AGL’er, Werner Knauer – der war ja auch sehr kritisch, der hat keinem nach dem Wort geredet, der auch dem Betriebsdirektor immer „Pfeffer“ gegeben hat –, nun, der ist zur BGL, hat gesagt, „Pass mal auf, also, wenn das so weitergeht ... .“ – Das nächste Signal kriegte ich dann vom Parteisekretär: „Du, pass mal auf, Rabe, da ist was im Busche.“ Da hab ich gesagt, „Gut, wenn was im Busche ist ...“ – „... musste mal gucken, was da los ist.“ – Ich hab ja gerne Befahrungen gemacht, also, die Kombination übergezogen, Helm auf und dann in den Kessel gekrochen; hab mir selber angeguckt, wie der Stand der Reparaturarbeiten ist, mir die Kritik oder Hinweise der Leute angehört. – Na, und da hab ich dann gewartet bis um die Mittagszeit, wo die Hitze am stärksten war, und bin dann rein. – „Aaach, jetzt kommt ja die Obrichkeit!“ So. Und dann ging das los: oh, eine Beschimpfung! Ich habe gesagt, „Passt auf Leute, ihr könnt mit mir über alles reden, aber nicht in der Form. Ich schlage euch vor, ich rede jetze mit eurem Chef“ – das war der Leiter des zentralen Reparaturbetriebes – „ihr macht hier Schluss, und um 13 Uhr 30 treffen wir uns dann bei euch in der Frühstücksbude, und dann diskutieren wir das Thema aus.“ – Ja, und da flogen dann die Fetzen, wirklich ... . Wir haben also den Kessel in der Leistung zurückgefahrn, damit der nicht gast, so, und dann konnten sie vernünftiger arbeiten, aber letztendlich waren ooch die Leute bereit (mitzuziehen), wenn sie gesehen haben, auch die Obrigkeit ist nicht dogmatisch in den Forderungen, sondern lässt mit sich reden.

Jörg Roesler/Dagmar Semmelmann: „... ohne Energie geht gar nichts!“ Die ostdeutsche Energiewirtschaft von den Kombinaten zur VEAG (1980–2001), Berlin 2001 (Vereinigte Energiewerke AG), S. 51f.

Sinnloses Strapazieren der Einsatzbereitschaft

Herbert Knaack, Direktor des Kombinates Verbundnetze Energie, über die sinnlose Strapazierung der Einsatzbereitschaft von Werktätigen:

Manche Winter war'n ja ernsthaft hart und waren für uns schlimm, weil wir mit unseren vielen Freileitungen und so dem Winter am stärksten ausgesetzt waren. Da sind uns die Drähte gerissen, und da mussten natürlich die Monteure raus, teilweise bei diesem Wetter. Es war sehr hart, aber das haben sie halt gemacht wie kleine Helden. Da war sehr viel Verlass auf sie. Und das war da der Teil, den jeder weggesteckt hat, weil man halt dabei war; man war eben in der Energiewirtschaft und hatte sich damit diese Verantwortung auferlegt, und da hat keiner diskutiert; das wurde gemacht, und zu jeder Zeit war man halt einsatzfähig und einsatzbereit; das gehörte sich so. Was ärgerlich war und unangenehm, waren dann diese Einsatzstufen. Da gab's Einsatzstufe 1, 2 und 3 und noch paar Varianten, und je nach Situation wurden dann meinetwegen für ganze Betriebe und Kombinate oder auch für eine Region solche Einsatzstufen verhängt. Das hieß dann „Leitung vor Ort", 24 Stunden oder durchgängiger Betrieb, und da mussten dann unabhängig davon, ob gerade was passiert war oder ob nichts passiert war, alle paar Stunden solche Lageberichte abgegeben werden. Wenn die Situation wirklich kritisch war, war es bei allen, durchweg in allen Ebenen gar kein Thema, das war für alle selbstverständlich, da zu sein. Aber dass wir dann so Sonntag und alltags zwischen Weihnachten und Ostern kaum zu Hause verbrachten, sondern ständig da waren, nur im Büro schliefen, jeder irgendwo so 'ne Hilfsliege, Campingliege oder eine Couch in der Ecke (hatte), um da zu sein, um irgendwelche Berichte zu schreiben und weiterzugeben, und das tagelang und wochenlang, das war nervend, das war nervend! Also nicht die eigentliche Anspannung, die in solch kritischen Situationen wirklich erforderlich war, um mit solchen Situationen fertig zu werden, sondern dieser übertriebene militärische Aufmarsch, der war nervend, und der war auch sehr, sehr belastend für die meisten Leute, weil sie das nicht eingesehen haben. Ja, das ist vom Ministerium angeordnet worden, das war üblich und in der Energiewirtschaft besonders.

Jörg Roesler/Dagmar Semmelmann: „... ohne Energie geht gar nichts!" Die ostdeutsche Energiewirtschaft von den Kombinaten zur VEAG (1980–2001), Berlin 2001 (Vereinigte Energiewerke AG), S. 26.

Einsatz bei extremen Witterungsbedingungen im Kraftwerk Lübbenau

Misere am Arbeitsplatz zu entziehen, bis hin zum (inoffiziellen) Streik für die Verbesserung der Arbeitsbedingungen.

Ebenso vielfältig wie die Verweigerungsformen waren deren Ursachen. Für die einen waren es Ungerechtigkeiten in der Leistungsbewertung, die nach dem Wegfall exakter Leistungsparameter durch den Trend zur Verteilung von „Belohnungen" nach dem Gießkannenprinzip die Prämierungen zunehmend willkürlich erscheinen ließen. Für die anderen war es die Verlogenheit eines Planungssystems, das Planerfüllung auch in jenen Fällen vorgab, von denen jeder wusste, dass der Plan überhaupt nicht zu erfüllen war. Eine dritte Gruppe, konfrontiert mit den Folgen sich verschleißender Anlagen, sah nicht ein, warum sie mit Sonderschichten ausgleichen sollte, was von „oben" durch offensichtliche Fehlleitung der knap-

Mangelnde Transparenz bei Auszeichnungen

Eintrag im Brigadetagebuch einer Kraftwerksbrigade (Braunkohlenwerk Deuben):

Weshalb wird unsere Leistung nicht gewürdigt? Was haben die anderen mehr geleistet als wir? Nach welchem Verfahren wurden die 40 Ausgezeichneten ermittelt? Solche und ähnliche Fragen spuken noch ungelöst in den Köpfen, und Vermutungen und Misstrauen gegen die „Einreicher" wachsen sich zu einem drückenden Koloss aus, dieser Koloss lähmt die Arbeitsfreude, denn er hämmert immer wieder gegen das Köpfchen: Mache nicht so viel, es wird sowieso nicht anerkannt! Lass sie doch mal aufplumpsen! Dann merken sie wenigstens, wer die Karre geschoben hat. ... Dann kommt der Zusammenbruch so sicher wie das Amen in der Kirche.

ASA 93/378, unp.

„Kein Lob und keine Blumensträuße"

Ein leitender Mitarbeiter des Kombinats Braunkohlekraftwerke über die zunehmende Missachtung der Leistung von Mitarbeitern in den Achtzigerjahren:

Früh um sieben oder um halb acht hat der Generaldirektor mit uns Rapport gemacht. Da waren alle Direktoren der Kraftwerke zusammengeschaltet, über die Wechselsprechanlage. Jeder hörte von jedem alles! Und jeder musste berichten, welche Leistung er abfährt, welche Störungen er hat, wie die Einschaltstufen sind, wie ... . Na, was denken Sie, was wir uns jeden Tag anhören konnten?! –
Da gab's kein Lob und keine Blumensträuße! Und dann meine Leute, die Tag und Nacht gearbeitet hatten, vor allen Dingen Sonnabend, Sonntag gearbeitet, dass die Blöcke wieder am Montag dran sind; und Montag früh, beim Anfahren, geht ja meistens was kaputt, das ist eben so, weil das Material sich dehnt, wenn 's warm wird, und dann sind so viele da, und dann hängt der Zeiger unten statt oben. Na, was denken Sie, was da kam? Hab' ich zu meinen Leuten immer gesagt: „Bleibt ruhig, Mann, Mann, Mann, geht nicht (auf die Palme)." Die haben sich geärgert, dass ihre Arbeit nicht anerkannt wurde. ... Es war aber erst so schlimm geworden; es war nicht immer so. Nur die letzten zwei, drei Jahre war's am schlimmsten.

Jörg Roesler/Dagmar Semmelmann: „... ohne Energie geht gar nichts!" Die ostdeutsche Energiewirtschaft von den Kombinaten zur VEAG (1980–2001), Berlin 2001 (Vereinigte Energiewerke AG), S. 25.

VEB Backwarenkombinat Eisenhüttenstadt: Die VEBs hatten festumrissene Aufgaben zu erfüllen. In dieser Backabteilung waren die Minuten vorgeschrieben, in denen ein bestimmtes Produkt – wie z. B. ein Roggenbrot – fertigzustellen war

pen Investitionsmittel „verbockt“ worden war. Ingenieure und leitende Angestellte im Management hatten Überblick genug, um zu begreifen, dass die durch Sparprogramme gebeutelten Bereiche der Wirtschaft auf die Dauer so nicht würden weitermachen können.

Wann diese Fehlentwicklung eingesetzt hatte, wann man merkte, dass die DDR-Wirtschaft es nicht mehr schaffen würde, aus der Sackgasse, in die sie hineinmanövriert worden war, herauszukommen, dazu machten die in den 90er-Jahren befragten Wirtschaftsfunktionäre, leitenden Ingenieure, Meister oder Facharbeiter ganz unterschiedliche Angaben. Natürlich spielten dabei die eigene Biografie (wahrgenommene Aufstiegsmöglichkeiten), der Industriezweig (Liebling oder Stiefkind der Mittag'schen Kombinatswirtschaft) und der Arbeitsplatz (dicht an Bruchstellen des Produktionsprozesses oder in Nischen beschäftigt) eine Rolle. Aber auch die in den obersten Rängen der zentralen Wirtschaftsleitung tätigen Funktionäre haben nach der Wende unterschiedlich auf die so beliebte Frage der Journalisten und Sozialwissenschaftler aus der Bundesrepublik geantwortet, wann ihnen denn gewahr geworden sei, dass die DDR-Wirtschaft mit eigener Kraft nicht mehr aus ihrem Tief herauskommen konnte. Genannt wurden die Phasen seit Beginn der 70er-Jahre, der Beginn und die Mitte der 80er-Jahre sowie 1988 bzw. das Frühjahr 1989.

Die Zeitbestimmung des Beginns des ökonomischen Verfalls war wesentlich auch davon beeinflusst, welche Ursachen die Befragten für den Niedergang der DDR-Wirtschaft angaben. Über diesen Punkt gehen die Meinungen bis heute weit auseinander: nicht nur bei den Befragten, sondern auch bei den Sozialwissenschaftlern, die versucht haben, diese Frage zu beantworten.

Mit einiger Sicherheit lässt sich sagen, dass der Niedergang der DDR-Wirtschaft nicht allein einem Ursachenkomplex zugeordnet werden kann. Das gilt auch für die Auffassung, dass der Niedergang „systembedingt“ war, wobei u.a. auf die dem zentralen Planungssystem innewohnenden wirtschaftlichen Abkapselungs- und Autarkietendenzen abgehoben wird. Dieses Argument für sich genommen kann nicht erklären, warum die DDR bis Mitte der 70er-Jahre, also über zweieinhalb Jahrzehnte, Wachstumsraten des Bruttosozialproduktes realisieren konnte, die in etwa denen der Bundesrepublik und der anderen größeren westeuropäischen Marktwirtschaften entsprachen.

„Fast normale Geschäftsbeziehungen“

Wolfgang Sittig, Jurist, der im Auftrag von Krupp und BASF mit der DDR Wirtschaftsverträge aushandelte, über die deutsch-deutschen Verhandlungen auf Wirtschaftsebene:

Das Geschäft zwischen Unternehmen aus der Bundesrepublik Deutschland und der DDR fand unter besonderen politischen Bedingungen statt. ...

Diese Besonderheiten ausgenommen, konnte man jedoch im Laufe der Jahre eine fast normale Geschäftsbeziehung aufbauen; wenn sich eine Lieferbeziehung eingependelt hatte, „lief sie“. Die Menschen wurden offener, stellten sich auf die Forderungen der westlichen Handelspartner ein und reagierten flexibler. ... Je länger eine Geschäftsbeziehung dauerte, desto geringer wurden auch die politischen Implikationen, jedoch herrschte immer das Primat der Politik.

Unsere Verhandlungspartner waren technisch bzw. kaufmännisch außerordentlich kompetent, in aller Regel politisch uneingeschränkt zuverlässig und mit der „richtigen“ Einstellung gegenüber den Vertretern der Unternehmen aus der Bundesrepublik Deutschland versehen. ...

Die Verhandlungsstrategie war immer ausgeklügelt; diese fing damit an, dass die Vertreter des AHB [Außenhandelsbetriebes] immer mit dem Rücken zum Fenster saßen, während die Vertreter der Unternehmen aus der Bundesrepublik so „gesetzt wurden“, dass sie den Blick in das Licht richten mussten, was erfahrungsgemäß zu schnellerer Ermüdung führt; weiter ging es damit, dass bei lange dauernden Verhandlungen die Verhandlungsdelegationen oder einzelne, führende Mitglieder auch im Laufe eines Verhandlungstages gewechselt wurden, d.h., man hatte immer ausgeruhte, konzentrierte Gesprächspartner auf der anderen Seite. ...

Neben den üblichen technischen und kaufmännischen Problemen, welche in Vertragsverhandlungen zu klären sind, gab es ... einige andere kritische Punkte, die auch nur vor dem Hintergrund der politischen Verhältnisse und der chronischen Devisenknappheit der DDR zu verstehen sind.

Friedrich Thießen (Hrsg.): Zwischen Plan und Pleite. Erlebnisberichte aus der Arbeitswelt der DDR, Köln 2001 (Böhlau Verlag), S. 202ff.

Ein zweites Argument nennt – abgeleitet von der wachsenden Auslandsverschuldung der DDR – die mangelnde Konkurrenzfähigkeit der unter den Bedingungen der Planwirtschaft erzeugten DDR-Produkte auf dem freien Markt als Ursache des Niedergangs. Dabei muss aber geklärt werden, warum es der DDR bis Mitte der 70er-Jahre sehr wohl gelang, Qualitätserzeugnisse zu produzieren, die auch im Westen geschätzt wurden und deren Export (oft allerdings zu Preisen, die keinen Gewinn zuließen) die Wirtschaft nicht überforderte, wie das dann in den 80er-Jahren der Fall war.

Drittens wird, wenn es um den Niedergang der DDR-Wirtschaft geht, dieser häufig mit einer falschen Wirtschaftspolitik des Politbüros bzw. der Unfähigkeit seiner maßgebenden Mitglieder begründet, wirtschaftliche Sachverhältnisse zu beurteilen. Genannt werden insbesondere die „Einheit von Wirtschafts- und Sozialpolitik" und diverse von Günter Mittag vorgenommene willkürliche und gegen den Rat der Fachleute vollzogene Eingriffe in die Wirtschaft. Wägt man diese Argumente ab, dann ist zu bedenken, dass Mittag bereits seit 1965 (mit einer Unterbrechung 1973 bis 1976) Wirtschaftssekretär des ZK war und ihn Ulbricht spätestens ab 1967 und Honecker seit 1976 im Bereich der Wirtschaft schalten und walten ließ. Die Ergebnisse waren aber in der ersten Periode „Mittag'scher Machtentfaltung" vergleichsweise positiv, in den 80er-Jahren deutlich negativ.

Verkomplizierte Planabrechnung

Christa Bertag, Generaldirektorin des Kosmetik-Kombinates, über die Bürokratisierung der Planung:

Je schwieriger die Situation wurde, desto mehr wurde dieses Planabrechnungssystem verkompliziert. Es wurden immer mehr Faktoren eingeführt, die für die eigentliche wirtschaftliche Arbeit überhaupt keine Bedeutung hatten. Ich habe das nach der Wende durchgezählt: Wir hatten etwa 500 Planzahlen, die täglich, monatlich, quartalsweise und jährlich sowieso abrechnet werden mussten.
Allein für Forschung und Entwicklung waren etwa 100 Planzahlen abzurechnen. Aber das waren in der Mehrheit keine echten, sondern solche Pseudozahlen wie beispielsweise der Anteil von Frauen an der MMM-Bewegung [Messe der Meister von Morgen]. Die sinnlosen Schnörkel, die dieses Planungssystem machte, liefen genau parallel zu dieser miserablen Entwicklung.

Theo Pirker/M. Rainer Lepsius/Rainer Weinert/ Hans-Hermann Hertle: Der Plan als Befehl und Fiktion. Wirtschaftsführung in der DDR. Gespräche und Analysen, Opladen 1995 (Leske + Budrich), S. 254.

Transparent „Alles zum Wohle des Volkes" – seitens der sozialistischen Einheitspartei gab es unverändert immer die gleichen Parolen

Wer sich also um die Beantwortung der Fragen nach den Ursachen des wirtschaftlichen Niedergangs bemüht, wird gut daran tun, die genannten Ursachenkomplexe im Zusammenhang zu betrachten. Er wird dabei feststellen, dass sie sich seit der zweiten Hälfte der 70er-Jahre gegenseitig so beeinflussten, dass ihre negativen Wirkungen kumulierten. Das auslösende Moment für die Abwärtsspirale war dabei zweifellos die Entwicklung auf dem Weltmarkt, in den die in mancher Hinsicht durchaus „autarke" DDR-Wirtschaft in beträchtlichem Maße eingebunden war. Im Unterschied zu anderen Innovationen, etwa dem Übergang von der Kohle- zur Petrochemie in den 50er- und 60er-Jahren, erwies sich die DDR-Wirtschaft nicht in der Lage, die „Mikroelektronisierung" in ihrer Wirtschaft nachzuvollziehen. Damit aber wurde die Ausfuhr von DDR-Produkten in die westlichen Industrieländer für die DDR zu einem nicht nur technischen, sondern auch wirtschaftlichen Problem. Sie musste zu der das Nationaleinkommen verzehrenden Politik des „Exportes um jeden Preis" Zuflucht nehmen, um ihre – gemessen an der wirtschaftlichen Leistungskraft – durch überzogene Konsumpolitik entstandenen Auslandsschulden bedienen zu können.

Die drohende Zahlungsunfähigkeit brachte die DDR ab Anfang der 80er-Jahre in jene Situation, welche die SED-Führung veranlasste, für die Mehrzahl der Wirtschaftsbereiche zu einem Wirtschaften auf Kosten der Substanz überzugehen. Das war eine Politik, die auf Dauer gesehen auch mit einer rigorosen Umverteilung der Mittel durch die zentrale Planung nicht mehr zu bewältigen war und die zu beträchtlichen Funktionsstörungen in der Wirtschaft führte. In dieser Situation mussten in einsamer Höhe getroffene wirtschaftliche Entscheidungen, wie z.B. die Umstellung des Exports auf Erdölderivate und die damit verbundene Heizölablösung, nahezu katastrophale Auswirkungen haben. Akzeptiert man, dass keiner der genannten Faktoren im Einzelnen, sondern alle im Verein den Niedergang der DDR-Wirtschaft bewirkten, dann lässt sich als Beginn dieses Niedergangs etwa die zweite Hälfte der 70er-Jahre benennen.

Aus der Abwärtsspirale hätte sich die DDR-Wirtschaft offensichtlich nur befreien können, wenn es zu einem wirtschaftspolitischen Paradigmenwechsel gekommen wäre. Dieser, der bis Mitte der 80er-Jahre hinein offensichtlich von der Mehrzahl der Beschäftigten mit getragen worden wäre – ob sie sich nun in leitender Stellung befanden oder vor Ort beschäftigt waren –, kam wegen der politischen bzw. gesellschaftlichen Konstruktion der SED-Herrschaft als Diktatur nicht zustande. „Dieser ‚genetische Fehler'", so argumentiert der ehemalige stellvertretende Leiter der Staatlichen Plankommission, Siegfried Wenzel, „besteht offensichtlich darin, dass es das Postulat der führenden Rolle der Partei gegeben hat, den Weisheits- und Wahrheitsanspruch einer Partei, ein Monopol. Das war die Hauptbremse sowohl für die Entfaltung des Planungssystems ... als auch für die Entfaltung der Initiative der Menschen."[17] Offensichtlich war man in der Führungsspitze nicht bereit, auf ein vorgeblich sicheres Terrain – die Planwirtschaft in ihrer DDR-spezifischen Ausprägung – zu verzichten und sich auf eine gesellschaftstheoretische Auseinandersetzung mit deutlich anders gearteten Auffassungen in der Bevölkerung einzulassen. Für diese Diskussion öffneten sich „Partei und Regierung" erst unter Hans Modrow im November 1989, d.h. nach dem Sturz Honeckers und Mittags durch die Proteste auf der Straße. Ende 1989/Anfang 1990 aber war die Mehrzahl der DDR-Bürger zu einem solchen Dialog und zur „inneren" Lösung der Wirtschaftsprobleme nicht mehr bereit und der mächtige Nachbar nicht mehr gewillt.

[17] Siegfried Wenzel, in: Anatomie einer Pleite (Anm. 10), S. 24.

Messestand mit Leninkopf während der Leipziger Frühjahrsmesse. Schiffbau war der Zweig mit der höchsten Exportintensität der DDR

3 Die „Wende" in der Wirtschaft

„Tags arbeiten, abends demonstrieren"

„Die Umwälzung, die in der DDR zunächst den ‚real existierenden Sozialismus' zum Einsturz und schließlich das Staatswesen selbst um seinen Bestand gebracht hat, fand nach Feierabend statt. Der Betrieb, der in den Theorien von der Überwindung des Kapitalismus in aller Regel als der Glutherd der revolutionären Dynamik vorgestellt wurde, als jener soziale Erfahrungs- und Handlungsraum, in dem gemeinsam erfahrene gesellschaftliche Widersprüche zur Grundlage und zum Auslöser kollektiven Handels werden, hat bei der Überwindung des ‚real existierenden Sozialismus' als Handlungsfeld keine Rolle gespielt."[1] So sieht auch die große Mehrheit der mit dem Thema „Wende" befassten Sozialwissenschaftler und Historiker das Verhältnis von Betrieb und „Straße" in den Jahren 1989 und 1990.

Das, was in Betrieben und Kombinaten 1989/90 geschah, blieb nicht nur unterbelichtet durch die Medien, die dort stattfindenden Umbrüche wurden auch viel seltener und schwächer von der Öffentlichkeit wahrgenommen. Die Aktionen in den Betrieben wiesen real auch quantitativ und qualitativ kein mit der „Straße" vergleichbares Maß auf. „Sie blieben minoritär", schreibt Renate Hürtgen, „wenn auch nicht derart, wie es heute kolportiert wird."[2] Als sich in den Betrieben etwas tat, wurden manche Forderungen der „Straße" zunächst relativ unreflektiert übernommen. Es fiel zunächst offensichtlich leichter, z.B. den Rücktritt der FDGB-Führung in Berlin zu fordern, als sich mit dem eigenen Vorsitzenden der Betriebsgewerkschaftsleitung (BGL) kritisch auseinander zu setzen. Teilweise wurde auch zunächst versucht, das, was auf Landesebene für Erregung sorgte, eins zu eins auf die Betriebsebene zu übertragen. Viele Leitungskräfte wurden beargwöhnt, dass sie Privilegien „á la Wandlitz" genossen oder ihren „Posten" nur wegen der Zugehörigkeit zur SED erhalten hätten.

[1] Jürgen Kädtler/Gisela Kottwitz: Betriebsräte zwischen Wende und Ende in der DDR, in: Berliner Arbeitshefte und Berichte zur sozialwissenschaftlichen Forschung, Nr. 42, Berlin 1990, S. 1.

[2] Renate Hürtgen: „Die Erfahrung lass ick mir nicht nehmen!" Demokratieversuche der Belegschaften in den DDR-Betrieben zwischen Oktober 1989 und Januar 1990, in: Bernd Gehrke/Wolfgang Rüddenklau (Hrsg.): ... das war doch nicht unsere Alternative. DDR-Oppositionelle zehn Jahre nach der Wende, Münster 1999, S. 201.

Das MfS verabschiedet sich

Auflösung des Ministeriums für Staatssicherheit im Kombinat Buna:

Am Eingang der Kreisdienststelle des MfS, inzwischen in Amt für Nationale Sicherheit umbenannt, wurde im Dezember 1989 ein Schild mit Sprechzeiten ausgehängt. Dieser Spuk war bald vorbei. Das Amt wurde im Frühjahr 1990 aufgelöst.
Die Hinterlassenschaften des Überwachungssystems belasteten hingegen noch viele Jahre die betroffenen Bürger, erschwerten die neue Personalpolitik außerordentlich und gaben Anlass zu zahlreichen individuellen Tragödien.

Rainer Karlsch/Raymond Stokes: Die Chemie muss stimmen. 1990–2000. Bilanz des Wandels, Leipzig 2000 (Edition Leipzig), S. 47.

Das Parteibüro wird geräumt

Über die Auflösung der Betriebsparteiorganisation und die Demontage der Kampfgruppen im VEB Jenapharm:

Der Betriebsdirektor hatte schon Ende November 1989 mit dem Sekretär der SED-Grundorganisation die Räumung des Parteibüros vereinbart.
Die SED war ohnehin dazu übergegangen, ihre Betriebsparteiorganisation aufzulösen. Das für die Betriebskampfgruppen zuständige Ministerium des Innern teilte am 5. Dezember 1989 mit, dass die schweren Waffen der Kampfgruppen aus den Betrieben in die Dienststellen des Ministeriums überführt und die in den Betrieben unterhaltenen Waffenkammern unter unmittelbare Kontrolle der Volkspolizei gestellt werden.

Wolfgang Mühlfriedel/Dieter Taubert u.a.: 50 Jahre Jenapharm. 1950–2000, Jena 2000 (Jenapharm GmbH & Co. KG), S. 103.

Freie Meinungsäußerung auf Wandtafeln

Karlheinz Arnold, Technischer Direktor im Stammbetrieb des Kombinates „Fritz Heckert" in Karl-Marx-Stadt (Chemnitz), über das Mitbestimmungsrecht in der „Wendezeit":

Erfreulich war zu dieser Zeit die breite demokratische Mitwirkung und das Engagement fast der gesamten Belegschaft bei der Durchführung der betriebsinternen Veränderungsprozesse. Es wurden fast wöchentlich Belegschaftsversammlungen mit dem Betriebsrat organisiert, in denen viele Hunderte von Mitarbeitern regelmäßig Informationen über den Stand der Dinge erhielten und ihrerseits Vorschläge und Hinweise sowie Kritik einbrachten, die das neu gestaltete Management entgegennahm und in seine Verhandlungsaktionen einbezog. Ich sehe noch deutlich die riesigen Wandtafeln vor mir, wo jeder das Recht hatte, seine Meinung zu formulieren, um seinem Mitbestimmungsrecht Ausdruck zu verleihen.
Diese Einbeziehung und Mitwirkung war aber auch erforderlich, um die gravierenden Veränderungsprozesse nicht in Konfrontation zwischen Management und Belegschaft, sondern in einer maximalen Übereinstimmung durchzuführen.

Friedrich Thießen (Hrsg.): Zwischen Plan und Pleite. Erlebnisberichte aus der Arbeitswelt der DDR, Köln 2001 (Böhlau Verlag), S. 147f.

Die im Betrieb angesiedelten „hauptamtlichen" Vertreter der alten Gewerkschaft, der SED, aber auch verschiedener anderer Massenorganisationen wie FDJ, MfS und Gesellschaft für Sport und Technik (GST) warteten in der Regel nicht ab, bis man sie zur Rechenschaft zog, sondern lösten ihre Büros selbst auf. Teilweise wurden sie auch dazu von den Betriebs- bzw. Kombinatsleitern gedrängt, die sie schon immer als Belastung empfunden hatten.

Welche Forderungen „werksintern" erhoben wurden, lässt sich heute noch anhand der Betriebszeitungen nachlesen, die sich im Oktober/November 1989 aus „Organen der Betriebsparteileitung" zu Podien der freien Meinungsäußerung der Belegschaft wandelten. Die Betriebszeitungen waren aber nicht die wichtigsten Medien, über die zunächst das, was die Bevölkerung in der „großen Politik" erregte, in die Betriebe drang. Täglich klebten Dutzende neuer „Zettel" mit Forderungen von Belegschaftsmitgliedern an den Türen und Wänden von Gemeinschaftsräumen und Kantinen der Betriebe. Davon ist heute allerdings wenig erhalten geblieben.

Manche Errungenschaften der Auseinandersetzungen auf der „Straße" wurden relativ rasch auch in den Betrieben und Kombinaten eingeführt – so der Runde Tisch. Für die Betriebsebene erwies er sich jedoch nicht als das geeignete „Revolutionsmöbel". Die Auseinandersetzung um die wirksamste Form der Belegschaftsvertretung wurde fast in jedem Kombinat geführt und wogte in den ersten Monaten des neuen Jahres zwischen erneuerten Gewerkschaftsvertretungen und Betriebsräten nach westdeutschem Vorbild hin und her. Im zweiten Quartal 1990 wurde in der Diskussion die

Erste Betriebsratssitzung im Kraftwerk Boxberg im Juni 1990

Betriebsratslösung mehrheitlich favorisiert. Seit dem 1. Juli 1990 war diese Art der Belegschaftsvertretung in Zusammenhang mit der Währungsunion vorgeschrieben.

Die meisten Kombinatsdirektoren und Betriebsleiter unterstützten seit dem Herbst 1989 eine Wirtschaftsreform, die – wie der neu gewählte Ministerpräsident Hans Modrow am 17. November angekündigt hatte – „zum Ziel haben muss, die Eigenverantwortung der wirtschaftlichen Einheiten zu erhöhen, um die Effektivität ihrer Arbeit bedeutend zu vergrößern, die zentrale Leitung und Planung auf das erforderliche vernünftige Maß zu reduzieren sowie ... das Leistungsprinzip mehr und mehr durchzusetzen". [3]

[3] Regierungserklärung von Ministerpräsident Hans Modrow, in: Neues Deutschland vom 18./19. November 1989.

Zu den von den „staatlichen Leitern" noch im November/Dezember 1989 und auch in den Monaten Januar/Februar 1990 verkündeten Reformmaßnahmen gehörten vorrangig leistungsgerechtere Lohn- und Prämienformen sowie die Gewährung von Zulagen bei gesundheitsgefährdenden Tätigkeiten. Letztere hatte es bisher wegen der allgemeinen Missachtung des Umweltschutzes in den 80er-Jahren zu wenig gegeben. Auch der Forderung vieler Betriebsleiter, vom „Diktat" des Generaldirektors loszukommen und aus dem Kombinatsverband auszuscheren, wurde seitens der Kombinatsdirektoren nach einigem Zögern nachgegeben. Im Februar 1990 schlossen sich die Kombinate entsprechend der Vorgaben des Ende

„Da haben sie uns beschimpft"

Der Betriebsdirektor des Kraftwerks Hagenwerder berichtet über sein erstes Gespräch mit der Belegschaft:

Ende Oktober ging das ja richtig los im Betrieb, wo ich das erste Mal zum Dialoggespräch kommen musste. So voll war der Belegschaftsraum noch nie. Die standen und saßen und hingen überall. Den Honecker konnten sie nicht herbestellen und den Modrow auch nicht und den „General" auch nicht, so, und da haben sie eben mir die Prügel gegeben. Da haben sie uns beschimpft.

Na ja, es war 'ne heiße Zeit. Keiner wusste, wo 's Ende ist. Und wo ich dort hingegangen bin, alleine, da hab ich zu mir gesagt: „Eigentlich hast du in dem Kraftwerk nur gearbeitet – von früh bis abends; hast dich qualifiziert, hast versucht, immer das Beste draus zu machen, verantwortungsbewusst; hast selber keine Privilegien ..." Ich hatte weder gebaut, noch hatt' ich 'n Bungalow, was sie mir gerne angehangen hätten. Da konnten sie mir nichts, gar nichts nachsagen – in der Richtung.

Jörg Roesler/Dagmar Semmelmann: „... ohne Energie geht gar nichts!" Die ostdeutsche Energiewirtschaft von den Kombinaten zur VEAG (1980–2001), Berlin 2001 (Vereinigte Energiewerke AG), S. 69.

Kundgebung der Gewerkschaften am 6. März 1990 im Kraftwerk Jänschwalde

Korruption und Machtmissbrauch

Rücktritt des Generaldirektors des Kombinats Buna nach Belegschaftsprotesten:

Immer öfter war in den Wendemonaten auch von Amtsmissbrauch und Privilegien die Rede. Parteifunktionäre der SED, Direktoren und Abteilungsleiter gerieten schwer in die Kritik. Ihnen wurde Korruption oder Machtmissbrauch nachgesagt. Um solche Vorwürfe zu prüfen, wurden Untersuchungskommissionen eingesetzt. Anfang Januar 1990 forderten Arbeiter und Angestellte schließlich Konsequenzen an der Spitze des Werkes. „Macht die Wende vor Buna halt?" Die Spannung kumulierte am 16. Januar 1990. Der Generaldirektor, Dr. Dietrich Lisiecki, konnte sich kein Gehör mehr verschaffen. Einzelne Abteilungen drohten mit sofortiger Stilllegung der Produktionsanlagen, ... Am darauf folgenden Tag musste der Generaldirektor zurücktreten. Später wurde gegen ihn ein Ermittlungsverfahren eingeleitet und ein Haftbefehl wegen „Vergehen zum Nachteil sozialistischen Eigentums" erlassen. Zwar verlief dieses Verfahren, wie viele andere auch, im Sande, doch die Autorität der alten Leitung war gebrochen.

Rainer Karlsch/Raymond Stokes: Die Chemie muss stimmen. 1990–2000. Bilanz des Wandels, Leipzig 2000 (Edition Leipzig), S. 47f.

Januar offiziell verkündeten Wirtschaftsreformprogramms branchenweise zu Wirtschaftsverbänden zusammen und schufen sich selbst Anfang März als Dachorganisation das Unternehmensforum.

Früher als die mit sich selbst beschäftigten Gewerkschaftsvertreter nahmen die Kombinats- und Betriebsdirektoren Kontakt zu Unternehmen gleicher Branche in der Bundesrepublik auf. Teilweise genügte es, die seit dem Besuch Honeckers in Bonn 1987 enger und stetiger gewordenen Kontakte im Rahmen der deutsch-deutschen Wirtschaftskooperation fortzuführen, teilweise war der Anknüpfungspunkt bei der Kontaktaufnahme die frühere gemeinsame Zugehörigkeit zu den deutschen Konzernen der Zeit vor 1945. Vonseiten der Industriegewerkschaften der Bundesrepublik wurde gegenüber Kontaktaufnahmen zu DDR-Gewerkschaften vielfach eine eher zögerliche Haltung eingenommen und die Demokratisierung dieser Arbeitnehmervertretungen abgewartet.

Nach Überwindung einer im November und Dezember 1989 zu beobachtenden Lähmungsphase der betrieblichen Gewerkschaftsarbeit erstarkten die Belegschaftsvertretungen in Betrieben und Kombinaten ab Januar 1990 und begannen ihre Interessen auch gegen die Personen und Absichten der „staatlichen Leiter" zu formulieren. Im Februar und März erreichten diese Auseinandersetzungen ihren Höhepunkt. Vielfach wurde die Vertrau-

Am 27. August 1990 wurde der letzte Schwelofen Deutschlands im Braunkohleveredelungswerk Espenhain abgeschaltet. Drei Kumpel fuhren die letzte Schicht im Ofenhaus II und standen damit auch vor dem beruflichen „Aus"

ensfrage gestellt und Abstimmungen über den weiteren Verbleib der betrieblichen Führung in ihren bisherigen Positionen durchgeführt. Wesentliche, bereits vom Runden Tisch im Februar angemahnte erweiterte Mitbestimmungsrechte wurden vom Gewerkschaftsgesetz Anfang März 1990 nur teilweise anerkannt, in den Monaten März und April aber praktisch ausgeübt.

Angesichts der mit der Marktwirtschaft auf die Betriebe zukommenden wirtschaftlichen (Gefährdung der Absatzgebiete) und sozialen (drohende Arbeitslosigkeit) Herausforderungen, fanden sich die (z.T. Personal erneuerten) Leitungen und die legitimierten Belegschaftsvertretungen nach einer Periode der „Doppelherrschaft" ab April 1990 in der Regel zu einer zweckgebundenen Kooperation zusammen. Die Regierung de Maizière, deren Maßnahmen ab Mai wirksam wurden, war im Bereich der Industrie vor allem bemüht, die Übernahme der ostdeutschen Betriebe, die spätestens am 1. Juli 1990 alle in Aktiengesellschaften bzw. GmbH umgewandelt werden mussten, durch westdeutsche Unternehmen vorzubereiten. Im Vorfeld der Privatisierung wurden den Belegschaftsvertretungen Mitbestimmungspraktiken, die das im Betriebsverfassungsgesetz der Bundesregierung festgelegte Maß überschritten, untersagt und „renitente" Ostmanager entlassen. Mit dem 1. Juli 1990 wurde das Gewerkschaftsgesetz vom März 1990 aufgehoben und das Betriebsverfassungsgesetz bzw. die Montanmitbestimmung eingeführt.

Transformationskonzepte

In den Monaten zwischen Gründung des „Neuen Forums" am 10. September 1989, als im Aufruf „Aufbruch 89" neben dem Staat auch die Planwirtschaft einer Kritik unterzogen wurde, und der ordnungspolitisch vollendete Tatsachen schaffenden Währungsunion vom 1. Juli 1990 sind in beiden Teilen Deutschlands eine Vielzahl von Vorschlägen zur Umgestaltung des Wirtschaftssystems der DDR gemacht worden. Die meisten kamen über erste Gedankenskizzen nicht hinaus. Die Darstellung im Folgenden beschränkt sich auf drei Vorstellungen, die nicht nur der Öffentlichkeit bekannt gemacht, sondern auch in programmatische Form gegossen, mit Detailstudien untermauert bzw. teilweise oder vollständig eingeführt wurden. Das in der DDR entwickelte wirtschaftliche Transformationsprogramm trug – zumindest in den ersten Monaten, nämlich von November 1989 bis Januar 1990 – marktsozialistische Züge und verstand sich als Konzept des dritten Weges. Die beiden miteinander konkurrierenden bundesrepublikanischen Konzepte trugen neokeynesianistische bzw. neoliberale[4] Züge. Sie unterschieden sich in ihren Vorschlägen, wie aus der sozialistischen Planwirtschaft eine kapitalistische Marktwirtschaft werden solle, vor allem bezüglich der Rolle, die sie dem Staat bzw. dem Markt bei der Transformation einräumten.

„Das Regierungskonzept zur Wirtschaftsreform in der DDR", am 1. Februar 1990 vom Ministerrat gebilligt und am 5. Februar vom Runden Tisch akzeptiert, war im Auftrage der Regierung Modrow ausgearbeitet worden. Im Untertitel nahm das Reformpapier noch eindeutig Bezug auf Modrows Regierungserklärung vom 17. November 1989. Unter dem Einfluss der Wirtschaftsministerin Christa Luft war jedoch eine wesentliche Akzentverschiebung vorgenommen worden. Hatte Modrow noch von einer „grundlegenden Erneuerung der sozialistischen Planwirtschaft" gesprochen und die Losung ausgegeben „Nicht Planung ohne Markt, nicht Marktwirtschaft statt Plan"[5], so forderte das „Regierungskonzept" „einen radikalen , schnellen

Am 11. Januar 1990 trat die oberste Volksvertretung der DDR, die Volkskammer, turnusgemäß zu ihrer 14. Sitzung in Berlin zusammen. Ministerpräsident Hans Modrow (vorne) gab dort seine mit besonderem Interesse erwartete Regierungserklärung ab

[4] Neoliberale sind Anhänger einer Wirtschaftslehre, welche die Einmischung des Staates in die Regulierung der Wirtschaft als schädlich erachtet und die Entwicklung der Wirtschaft ganz den Marktgesetzen überlassen will. Sie beruft sich auf die Lehre des englischen Ökonom Adam Smith (1723-1790). Neokeynesianer sind Anhänger der ursprünglich von dem britischen Ökonom John Maynard Keynes (1883-1946) begründeten Wirtschaftslehre, welche die Einmischung des Staates in die Marktwirtschaft grundsätzlich für legitim und notwendig hält.

[5] Regierungserklärung (Anm. 3).

Riesen-Banane auf dem alten Markt in Leipzig vor dem historischen Rathaus. Vor den Ständen fliegender Händler aus dem Westen bildeten sich hier Anfang 1990 lange Schlangen

Soziale Marktwirtschaft als Weg

Christa Luft, Wirtschaftsministerin in der Regierung Modrow, über ihre Hinwendung zur Marktwirtschaft:

Bei mir hatte sich im Laufe der Jahre die Erkenntnis von der Notwendigkeit eines qualitativ neuen, auf Wettbewerb beruhenden Wirtschaftssystems verdichtet. Der Mensch selbst sollte im Spiel von Angebot und Nachfrage frei entscheiden, womit, wann und wie er seine Bedürfnisse befriedigen will. Diese Entscheidung dürfte ihm nicht länger durch Planvorgaben, Bilanzanteile und Kontingente abgenommen oder sogar vorgeschrieben werden. Der Markt müsste gegenüber seiner bisherigen plakativen Rolle, die ihm der Plan zugestanden hatte, unter einem völlig neuen Aspekt zum Tragen kommen: als historische Errungenschaft der menschlichen Zivilisation. Nur so könnten sich Kreativität, Flexibilität und Innovationsgeist entfalten. Der Markt ist das Medium, in dem sich die Bürger tatsächlich als freie Konsumenten emanzipieren. ... Erstmals öffentlich und im Alleingang habe ich Mitte Dezember in einem Interview für „Die Welt“ von einer angestrebten marktwirtschaftlichen, d.h. auf Wettbewerb und Gewinnorientierung basierenden und einen starken privaten Sektor einschließenden Wirtschaftsordnung in der DDR gesprochen. Dabei war für mich klar, dass Marktwirtschaft nicht von sich aus sozial und umweltfreundlich ist. Es würde vielmehr entsprechender staatlichen Rahmenbedingungen und starker Interessenvertretungen der Arbeitnehmer bedürfen, um die Wirtschaft ständig auf diesem Kurs zu halten.

Christa Luft: Zwischen Wende und Ende. Reminiszenzen einer Zeitzeugin, erw. Neuaufl., Berlin 1999 (Aufbau Taschenbuchverlag), S. 91f.

[6] Joint Ventures sind gemeinsam von mehreren Partnern, darunter auch ausländischen, gegründete Unternehmen. Die Partner beteiligen sich an der Kapitalaufbringung und tragen anteilig das Unternehmensrisiko.

[7] Regierungskonzept zur Wirtschaftsreform in der DDR. Zielsetzung, Grundrichtung, Etappen und unmittelbare Maßnahmen der Wirtschaftsreform in weiterer Verwirklichung der Regierungserklärung vom 17. November 1989 (Arbeitsgruppe Wirtschaftsreform beim Ministerrat der DDR), Berlin (Ost) 1990, S. 1 u. 17.

[8] Zur Unterstützung der Wirtschaftsreform in der DDR: Voraussetzungen und Möglichkeiten. Sondergutachten vom 20. Januar 1990, hrsg. vom Sachverständigenrat zur Begutachtung der gesamtwirtschaftlichen Entwicklung, Wiesbaden 1990, S. 2, 5 u. 36.

Übergang von der Kommandowirtschaft einer zentralistischen Direktivplanung zu einer sozial und ökologisch orientierten Marktwirtschaft". Durch Rücknahme der Enteignungen von 1972, der Bildung von Joint Ventures[6] mit Firmen der Bundesrepublik und des westlichen Auslands sowie die Zulassung privater Unternehmensgründungen sollte eine pluralistische Eigentumsgrundlage für die ostdeutsche Wirtschaft entstehen. Das Konzept sah vor, die Transformation in drei Etappen zu vollziehen. Erst im Januar 1993 sollte die „durchgängige Wirkung" der Wirtschaftsreform erreicht sein. Für das Jahr 1992 waren als Krönung der Reformanstrengungen die „vollständige Freigabe der Preisbildung zu Marktprinzipien" und der „Übergang auf die durchgängige Konvertibilität der Währung" vorgesehen.[7]

Neues Eigentumsmodell abgelehnt

Das als „Sömmerdaer Modell" bekannt gewordene Konzept für gemischte Eigentumsformen:

Gemeinsam mit den Vertrauensleuten des FDGB im Büromaschinenwerk und der IG Metall Ost hatte die bundesdeutsche IG Metall im Februar und März 1990 ein Konzept entwickelt, das nach dem Willen seiner Initiatoren als „Sömmerdaer Modell" im ganzen Osten Deutschlands Schule machen sollte. Das Modell sah die Umwandlung des Büromaschinenwerkes in eine Aktiengesellschaft vor, deren Anteile zu 75 Prozent in die Hände der Belegschaft übergehen sollten. Die restlichen 25 Prozent sollten von der Treuhandanstalt der DDR verwaltet und später von der Bundesrepublik übernommen werden. Eine Klausel garantierte, dass die Mehrheit der Arbeitnehmervertreter im Aufsichtsrat auch bei Aktienverkauf gesichert wäre. Ein Antrag auf Umstrukturierung des Betriebs nach diesem Konzept wurde am 14. März 1990 an den Ministerrat der DDR gestellt. Auf heftigen Widerspruch stieß das „Sömmerdaer Modell" bei den bundesdeutschen Arbeitergeberverbänden und ihren politischen Vertretern. Dr. Fritz Heinz Himmelreich, der Hauptgeschäftsführer der Bundesvereinigung Deutscher Arbeitgeberverbände, lehnte es ab als „syndikalistische Wirtschaftsordnung" und „völlige Entmachtung der Eigentümer ..., wer immer diese in Zukunft auch sein mögen". Der FDP-Vorsitzende Graf Lambsdorff sah im Modell die Basis für einen neuen „Funktionärsklüngel" und eine entscheidende Behinderung für die „Neuorientierung der Kapitalströme". Auch das Handelsblatt hoffte, „dass dieses Modell nicht Schule macht, denn betriebs- wie gesamtwirtschaftlich gesehen sind die Mängel und Risiken dieses Konzepts gravierend". Der Vorsitzende des Direktoriums der Treuhandanstalt lehnte in Gesprächen mit der Betriebsleitung den Vorschlag am 25. April 1990 ab.

Annegret Schüle: BWS (Büromaschinenwerk) Sömmerda. Die wechselvolle Geschichte eines Industriestandortes in Thüringen 1816–1995, Erfurt 1995 (Desotron Verlagsgesellschaft), S. 343f.

Bereits knapp zwei Wochen vor dem „Regierungskonzept" war am 20. Januar 1990 in Wiesbaden vom „Sachverständigenrat zur Begutachtung der gesamtwirtschaftlichen Entwicklung" ein Sondergutachten veröffentlicht worden, das de facto ebenfalls ein Wirtschaftsreformkonzept für die DDR beinhaltete. Die Sachverständigen formulierten darin als Aufgabe für die DDR, „den beträchtlichen Rückstand der DDR-Wirtschaft hinsichtlich Produktivität und Einkommen, Reichhaltigkeit und Qualität der Güterversorgung schnell zu verringern und dann den Gleichschritt mit der wirtschaftlichen Entwicklung der fortgeschrittenen Industrieländer zu halten". Dazu sei die Schaffung einer „offenen marktwirtschaftlichen Ordnung" ebenso notwendig wie die Aufnahme „ausländischer Kapitalbeteiligungen", über die es hieß: „Für den Kauf von Grundstücken, Gebäuden und bestehenden Betrieben muss der Erwerber einen vom bisherigen Eigentümer akzeptierten Preis entrichten; diese Mittel verbleiben in der DDR und können dort wieder zur Finanzierung von Investitionen verwandt werden." Hinsichtlich des Transformationszeitraumes legten sich die Sachverständigen nicht fest, plädierten jedoch für eine schrittweise Einführung der Marktwirtschaft, die durch die Konvertibilität der DDR-Währung gekrönt werden sollte, und warnten vor Wunschvorstellungen. „Ideal wäre es, wenn die einzelnen Reformen gleichzeitig vollzogen würden; dies ist jedoch nicht möglich. Nicht alles kann auf einmal bewältigt werden; mancher Reformschritt benötigt eine geraume Zeit, für die Vorbereitung, für die Durchführung und für das Wirksamwerden."[8]

Nur einen Tag nachdem der Ministerrat das Reformkonzept für die DDR gebilligt hatte, nämlich am 2. Februar 1990, lag im Kanzleramt in Bonn ein Papier vor, das de facto ein drittes Konzept für die Gesundung der ostdeutschen Wirtschaft darstellte. Es befürwortete den „zügigen Übergang von sozialistischer Planwirtschaft zu sozialer Marktwirtschaft" in der DDR und sah die „sofortige Einführung der D-Mark als gemeinsame Währung in

Deutschland" vor.[9] Seine gründliche Ausformulierung und ordnungspolitische Begründung fand dieses Konzept erst mit dem im März 1990 veröffentlichten Gutachten über die „Vorteile der wirtschaftlichen Einheit Deutschlands" vom Institut für Wirtschaftspolitik in Köln. Das Gutachten setzte an die Stelle der „Krönungstheorie" des Sachverständigenrates, wonach die Währungsunion am Ende des Transformationsprozesses stehen sollte, die Auffassung, dass mit der Währungsunion der Grundstein für den Transformationsprozess gelegt werden müsse, damit die Einführung der D-Mark zum Motor der weiteren wirtschaftlichen Entwicklung in der DDR werden könne. Jede Mischung von plan- und marktwirtschaftlichen Elementen, von Staatsintervention und Marktregulierung wurde abgelehnt, ebenso wie Eigentumspluralismus. Anstelle „staatsmonopolistischer Strukturen" sollte durchgängig privates Eigentum „als Hauptantrieb" wirtschaftlicher Entwicklung treten.[10]

Auf der Montagsdemonstration vom 12. Februar 1990 in Leipzig forderten Teilnehmer auf ihren Transparenten unübersehbar die Einführung der D-Mark

Vergleicht man die drei Konzepte, so fallen die Gemeinsamkeiten zwischen dem Konzept des Sachverständigenrates und dem der DDR-Regierung auf: Beide betrafen – erstens – die Eigentumsordnung, die auf eine Mischung von staatlichem bzw. kommunalem und privatem Eigentum zielten, zweitens die Einführung der Marktwirtschaft in mehreren Schritten über einen längeren Zeitraum und drittens den Verzicht auf die Konvertibilität der DDR-Mark mit der DM zu Beginn des Transformationsprozesses. Viertens war dem Staat weiterhin eine Rolle in der Wirtschaft zugedacht.

Sprach das DDR-Regierungskonzept von einer „Marktwirtschaft bei staatlich regulierten Rahmenbedingungen", so wandten sich die Sachverständigen gegen „die Überführung der DDR in eine ‚staatsfreie Wirtschaft'" und plädierten für eine keynesianistische Lösung. „Für geraume Zeit kann es hingenommen werden, ... dass der Staat in manchen Bereichen unternehmerisch tätig bleibt."[11] Dagegen stellte das Konzept der Bundesregierung die Konvertibilität und den umfassenden Übergang zur marktwirtschaftlichen Regulierung als Konsequenz einer Währungs-, Wirtschafts- und Sozialunion an den Anfang des Transformationsprozesses, befürwortete die vollständige Privatisierung des Volkseigentums und den weitgehen-

Warnung vor dem Ausverkauf

Runder Tisch: Erklärung vom 26. Februar 1990 und Antrag zur aktuellen Situation:

Es mehren sich Hinweise, dass die Rechtsgrundlage auf dem Gebiet der Wirtschaft der DDR auf die rasante politische Entwicklung nicht eingestellt ist. Es ergeben sich freie Rechtsräume, die befürchten lassen, dass mit dem Volkseigentum nicht mit der nötigen Sorgfalt umgegangen wird. ... Zum Teil gibt es Hinweise, dass Einzelpersonen mit gesellschaftlichem Eigentum im Geschäftsverkehr auftreten. Undurchschaubar ist auch der Handel mit Vertrauen auf Immobilien volkseigener Rechtsträger.

Im Vertrauen auf die demokratische Kraft des Volkes bitten wir alle Bürger des Landes, ihren Wirtschaftsfunktionären, ihren politischen Interessenvertretern und den Staatsfunktionären in Gelddingen auf die Finger zu sehen – und sie nicht aus der demokratischen Kontrolle zu entlassen.

BArch DA 3/13, Bl. 81.

[9] Dokumente zur Deutschlandpolitik. eutsche Einheit. Sonderedition aus den Akten des Bundeskanzleramtes 1989/90, München 1998, S. 752.

[10] Hans Willgerodt/Barbara Dluhosch/Malte Krüger: Gutachten „Vorteile der wirtschaftlichen Einheit Deutschlands", Köln (März) 1990, S. 1 u. 70.

[11] Zur Unterstützung der Wirtschaftreform (Anm. 8), S. 5. Vgl. auch das „Sömmeraer Modell", Kastentext S. 60.

den Verzicht auf staatliche Einmischung, um die Wirksamkeit der Marktkräfte nicht zu behindern.

In Angriff genommen wurde zunächst die Verwirklichung des Regierungskonzeptes der DDR. Mit den bis Mitte März von der Regierung Modrow verabschiedeten rechtlichen Regelungen über Joint Venture, die Errichtung der Treuhandanstalt – auf Vorschläge von Vertretern der Bürgerbewegung zurückgehend – sowie des Gewerkschaftsgesetzes wurde begonnen, das Reformprogramm zu realisieren. Parallel dazu begann am 7. Februar 1990 die Bundesregierung im neu gebildeten Kabinettsausschuss „Deutsche Einheit“, unbeirrt von den Bedenken seitens der Fachleute und Parlamentarier, die Währungsunion vorzubereiten und im einsetzenden ostdeutschen Wahlkampf für die rasche Einführung der D-Mark zu werben. Die nach den Wahlen in der DDR an die Macht gekommene Regierung de Maizière schloss sich den wirtschaftspolitischen und ordnungspolitischen Zielen der Bundesregierung an. Sie hob die von der Regierung Modrow veranlassten Reformmaßnahmen auf bzw. schrieb sie entsprechend dem Regierungskonzept der Bundesregierung um, wie im Falle der Treuhandanstalt. Volkskammer und Bundestag billigten am 21. Juni 1990 den Staatsvertrag über die Währungs-, Wirtschafts- und Sozialunion und machten damit den Weg für deren Inkrafttreten am 1. Juli 1990 frei.

Schocktherapie und „schöpferische Zerstörung“

Als das Projekt einer Währungsunion Anfang Februar 1990 in Bonn zum ersten Mal auf den Kabinettstisch kam, wurde es unter dem Blickwinkel betrachtet, wie der Weg zur Einheit auch wirtschaftlich „unwiderruflich“ gemacht werden könne. Das war vorrangig ein politisches Ziel. Unter

Mangelnde Vorbereitung der Währungsunion

Oskar Lafontaine, Kanzlerkandidat der SPD für die Bundestagswahlen 1990, am 26. April 1990 über die zu erwartenden Folgen der Währungsunion:

Die Einführung der D-Mark ist schlecht vorbereitet, und sie wird einen dramatischen Anstieg der Arbeitslosigkeit zur Folge haben. Die mangelnde Vorbereitung der Währungsunion und die überstützte Einführung der D-Mark führen zu erheblichen zusätzlichen Belastungen des Steuerzahlers der Bundesrepublik. Dies hat der Bund zu verantworten und damit auch finanzpolitisch zu regeln.

Wochenpost vom 30. Juni 1990.

„Es geht um mehr als um Ökonomie“

Bundeskanzler Kohl in der deutschlandpolitischen Debatte des Bundestages am 15. Februar 1990 nach Vorstellung seines Plans zur Währungsunion:

Über eines kann kein Zweifel bestehen: In einer politisch und wirtschaftlich normalen Situation wäre der Weg ein anderer gewesen, und zwar derjenige schrittweiser Reformen und Anpassungen mit der gemeinsamen Währung erst zu einem späteren Zeitpunkt. Vor diesem Hintergrund ... gibt es kritische Stimmen von Experten. Auch der Rat der Wirtschaftssachverständigen hat sich in dieser Weise geäußert. Wir nehmen die Argumente ernst. Und dennoch sagte ich: Wir entscheiden uns für den eben skizzierten Weg: ... Politische und gesellschaftliche Umwälzungen haben zu einer dramatischen Verkürzung des Zeithorizonts geführt, sodass für – wie auch immer definierte und auch ökonomisch begründete – Stufenpläne aus meiner Sicht die Voraussetzungen entfallen sind. In einer solchen Situation geht es um mehr als um Ökonomie, so wichtig Ökonomie auch ist.

Das Parlament, 9–10/1990, S. 1f.

Politik kontra Ökonomie

Norman van Scherpenberg, Generalbevollmächtigter der Treuhandanstalt, am 17. Juni 1993 in einem Vortrag an der Berliner Humboldt-Universität:

Die Währungsunion war eine Frage Ökonomie kontra Politik. Sie ist von der Macht entschieden worden, nicht von der Sache. In der Nacht zum 1. Juli 90 ist der gesamte Kapitalstock der DDR total vernichtet worden. Durch die 300prozentige Aufwertung wurde die Industrie ihrer Liquidität beraubt. Wenn ich heute in Niedersachsen den Reallohn verdreifache, kriegen Sie die Aktien von VW an der Börse geschenkt. Genau dies ist die Situation im Osten.

Daniela Dahn: Wir bleiben hier oder Wem gehört der Osten. Vom Kampf um Häuser und Wohnungen in den neuen Bundesländern, Hamburg 1994 (Rowohlt Taschenbuch Verlag), S. 51.

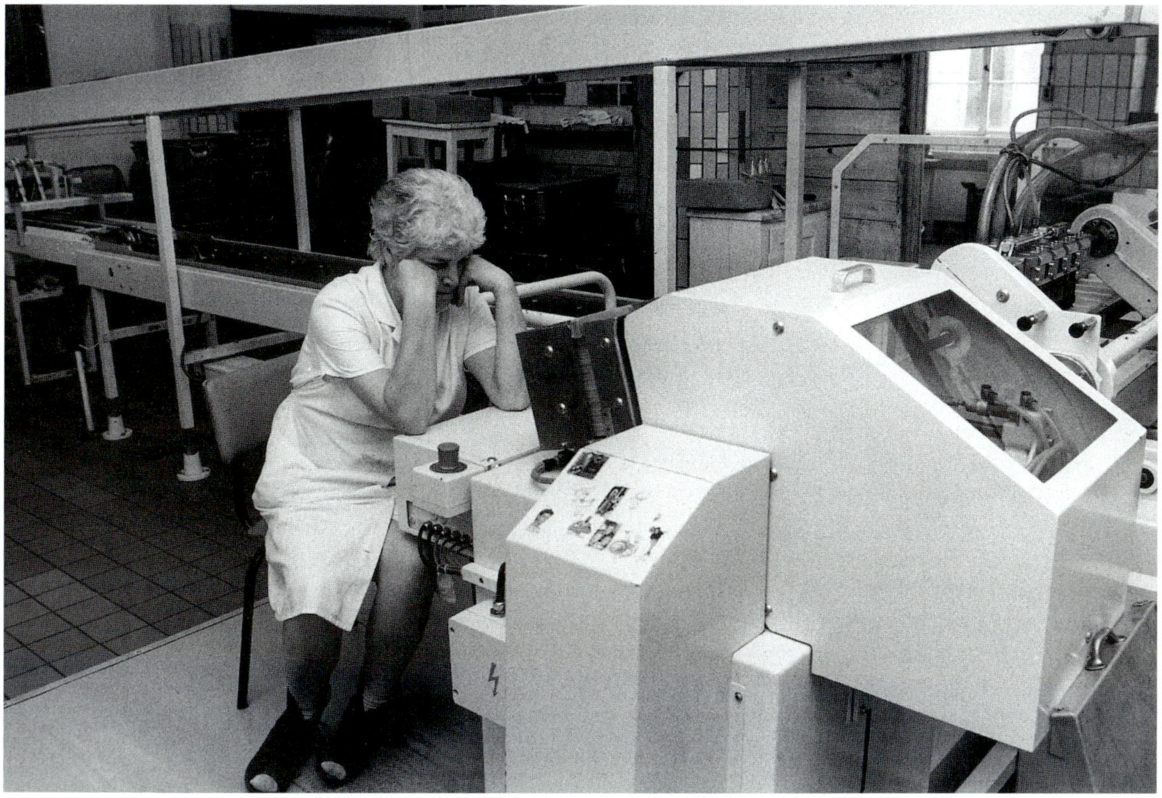

Viele Betriebe, wie z.B. der VEB Dresdner Süßwarenfabriken „Elbflorenz", waren dem Konkurrenzkampf nicht gewachsen. Am 23. März 1990 wurden die Maschinen in den drei Dresdner Betriebsteilen stillgelegt, 350 Beschäftigte waren von Entlassung betroffen

vornehmlich politischen Gesichtspunkten fällte die Bundesregierung auch die Entscheidung darüber, für welchen der beiden Anfang 1990 diskutierten „Wege zur Wirtschaftseinheit" sie sich entscheiden sollte: Für den neokeynesianistischen, der die Währungskonvertibilität als Krönung des wirtschaftlichen Einigungsprozesses an dessen Schluss sah, oder für den neoliberalen, der die Währungsunion zum Grundstein des wirtschaftlichen Einigungsprozesses machen sollte. Die Wahl der neoliberalen Variante und die zeitliche Fixierung der Währungsunion auf den 1. Juli 1990 erwies sich unbestritten als politischer Erfolg. Die wirtschaftliche Einheit vom Juli leitete einen unumkehrbaren Prozess ein, der zur politischen Einheit führte, die am 3. Oktober 1990 vollzogen werden konnte. Die positiven politischen Effekte wurden jedoch von Anfang an durch anders geartete wirtschaftliche Effekte überlagert. „Durch das notwendige Primat der Politik bei der Wiedervereinigung waren von vornherein die Möglichkeiten für eine kontrollierte wirtschaftliche Zusammenführung (beider deutscher Wirtschaften) extrem begrenzt."[12]

Es war nicht schwer vorauszusehen – und war in der Tat von den für den politischen und wirtschaftlichen Einigungsprozess Verantwortlichen in beiden deutschen Staaten vorausgesehen worden –, dass angesichts der technologischen Lücke zwischen der ost- und westdeutschen Wirtschaft und der Aufwertung der DDR-Produkte durch den Kurs eins zu eins die Betriebe in der DDR kaum noch eine Chance zum Überleben hatten. Der Aufwertungsschock hätte bestenfalls durch den massiven Einsatz gezielter Stützungsmaßnahmen seitens der Bundesregierung abgefedert werden können. Das hätte eine wirtschaftspolitische – bzw. da die Industrie der DDR am meisten gefährdet war –, wenigstens eine industriepolitische Begleitung der Umstellung von dem Planwirtschaften charakterisierenden Verkäufermarkt zu dem in Marktwirtschaften üblichen Käufermarkt verlangt. Staatliche Wirtschaftspolitik ließ das gewählte neoliberale Konzept aber nicht zu, und die Regierung hielt sie auch prinzipiell für unnötig. Im März 1990 wurde in einem Gutachten der Universität Köln über „Vorteile der deutschen Einheit" wie folgt argumentiert: „Nach der Öffnung der Grenze für den Freihandel mit der Bundesrepublik werden zahlreiche bisher die Produktion (in der DDR) beeinträchtigende Engpässe aufgesprengt, weil es nicht mehr zu Produktionsstörungen wegen fehlenden Materials oder ausgebliebener Zulieferungen kommen kann. Die Motivation zur Leistung wird

[12] Überlegungen zur kurzfristigen Stabilisierung und langfristigen Steigerung der Wirtschaftskraft in den neuen Bundesländern (McKinsey & Company, Inc.), Düsseldorf/München (April) 1991, S. 2.

wiederbelebt werden, sogar bevor irgendeine Hilfe aus der Bundesrepublik oder ein Kapitalbetrag zugeflossen ist."[13] Für den sich nach neoliberaler Auffassung fast von selbst vollziehenden und finanzierenden Aufschwung stellte die Bundesregierung eine „Anschubfinanzierung" zur Verfügung, die auch der Regierung de Maizière zugute kam.

Mit dem Inkrafttreten der Währungsunion geriet die im ersten Halbjahr 1990 bereits schwächelnde DDR-Industrie – sie hatte bis Ende Juni gegenüber 1989 ein Siebtel ihrer Produktionskraft eingebüßt – in eine schwere Wirtschaftskrise. Allein im ersten Monat der Wirtschafts-, Währungs- und Sozialunion ging die DDR-Industrie auf 60 Prozent des Durchschnittsniveaus des ersten Halbjahres 1990 zurück. Das Bruttoinlandsprodukt sank in diesem Zeitrum um 35 Prozent.[14] Ende Juli „verfügte" die DDR bereits über eine Viertelmillion Arbeitslose und 656 000 Kurzarbeiter. Um für diese Menschen entsprechend der in der Sozialunion festgelegten Höhe Zahlungen vornehmen zu können, musste die de-Maizière-Regierung in Bonn bereits im August um die Überweisung der bis zum Ende des Jahres zugesagten Tranchen an Finanzierungshilfen bitten.

In der Landwirtschaft sah es nicht besser aus als in der Industrie. Vom Bankrott bedrohte wütende Landwirte banden im Juli ihr Rindvieh an die Tore der Volkskammer. Die Protestierenden forderten den Kopf des Agrar- und des Wirtschaftsministers. Die Mehrzahl der Fraktionen der Volkskammer der DDR überbot sich gegenseitig mit Vorschlägen zur Vorverlegung des Einigungstermins in der Hoffnung, durch einen raschen Anschluss an die Bundesrepublik der akuten wirtschaftlichen Misere der DDR ein Ende bereiten zu können. Doch die mit der Währungsunion eingetretene schlagartige Entwertung der Produkte, Anlagen und Betriebe in Ostdeutschland konnte weder durch nachträgliche Finanzspritzen noch durch das zeitweilige Aussetzen von Konkursen seitens der Regierung de Maizière ab August 1990 gestoppt werden. Hans-Werner Sinn, heute Vorsitzender des Ifo-Wirtschaftsforschungsinstituts in München, charakterisierte in dem 1992 zusammen mit seiner Frau veröffentlichten ersten Buch über Ostdeutschlands Wirtschaftsentwicklung seit der Wende dessen wirtschaftliche Lage so: „Die Schärfe der ostdeutschen Depression ist ohne Beispiel in der neueren Wirtschaftsgeschichte. Selbst die Wirtschaftskrise der Jahre 1928–1933 hat keine vergleichbaren Wirkungen gehabt. Damals erstreckte sich der Abschwung über einen längeren Zeitraum, und dennoch waren die Produktionseinbußen geringer."[15]

Während einerseits Finanzhilfe floss, setzte andererseits der Versuch einer propagandistischen

[13] Hans Willgerodt u.a. (Anm. 10), S. 44f.

[14] Harry Maier in: Materialien der Enquete-Kommission „Aufarbeitung von Geschichte und Folgen der SED-Diktatur in Deutschland" (12. Wahlperiode), hrsg vom Deutschen Bundestag, Baden-Baden 1995, Bd. III/1, S. 874.

[15] Gerlinde Sinn/Hans-Werner Sinn: Kaltstart, Tübingen 1992, S. 30.

Mit Schweinen demonstrierten am 27. Juli 1990 Landwirte und Angestellte in der Fleischverarbeitung vor der Volkskammer in Ost-Berlin gegen die ihnen bedrohlich erscheinende Situation auf dem Absatzmarkt

Letzter Tag im Automobilwerk Eisenach, 1990

Bewältigung des wirtschaftlichen Debakels ein, das an die Stelle des prophezeiten „enormen Anschubs“ für die Wirtschaft als Folge der Einführung der D-Mark getreten war.

Gegen diejenigen, die von Schocktherapie oder „Schock ohne Therapie“[16] sprachen, wurde mit der „schöpferischen Zerstörung“ argumentiert. Das Wort hatte einst der deutsch-amerikanische Ökonom Joseph Schumpeter geprägt und damit darauf hingewiesen, dass die Einführung wirklich neuer Erzeugnisse im Betrieb nicht möglich ist ohne die Beseitigung der bisherigen Produktionsorganisation. Schumpeters auf das Unternehmen bezogene Wort wurde aber unbesehen und ungerechtfertigt auf die volkswirtschaftliche Ebene, auf die verheerende, die Deindustrialisierung Ostdeutschlands einleitende Wirtschaftskrise übertragen. Da sich diese nicht leugnen ließ, wurde

[16] Harry Maier (Anm. 14), S. 869.

„Nicht mehr konkurrenzfähig“

Aus einem Gespräch zwischen Ministerpräsident Lothar de Maizière, Kanzleramtsminister Wolfgang Schäuble und Bundesbankpräsident Hans Tietmeyer im April 1990 über die zu erwartenden Auswirkungen der Währungsunion auf die DDR-Wirtschaft:

Es war Lothar de Maizière genauso klar wie Tietmeyer und mir, dass mit der Einführung der Westwährung die DDR-Betriebe schlagartig nicht mehr konkurrenzfähig sein würden. Wir konnten uns auch ausmalen, in welch dramatischer Weise dieser Eingriff sichtbar würde. Also ging es darum, wie wir verhindern konnten, dass dieser Teil Deutschlands zusammenbrach.

Wolfgang Schäuble: Der Vertrag: wie ich über die deutsche Einheit verhandelte, Stuttgart 1991 (Deutsche Verlagsanstalt), S. 99.

Fehlendes Anpassungskonzept

Ex-DDR-Finanzminister Walter Romberg anlässlich des 10. Jahrestages der Währungsunion:

Ich habe immer den Standpunkt vertreten, dass wir für unsere Industrie ein Anpassungskonzept brauchen. Dies ist von der westdeutschen Seite nicht akzeptiert worden.

Das Fehlen einer politischen Regulierung – das Wort Regulierung benutze ich jetzt bewusst – hat zu einer schlimmen Entwicklung geführt. Einer Reihe durchaus oder fast wettbewerbsfähiger DDR-Betriebe hätte man frühzeitig gezielte Subventionen zukommen lassen können, wie das in Westdeutschland ja auch geschieht.

Frankfurter Rundschau vom 1. Juli 2000.

Schadensbegrenzung betrieben, indem die „Schuld“ ganz der DDR angelastet wurde. Erst im Sommer 1990 wurde „marode“ zum wichtigsten Wort der Beschreibung der ostdeutschen Wirtschaft, die Wirtschaftskrise als unvermeidliche „Anpassungskrise“ dargestellt und die (später vom Statistischen Bundesamt widerlegte) Behauptung verbreitet, die DDR-Statistiken seien gefälscht gewesen. In der DDR sei tatsächlich wirtschaftlich nicht viel mehr geschehen, als dass der vom Kapitalismus übernommene Kapitalstock heruntergewirtschaftet worden sei. In ihrem 1992 veröffentlichten Buch wandten sich die Sinns gegen „die vertretene Behauptung, die DDR habe davon gelebt, dass sie den bei Kriegsende noch vorhandenen Kapitalbestand ersatzlos verzehrt habe“, und fügten hinzu: „Dies ist zu absurd, als dass es sich lohnen würde, sich (damit) näher auseinander zu setzen.“[17]

Mehr Substanz enthielt schon das Argument, dass die rasche Anhebung der Löhne und Gehälter in Ostdeutschland - zwischen 1991 und 1995 eine Steigerung pro Kopf von 77 Prozent - ohne jegliche Berücksichtigung der Produktivitätsentwicklung zum Bankrott vieler ostdeutscher Betriebe beigetragen habe. Bei ihren Lohnforderungen stützten sich die Ostdeutschen, die seit dem Sommer 1990 in den meisten Lebensbereichen mit Westpreisen konfrontiert waren und nur ein Drittel des Geldes ihrer Berufskollegen im Westen verdienten, auf Regierungsversprechen wie: „Keinem wird es schlechter gehen, aber vielen besser.“ Die sie beratenden westdeutschen Gewerkschafter versuchten die Forderungen ihrer reformierten ostdeutschen Partnergewerkschaften einerseits zu zügeln, andererseits fürchteten sie, zukünftige Mitglieder zu verlieren, wenn sie zu sehr bremsten. Schließlich konnte ihnen an einer ostdeutschen Billiglohnkonkurrenz, die zu Betriebsverlagerungen von West nach Ost hätte führen können, auch nicht gelegen sein.

Auf der Arbeitgeberseite saßen die seit dem Frühsommer nach westdeutschem Vorbild in Verbänden organisierten Ostmanager, von der Treuhandanstalt mit befristeten Verträgen ausgestattet, „wie auf einem Schleudersitz“[18]. Sie waren selbst daran interessiert, dass die Löhne schnell stiegen. Das erhöhte ihr eigenes Einkommen und ihr Ansehen im Unternehmen, letztlich auch ihr Arbeitslosengeld, wenn sie die nächste Entlassungswelle treffen sollte. Letzteres war ein Argu-

Der Sprung ins kalte Wasser

Karlheinz Arnold, Technischer Direktor im Stammbetrieb des Kombinats „Fritz Heckert“ in Karl-Marx-Stadt (Chemnitz), über die Folgen der Währungsunion für das Unternehmen:

Man muss sich folgende, heute kaum noch vorstellbare Situation vergegenwärtigen: Ein Unternehmen mit 4 500 Beschäftigten, dementsprechenden Personalkosten, riesigen Materialbeständen und anhaltenden umfangreichen Materialeingängen, die nur schrittweise gestoppt und storniert werden konnten und dabei eine hohe Liquidität erforderten, sowie kaum vorstellbare sonstige Kosten mussten in kürzester Zeit den neuen Bedingungen angepasst werden. ... Trotz allen Tempos, mit dem diese Veränderungsprozesse konzipiert und durchgeführt wurden, vergingen viele Monate, in denen weder die neuen Produkte noch die neuen Marktaktivitäten wirksam wurden und der Umsatz nicht in dem Maße aufgebaut werden konnte, wie es für das Kostenbild des Unternehmens erforderlich gewesen wäre. Folge waren ständige Liquiditätsprobleme, insbesondere bei den Bezahlungen der Löhne und Gehälter und der notwendigen Materialien. Sehr oft musste ich den nicht leichten Weg zum Gesellschafter Treuhandanstalt gehen, um über Kredite den Liquiditätsbedarf zu organisieren, aber insbesondere Löhne und Gehälter für die Belegschaft zu zahlen.

Friedrich Thießen (Hrsg.): Zwischen Plan und Pleite. Erlebnisberichte aus der Arbeitswelt der DDR, Köln 2001 (Böhlau Verlag), S. 146ff.

[17] Gerlinde Sinn/Hans-Werner Sinn (Anm. 15), S. 61.

[18] Harry Maier (Anm. 14), S. 878.

31. Februar 1990: Erste Landeskonferenz des Arbeitslosenverbandes der DDR im Haus der Gewerkschaften in Berlin mit dem Organisator Klaus Grehn (r.)

ment, das natürlich auch für den durchschnittlichen ostdeutschen Arbeitnehmer zutraf. So war das Entstehen dessen, was wirtschaftlich bis heute von Nachteil ist, nämlich die hohen Lohnstückkosten in den neuen Bundesländern, menschlich verständlich und ohne das Eingreifen der regulierenden Hand des Staates in die ersten Tarifverhandlungen in Ostdeutschland letztlich unvermeidbar.

Erstmals arbeitslos

Aufgrund langjähriger Erfahrungen wussten die Leiter in Betrieben und Einrichtungen der DDR, dass Arbeitskräfte knapp sind. Arbeiter und kleine Angestellte konnten durchaus versuchen, durch Betriebswechsel daraus ihre Vorteile zu ziehen, sei es um einen höheren Lohn oder mehr sozialpolitische Vergünstigungen zu erlangen. Deutlich spürbar wurde eine weitere Verschärfung der Arbeitskräfteknappheit ab Herbst 1989, als die Kombinate Belegschaftsmitglieder einbüßten, die über Ungarn oder über die Prager Botschaft in die Bundesrepublik flohen, und erst recht, als die Berliner Mauer nach dem 9. November durchlässig wurde. Noch im November meldete die Mehrzahl der Kombinate den zuständigen Ministerien nicht besetzte Planstellen, vor allem in der Produktion, und bat um die Zuweisung von Vertragsarbeitern, Armeeangehörigen oder um Arbeitskräfte aus dem Strafvollzug.

Ab Dezember 1989 wurden die bisherigen hauptamtlichen Stellen der SED, der Kampfgruppen, des Zivilschutzes, der FDJ und anderer „Massenorganisationen" in den Kombinatsbetrieben abgebaut. Die Entlassenen konnten in der Regel auf die bisher nicht besetzten Planstellen innerhalb der Kombinate ausweichen.

Ab Januar 1990 setzten Entlassungen auch in den hauptsächlich mit der Planberichterstattung der Kombinats- und Betriebsverwaltungen beschäftigten Abteilungen ein, da die zentrale Planung und Berichterstattung durch die unter der Regierung Modrow eingeleiteten Wirtschaftsreformen deutlich reduziert worden war.

Im Februar 1990 – zu diesem Zeitpunkt bildeten ehemalige Mitglieder der Staats- bzw. Nationalen Sicherheit und Angehörige der Nationalen Volksarmee (NVA) das Gros der Entlassenen – erkannte die DDR Regierung Arbeitslosigkeit als ein soziales Problem an, obwohl die rechtliche Regelung, eine „Verordnung über die Gewährung staatlicher Unterstützung und betrieblicher Ausgleichszahlungen an Bürger während der Zeit der Arbeitsvermittlung", den Begriff noch vermied.

„Jetzt wurde die Arbeit knapp"

Arbeit in Buna: Ab Juli 1990 war alles anders:

Jahr für Jahr war in der DDR die Knappheit von Arbeitskräften beklagt worden, und am Jahresende mussten oftmals Sonderschichten und Überstunden geleistet werden, um den Plan zu erfüllen. An Arbeit hatte es nie gemangelt. Doch ab Juli 1990 war alles anders.
Obwohl es im Buna-Werk offensichtlich genug zu reparieren und sanieren gab, wurde jetzt die Arbeit knapp. Dies war für die Betroffenen kaum zu verstehen. Einzelne Abteilungen drohten mit Warnstreiks. Die Betriebsräte distanzierten sich jedoch von spontanen Arbeitsniederlegungen und trugen wesentlich zur Bewahrung des sozialen Friedens bei.

Rainer Karlsch/Raymond Stokes: Die Chemie muss stimmen. 1990–2000. Bilanz des Wandels, Leipzig 2000 (Edition Leipzig), S. 63.

Seit Mai traten anstelle der Ämter für Arbeit, deren Hauptaufgabe es gewesen war, Arbeitskräfte so rasch wie möglich den nach ihnen hungernden VEB zuzuführen, Arbeitsämter, deren Aufgabe es war, die von Betrieben entlassenen Arbeitskräfte sozial zu versorgen bzw. – soweit dies möglich war – ihnen Arbeit zu vermitteln.

Bis in das Frühjahr 1990 hinein blieb für die meisten Betriebsleitungen – angesichts der jahrzehntelang erlebten Arbeitskräfteknappheit – die Vorstellung undenkbar, dass in den Kombinaten eher zu viel als zu wenig Arbeitskräfte vorhanden sein könnten. Erst zunehmende Ost-West-Kontakte, wozu auch gegenseitige Betriebsbesuche sowohl auf Direktorenebene als auch seitens der Gewerkschaften und Betriebsräte gehörten, ermöglichten den Ostdeutschen, sich einen ersten Überblick über das Verhältnis Beschäftigteneinsatz/Produktionsausstoß im westdeutschen Referenzbetrieb zu machen. Das Ergebnis ließ vor allem die Belegschaftsvertreter erschrecken. Bei vergleichbarem Produktionsumfang wiesen die Westbetriebe eine deutlich geringere Beschäftigtenzahl auf.

Das Modrow'sche Reformkonzept sah vor, dass die DDR-Betriebe nach einer Übergangszeit (ab 1993) gegenüber den Westbetrieben konkurrenzfähig sein müssten. Ohne Kostensenkung durch Personalabbau konnte das nicht gehen. Die Kombinatsleitungen begannen Einstellungsstopps zu verhängen und versuchten Randgruppen von Beschäftigten loszuwerden. Am meisten Zustimmung fand die Auflösung der „besonderen Brigaden". Dabei handelte es sich um Gruppen von schon zu DDR-Zeiten schwer zu vermittelnden Arbeitskräften. Zu deren Einstellung hatte das örtliche Amt für Arbeit die Betriebe in den 80er-Jahren mehr oder minder gezwungen. Die in der Produktion zeitweise beschäftigten NVA-Angehörigen und Strafgefangenen verließen die Betriebe infolge von Amnestien bzw. Streitkräfteabbau fast von selbst.

Als problematischer erwies es sich, die in Zukunft nicht mehr benötigten ausländischen Arbeitskräfte – davon gab es Ende 1989 DDR-weit immerhin fast 100 000 – loszuwerden, denn sie waren nicht individuell, sondern aufgrund mehrjähriger Verträge zwischen der DDR und den Entsendeländern in den Betrieben beschäftigt. Ungeachtet dessen kam es im 1. Halbjahr 1990 teilweise zu rechtswidrigen Entlassungen, z.B. von Polen im Reifenwerk Fürstenwalde. Mit der Verordnung über „die Veränderung von Arbeitsrechtsverhältnissen mit ausländischen Bürgern" vom 13. Juni 1990 und über „finanzielle Leistungen bei vorzeitiger Beendigung der Beschäftigung ausländischer Bürger" vom Juli 1990 wurde diese Entlassungspraxis legalisiert und für die Betroffenen sozialverträglicher gestaltet.

Bei der letzten Gruppe unterhalb der Stammbelegschaft der Betriebe, die im Laufe des Sommers 1990 gehen musste, handelte es sich um die in den Betrieben beschäftigten Rentner. Mit der Übernahme des Rentenrechts der Bundesrepublik ab 1. Juli 1990 gehörten sie in den Augen der meisten inzwischen schon um ihre Anstellung bangenden Belegschaftsangehörigen nunmehr zu den Privilegierten. In der Mehrzahl der Kombinate wurden sie noch im Sommer, spätestens zum 30. August 1990 ohne viel Umschweife entlassen.

Aber schon unmittelbar nach der Währungsunion war deutlich geworden, dass auch die Stammbelegschaften von der Arbeitskräftereduzierung betroffen sein würden. Was für den Einzelnen ein fast unfassbares Schicksal war, wurde in den Medien nunmehr als Erblast aus DDR-Zeit, als notwendiger Tribut an die Marktwirtschaft bezeichnet.

Zum Thema „Verdeckte Arbeitslosigkeit in der DDR" hatte sich generell bereits im Juni 1990 eine Arbeitsgruppe des Münchener Wirtschaftsforschungsinstituts Ifo geäußert, die zuvor eine Reihe von Untersuchungen in Kombinaten der DDR vorgenommen hatte. Die Ifo-Leute gingen davon aus, dass in den Betrieben der DDR bis 1989 eine Überbeschäftigung bzw. eine verdeckte Arbeitslosigkeit geherrscht habe. Deren wichtigste Komponente sei die Beschäftigung von „politischen Kadern und deren Personal" gewesen sowie ein „überhöhter Verwaltungsaufwand durch Betriebsstatistik und Berichtswesen". Auf weitere Arbeitskräfte könnte unter marktwirtschaftlichen Bedingungen durch Abbau des „überhöhten Personaleinsatzes für Materialbeschaffung, Instandhaltung und Reparatur" sowie durch die „Verringerung der Fertigungstiefe und den Ausbau zwischenbetrieblicher Arbeitsteilung" verzichtet werden. Schließlich wurde noch darauf hingewiesen, dass „Sozialeinrichtungen wie Kindergärten, Polikliniken, Ferienheime und Kinderferienlager, Bibliotheken und Clubhäuser etc." ausgegliedert werden könnten. Am Ende dieses Anpassungsprozesses würde in den Industriebetrieben eine den marktwirtschaftlichen Bedingungen entsprechende Beschäftigtenquote von im Durchschnitt 70 Prozent des vorherigen Personalbestandes stehen.

Doch die Berechnungen des Münchener Instituts, die zwar den Beschäftigtenstand der DDR-Betriebe untersuchen und mit denen in der Bundesrepublik vergleichen konnten, aber im Mai 1990 die Bestimmungen der damals noch in Ausarbeitung befindlichen Bedingungen für eine Wäh-

Zu alt für die neue Arbeitswelt

Karl Robert Schnick, 1990 Bereichsleiter Technologische Projektierung im Kombinat Musikinstrumente und Kulturwaren, über seine Berufsaussichten nach der Währungsunion:

Bis zur Währungsunion hatten wir Arbeit. Es gab diverse Projekte, mit denen unser Büro bis zum letzten Tag betraut war. Schlagartig mit dem Tag der Währungsunion war es damit vorbei. Kein einziger Auftrag mehr. Niemand war an der Fertigstellung von alten Aufträgen interessiert. Das war bitter. Habe 8 000 DM von der Treuhand erhalten für 28 Jahre Betriebszugehörigkeit und bin in die Arbeitslosigkeit entlassen worden.

Habe mich dann bei einer Westfirma beworben. Da sagten die, wie alt sind Sie? Da haben Sie noch acht Jahre zur Pensionierung, davon zwei Jahre Einarbeitung. Das lohnt sich nicht. Auf Wiedersehen.

Friedrich Thießen (Hrsg.): Zwischen Plan und Pleite. Erlebnisberichte aus der Arbeitswelt der DDR, Köln 2001 (Böhlau Verlag), S. 138f.

Mit Berufserfahrung zu Hause sitzen

Eine Mitarbeiterin der Stadtverwaltung über Frauenarbeitslosigkeit in Eisenhüttenstadt:

Weil es viele Frauen sind, die auch im EKO gearbeitet haben, die Ausbildungen haben und die wollen auch nicht zu Hause bleiben. ... Die sind todunglücklich, die meisten. ... Ich will nicht alle in einen Topf schmeißen, manche sagen auch vier oder sechs Stunden reichen mir auch, aber diese Entscheidungen haben die meisten erst gar nicht. Die sagen eben, sie werden verrückt zu Hause, die kriegen – denen fällt die Decke auf den Kopf. Und sie finden nichts gerade mit ihren technischen Berufen. Bei uns haben über 90 Prozent der Frauen gearbeitet, die haben, was weiß ich, vielleicht zu 80 Prozent eine Ausbildung. ... und die sagen es wäre ein Zwang, ... nicht ... arbeiten zu gehen. Aber eben auch gerade abzufallen von einem Stand, wo jeder ökonomisch selbstständig ist, und ich sage mal, wer eben „Blut geleckt“ hat und sagt, ich habe eine qualifizierte Arbeit gemacht, ich habe diese Anforderungen im Beruf gehabt, wer möchte denn schon wirklich nur zu Hause sitzen.

Jenny Richter/Heike Förster/Ulrich Lakemann: Stalinstadt-Eisenhüttenstadt. Von der Utopie zur Gegenwart. Wandel industrieller, regionaler und sozialer Strukturen in Eisenhüttenstadt, Marburg 1997 (Schüren Verlag), S. 140.

rungsunion nicht kannten und auch den Aufwertungsschock nicht voraussehen konnten, erwiesen sich bald als Makulatur. Die Zahl der Arbeitslosen in der DDR, die im März 1989 bei 38 000 (bei 10 700 offenen Stellen) und im Juni bei 142 000 gelegen hatte, schnellte bis September auf 445 000 hoch und betrug am Ende des Jahres 642 000 (bei 22 000 offenen Stellen). Mehr von Arbeitslosigkeit betroffen als die männlichen waren die weiblichen Beschäftigten. Im Oktober 1990 stellten die Frauen 54 Prozent der Arbeitslosen, auf sie entfielen aber nur 27 Prozent der Neueinstellungen.[19]

Verdeckt wurde das wahre Ausmaß der Arbeitslosigkeit dadurch, dass viele Betriebe (noch) nicht entließen, sondern ihre Beschäftigten in die Kurzarbeit schickten. Mit der Eskalation der Arbeitslosigkeit im Monat nach der Währungsunion war beschlossen worden, die seit dem 1. Juli 1990 auch in der DDR geltenden sozialen Sicherungen der Bundesrepublik, soweit sie Kurzarbeit betrafen, so auszulegen, dass Kurzarbeit im Osten generell für ein Jahr gewährt werden konnte, während Kurzarbeitergeld im Westen nur bei vorübergehenden wirtschaftlichen Schwierigkeiten der Unternehmen gezahlt werden durfte. Von den Kurzarbeitern in den neuen Bundesländern befand sich bald eine zunehmende Zahl in „Kurzarbeit Null“, d.h., sie saßen zu Hause. Der ursprünglich von der Ifo-Gruppe prognostizierte Rückgang der Beschäftigung in der Industrie (auf 70 Prozent) wurde 1991 mit 64 Prozent deutlich und 1992 mit 41 Prozent signifikant überschritten. Zum Abbau der verdeckten Arbeitslosigkeit waren bereits ab 1991 die Auswirkungen der einsetzenden Deindustrialisierung gekommen.

[19] Jörg Roesler: Arbeitslosigkeit in den neuen Bundesländern – Umfang, Ursachen, Befindlichkeiten und Bewältigungsstrategien, in: Rissener Rundbrief, 5/1991, S. 127ff.

Gerade vielen jungen, gut ausgebildeten Frauen machte der jähe Sturz in die Arbeitslosigkeit sehr zu schaffen

4 Aufschwung Ost

Privatisierung durch die Treuhandanstalt

Es war Wolfgang Ullmann als Vertreter der Bürgerbewegung „Demokratie jetzt“ am Runden Tisch, der am 12. Februar 1990 einen detaillierten Vorschlag zur Gründung einer Treuhandanstalt (THA) vorlegte. In diese öffentliche Anstalt sollte das gesamte Volkseigentum eingebracht und anschließend zu einem Viertel durch Vergabe von Anteilscheinen an die Bevölkerung privatisiert und die restlichen Dreiviertel in Staatseigentum überführt bzw. zur Begleichung von Schulden und Restitutionsansprüchen verwendet werden.

„Überforderung der Treuhandanstalt“

Birgit Breuel, Leiterin der Treuhand, über deren begrenzte Möglichkeiten:

Geblieben ist jedoch die grenzenlose Überforderung der Treuhandanstalt, die für fast alle Lebensbereiche eine neue Perspektive eröffnen sollte. Gegründet wurde die Treuhandanstalt, um für eine Übergangszeit an die Stelle des früheren staatlichen Eigentümers zu treten, gegründet vor allem, um sich selbst wieder abzuschaffen. Die Verantwortung für anfangs vier Millionen Beschäftigte und mehr als achttausend Unternehmen, für die gesamte Energieversorgung ebenso wie für den Einzelhandel soll übergehen auf neue aktive private Eigentümer. Ein unfassbar weites Spektrum ... Die scheinbare Allgewalt der Treuhandanstalt hat in vielen Köpfen die Vorstellung entstehen lassen, als könnte man damit, wenn man nur wollte und wenn man es nur richtig mache, alles so einrichten, dass widerspruchsfreie Entscheidungen getroffen werden und die Entwicklung einen stetigen und positiven Verlauf nimmt.

Rüdiger Liedtke: Die Treuhand und die zweite Enteignung der Ostdeutschen, München 1993 (edition spangenberg), S. 86f.

Die am 1. März 1990 verkündete „Verordnung zur Umwandlung von volkseigenen Kombinaten, Betrieben und Einrichtungen in Kapitalgesellschaften“ gab das Ziel vor, das gesamte Volkseigentum in die Rechtsformen der Aktiengesellschaften und GmbH zu überführen. Beauftragt damit wurde die „Anstalt zur treuhänderischen Verwaltung des Volkseigentums“. An sie gingen sämtliche Eigentumstitel.

Die Anfänge der Treuhandanstalt waren bescheiden. Bis zum Juli belief sich der Stellenplan auf nicht mehr als 143 Mitarbeiter. Mit diesem Stab sollten bis zur Währungsunion am 1. Juli ca. 8 500 Betriebe mit 45 000 Betriebsteilen und 4,1 Mill. Beschäftigten – 40 Prozent aller Erwerbstätigen der DDR – in AG und GmbH umgewandelt werden. Das war nicht zu bewältigen. Jedoch gelang es bis zum 1. Juli 1990, aus 3 600 VEB Kapitalgesellschaften zu machen. Die restlichen knapp 5 000 wurden danach per Gesetz in „Kapitalgesellschaften im Aufbau“ überführt. Immerhin 2 800 meist kleinere Betriebe konnte die Treuhandanstalt bis zur Währungsunion reprivatisieren oder als Joint Ventures auf den Weg bringen. Das war angesichts der geringen personellen und auch technischen Ausstattung eine beachtliche Leistung.

Bei den Wahlen vom 18. März hatten die Eigentumsfragen so gut wie keine Rolle gespielt. Dementsprechend drückte sich de Maizière in dem Teil seiner Regierungserklärung, der auf das Volkseigentum und die Funktion der Treuhandanstalt einging, noch recht allgemein aus: „Aufgaben und Struktur der Treuhandanstalt (sind) so zu gestalten, dass damit ein Instrument zur Beeinflussung der Entflechtung volkseigener Betriebe und zur Überführung in geeignete Rechtsformen geschaffen wird.“[1] Das von de Maizière verkündete Entflechtungskonzept konnte angesichts der bereits

[1] In: Neues Deutschland vom 20. April 1990.

festgefügten Vorstellungen in der Bundesrepublik nicht lange bestehen.

„Am 10. Mai“, notiert Birgit Breuel, die spätere Leiterin der THA, „findet ein erstes großes Gespräch des Ministerpräsidenten (Lothar de Maizière) mit Vertretern westdeutscher Banken statt. ... Die Vertreter der Banken machen eine Kreditgewährung an die Treuhandanstalt von einer eindeutigen Ausrichtung ihrer Aufgabenstellung auf ein Privatisieren der Staatsbetriebe, einschließlich Grund und Boden und der Gewährung entsprechender Sicherheiten, für die jederzeitige Zahlungsfähigkeit der Anstalt abhängig.“[2]

Das am 17. Juni 1990 dann mit den Stimmen der Koalitionsmehrheit von der Volkskammer der DDR angenommene „Gesetz über die Privatisierung und Reorganisation des volkseigenen Vermögens (Treuhandgesetz)“ änderte den ursprünglichen Treuhandauftrag substanziell. Die Anstalt wurde aus einer Verwalterin des Volkseigentums im Interesse der Allgemeinheit zu einer Privatisierungsbehörde zugunsten kapitalkräftiger Investoren.

War im Gesetz das Verhältnis, in dem Privatisierung und Sanierung stehen sollten, noch nicht festgeschrieben, so sprach der Vertrag über die Währungsunion bereits eindeutig vom Vorrang der Privatisierung. Das dem Vertrag beigefügte „Gemeinsame Protokoll über die Leitsätze“ verlangte: „Unternehmen im unmittelbaren oder mittelbaren (!) Staatseigentum ... sind so rasch wie möglich wettbewerblich zu strukturieren und so weit wie möglich in Privateigentum zu überführen.“[3] Bundesfinanzminister Waigel, ab 3. Oktober 1990 dann oberster Dienstherr der Treuhandanstalt, hatte bereits in seiner Rede zur Ratifizierung des Gesetzes durch den Deutschen Bundestag am 23. Mai 1990 den Abgeordneten in Bonn erläutert, dass der Treuhandanstalt „bei der Privatisierung des Industrie- und des Grundvermögens eine zentrale Rolle zukomme“. Er erwarte nach dem Inkrafttreten der Währungsunion am 1. Juli 1990 von der Treuhand „schnelle Privatisierungserfolge“.[4] Hinter der Forderung nach schneller Privatisierung steckte die neoliberale Vorstellung, je rascher privatisiert würde, desto schneller werde in den neuen Bundesländern ein Markt entstehen, der in der Lage wäre, das weitere Schicksal der Betriebe selbst zu regulieren.

Doch „vor Ort“, d.h. in der Treuhandanstalt, schreckte man zunächst vor dem einseitigen Privatisierungsgebot der Bundesregierung zurück. Rainer Maria Gohlke, der der THA bis zum 20. August 1990 vorstand, war noch der Meinung, dass man vor allem die der Treuhand zugeordneten ehemaligen VEB sanieren müsse. „Ein teures Geschäft, doch zu verkraften.“[5] Aber schon Karsten Rohwedder, Nachfolger Gohlkes als Präsident der Treuhandanstalt, musste lernen, dass rasches Privatisieren nicht so einfach war angesichts zögernder Investoren. Sein Credo „Schnelle Privatisierung, entschlossene Sanierung und behutsame Stilllegung“ galt bis zu seiner Ermordung am

Privatisierung um jeden Preis

Regine Hildebrandt über den Abbau der Sozialeinrichtungen des Petrolchemischen Kombinats (PCK) Schwedt durch die Treuhandanstalt:

Ein Privatisierungsbeispiel aus der Wirtschaft: Schwedt und das Petrolchemische Kombinat, an dem die Erdölpipeline aus der Sowjetunion endete. Es wurde in den 60er-Jahren direkt an der Oder gebaut, dazu weitläufige Wohngebiete zusammen mit einer kompletten sozialen Infrastruktur. Dieser Großbetrieb erstreckte sich über eine Fläche von 13 Quadratkilometern, wovon 12 nicht betriebsnotwendig waren; auf ihnen befand sich eine eigene Poliklinik, die eigene Apotheke, der Kindergarten, die Verkaufsstelle, das Kulturhaus, das eigene Schwimmbad mit ganzjähriger Außenanlage. In der Innenstadt hatte das Kombinat Ausländerunterkünfte errichtet, eine Schule mit drei Wohnheimen, ein Naherholungszentrum und eine große Ruder- und Kanustrecke. Dazu besaß es ein Ferienlager an der Ostsee und eines im Erzgebirge. ... Mit der Wirtschafts- und Sozialunion fiel der Hammer über Schwedt. Es wurde gar nicht hingeschaut, welche Strukturen da gewachsen waren. Da wurde ganz anders gedacht: Geben wir erst einmal denjenigen Grund und Boden zurück, denen das früher einmal gehörte. Der Betrieb – so die Überlegung – hat sich ja ohnehin mit staatlicher Rückendeckung alles nur illegal angeeignet. Es wurde auf Teufel komm raus privatisiert. Verkauft wurden das Klubhaus, in dem die Jugend- und Altenarbeit stattfanden, die Sportstätten als Zentrum aller Sportaktivitäten der ganzen Region, die Poliklinik, der Kindergarten und alles andere. Und die Investoren konnten sich freuen, gleich noch die Ferienheime an der Ostsee und in den Bergen „mitgenommen“ zu haben.

Rüdiger Liedtke: Die Treuhand und die zweite Enteignung der Ostdeutschen, München 1993 (edition spangenberg), S. 79.

[2] Birgit Breuel (Hrsg.): Treuhand intern, Frankfurt/Main 1993, S. 41f.

[3] Der Staatsvertrag. Grundlage der deutschen Einheit, hrsg. vom Presse- und Informationsamt der Bundesregierung, Bonn 1990, S. 12.

[4] Ebd., S. 87.

[5] In: Christa Luft: Die Lust am Eigentum. Auf den Spuren der deutschen Treuhand, Zürich 1996, S. 95.

[6] Harry Maier, in: Materialen der Enquete-Kommission „Aufarbeitung von Geschichte und Folgen der SED-Diktatur in Deutschland" (12. Wahlperiode), hrsg. vom Deutschen Bundestag, Baden-Baden 1995, Bd. III/1, S. 872.

1. April 1991 als Handlungsmaxime der THA. Unter seiner Nachfolgerin, Birgit Breuel, hieß es dann schon „Privatisierung ist die beste Sanierung“, und schließlich handelte die THA nach dem Grundsatz „Was nicht privatisierbar ist, muss liquidiert werden“.[6] In der Praxis sah das dann so aus, dass nur noch saniert werden durfte, wenn die Kosten der Liquidation größer waren als die der Sanierung. Erlaubt war auch nur eine „passive Sanierung“, die dem zukünftigen Eigner sämtliche Strukturentscheidungen hinsichtlich der Produktion überließ. In der Regel wurden hierbei nur Einrichtungen (z.B. das Heizwerk) gesichert bzw. modernisiert, die zur Aufrechterhaltung eines Betriebes unbedingt nötig waren, oder es wurden ökologische Altlasten entsorgt.

Dreiste Forderungen der Investoren

Tagebucheintrag von Klaus Schucht, Vorstandsmitglied der Berliner Treuhandanstalt:

Fast alle westdeutschen Interessenten kommen mit den anmaßendsten und teilweise dreistesten Forderungen. Niemand geniert sich, und keiner hat Bedenken, die Staatskasse, denn um nichts anderes handelt es sich, in dieser skrupellosen Form auszuplündern.

Der Spiegel, 30/2000, S. 102.

Wirtschaftskriminalität

Hans Richter, Leiter der Stabsstelle „Besondere Aufgaben“ im Direktorat Recht in der THA, über Vereinigungskriminalität:

Die schwierigsten Fälle sind eben nicht „Langfinger“, die mal eben in die Kasse greifen. Es sind kriminelle Berater oder Investoren, die mit Geschäftsführern unserer Unternehmen durch Gründung einer Vielzahl von Tochtergesellschaften im In- und Ausland, durch schwer bewertbare Technologie-Transferverträge, Beraterverträge, Franchise- und Leasingverträge u. Ä. das Firmenvermögen aushöhlen, Kapital für den Erwerb der Unternehmung aus ihr selbst ansammeln und noch Investitionsförderungen für die zu erwerbende Unternehmung fordern. ... Die von uns analysierte und aufgeklärte Kriminalität unterscheidet sich strukturell nicht von der Wirtschaftskriminalität, mit der die Schwerpunkt-Staatsanwaltschaften der alten Bundesländer seit ihrem Bestehen Anfang der 70er-Jahre beständig kämpfen: Aushöhlungshandlungen, wirtschaftliche Korruption, gesteuerte Insolvenzen u. Ä.

Treuhand Informationen, 16. Oktober 1992, S. 5.

Um den Verkauf voranzutreiben, regten die THA-Mitarbeiter – neben handfesten Verkaufsprämien – auch zu einer Art Unbedenklichkeitserlass an. In dem wurde festgelegt, dass die einzelnen Treuhandmitarbeiter für die (wirtschaftlichen) Folgen der von ihnen arrangierten Vertragsabschlüsse nicht verantwortlich gemacht werden konnten. Ebenso wenig konnte die Treuhandanstalt „für ein schadensersatzbegründendes Verhalten eines Mitarbeiters dem geschädigten Dritten gegenüber“ juristisch zur Rechenschaft gezogen werden. Tempo und geringes Risiko beim Verkauf erleichterten die Vereinigungskriminalität, gegen die Rohwedder im Februar 1991 eine Stabsstelle „Besondere Aufgaben im Direktorat Recht“ eingerichtet hatte.

Bei dem Druck zu Massenverkäufen, der vonseiten der Regierung auf die Treuhand ausgeübt wurde, hätte man entsprechende Privatisierungsformen erwarten können, z.B. öffentliche Ausschreibungen, Auktionen auf der Grundlage weltweit verschickter Angebotskataloge oder Angebote der zum Verkauf vorgesehenen Aktiengesellschaften über die Börse. Tatsächlich aber vollzog sich das Privatisierungsgeschäft in der Regel so, dass die THA die zu privatisierenden Großbetriebe potenziellen (westdeutschen) Käufern der gleichen Branche individuell zum Kauf anbot. Das in der internationalen Geschäftswelt als „discrete bargaining“ (Aushandeln des Preises mit einem einzelnen Interessenten) bezeichnete Verkaufsverfahren grenzte ausländische Bieter im ersten Jahr der Tätigkeit der Treuhand, als es um die Filetstücke der früheren DDR-Kombinate ging, zugunsten der bundesdeutschen Unternehmen weitgehend aus. Von den bis Ende April 1991 verkauften 1 600 Unternehmen der Treuhand gingen nur 64 an Käufer aus den übrigen Ländern der Europäischen Gemeinschaft sowie an die Schweiz, die USA und Japan.

Die Methode des „discrete bargaining“ erleichterte es den von der THA ausersehenen „Interessenten“ auch, ihre Forderung nach möglichst niedrigen Preisen für die übernommenen Betriebe – oftmals die symbolische 1 DM – durchzusetzen. Wie viel aber war das ehemalige Volkseigentum wirklich wert?

Im Oktober 1992 veröffentlichte das Bundesfinanzministerium unter der Ägide von Birgit Breuel

Motive für den Erwerb eines Unternehmens

Karlheinz Arnold, in der Wendezeit technischer Geschäftsführer beim Werkzeugmaschinenproduzenten „Heckert-2" in Chemnitz:

Der weltweit bekannte Name des Unternehmens, seine wertvollen Immobilien und die Marktpräsenz lockten in der Folge viele Investoren an, die mit der Treuhandanstalt unter Einbeziehung von uns als Geschäftsleitung mit mehr oder weniger seriösen Absichtserklärungen Verkaufsverhandlungen führten.
Ohne an dieser Stelle konkrete Namen zu nennen, handelte es sich dabei um deutsche Großkonzerne, Werkzeugmaschinenhersteller, insbesondere auch Wettbewerber, japanische und amerikanische Werkzeugmaschinenproduzenten sowie eine Vielzahl von Privatpersonen und Finanzgruppen.
Diese potenziellen Käufer hatten unterschiedliche Motive für ihr Interesse am Unternehmen. Sie reichten von engagierten unternehmerischen Absichten, den Standort zu erhalten und weiter auszubauen sowie Arbeitsplätze zu sichern, über Interessen an lukrativen Immobilien bis zu Absichten, mit der Übernahme einen lästigen Wettbewerber auszuschalten und insbesondere in dessen Produkt-Know-How und in die betriebswirtschaftliche Situation Einblick zu nehmen. Es hatte jeder Bewerber das Recht, im Laufe der Verhandlungen mit der Treuhandanstalt alle betrieblichen Unterlagen und Dokumente bis ins Detail einzusehen und zur Kenntnis zu nehmen.

Friedrich Thießen (Hrsg.): Zwischen Plan und Pleite. Erlebnisberichte aus der Arbeitswelt der DDR, Köln 2001 (Böhlau Verlag), S. 147.

einen Bericht des Treuhandvorstandes zur DM-Eröffnungsbilanz am 1. Juli 1990. Nach dessen Berechnungen „unter Anlegung der Maßstäbe einer wettbewerbsorientierten Unternehmensführung" belief sich der Wert des Treuhandvermögens am 1. Juli 1990 auf 30 Mrd. DM für Grund und Boden, 118 Mrd. DM für das „übrige Anlagevermögen" (Maschinen und Ausrüstungen) sowie 44 Mrd. DM für Vorräte.[7] In der Summe macht das 192 Mrd. DM. Das entspricht in etwa einem Drittel der Summe, die Rohwedder noch im Herbst 1990 nannte, als er das Treuhandvermögen auf 600 Mrd. DM schätzte. Tatsächlich konnten aber nur 37 Mrd. DM als Privatisierungserlöse verbucht werden. Dies ist aber noch nicht die Summe, die laut Einigungsvertrag an die Ex-DDR-Bürger zur Verteilung gebracht werden sollte. Der Summe

Verkauf mit Verlust

Die prominente Unternehmensberatung McKinsey über die Ursachen negativer Kaufpreise bei der Treuhand:

Die Einschätzung der Verkaufsaussichten ist im Verlauf der Privatisierungsbemühungen deutlich pessimistischer geworden. Nachdem man zunächst davon ausging, für viele Unternehmen zahlungswillige Interessenten zu finden, sah man sich schon sehr bald zu Abschlüssen mit hohen negativen Kaufpreisen gezwungen. Damit wurde bei der Privatisierung ein rein betriebswirtschaftlicher Kurs bereits verlassen, obwohl in der Öffentlichkeit weiter der Eindruck bestand, dass primär nach harten betriebswirtschaftlichen Kriterien verfahren würde.

Überlegungen zur kurzfristigen Stabilisierung und langfristigen Steigerung der Wirtschaftskraft in den neuen Bundesländern (McKinsey & Company, Inc.), Düsseldorf/München (April) 1991, S. 18.

[7] Bundesministerium der Finanzen, 15. Oktober 1992. Bericht des Vorstands zur DM-Eröffnungsbilanz der Treuhandanstalt zum 1. Juli 1990, S. 8.

Birigt Breuel (l.) während der Unterzeichnung einer Grundsatzvereinbarung zwischen der Treuhandanstalt, der Volkswagen AG und der IFA PKW AG am 18. Oktober 1990

[8] Jan Priewe, in: AG Perspektiven für Ostdeutschland (Hrsg.): Ostdeutschland eine abgehängte Region? Perspektiven und Alternativen, Dresden 2001, S. 23.

Ein verfehltes Treuhandziel

Detlev Rohwedder, Vorsitzender der Treuhandanstalt, in der ersten Lesung zum Einigungsvertrag vor der Volkskammer am 6. September 1990 über die Beteiligung der DDR-Bürger am Treuhandvermögen:

Die Beteiligung der DDR-Bürger an Aktiengesellschaften oder Kapitalgesellschaften ist eine Wunschvorstellung der Treuhandanstalt. Wir haben ja nicht als Idealvorstellung, dass die Betriebe die Gesellschaften von ausländischen oder westdeutschen Gesellschaften oder Konzernen werden, sondern ideal wäre natürlich, wenn wir sehr schnell Unternehmen der DDR zu einer solchen Blüte führen könnten, dass man sie dem anlagesuchenden Publikum anbieten kann: ... So soll es sein: eine breite Beteiligung des Publikums und der Bürger an diesem Vermögen in Form von Kapitalgesellschaften.

Daniela Dahn: Wir bleiben hier oder Wem gehört der Osten. Vom Kampf um Häuser und Wohnungen in den neuen Bundesländern, Hamburg 1994 (Rowohlt Taschenbuch Verlag), S. 59.

„Schlussbilanz der DDR-Wirtschaft"

Pressemitteilung des Bundesministeriums der Finanzen vom 15. Oktober 1992:

Die DM-Eröffnungsbilanz umfasst alle der Zeit vor dem 1. Juli 1990 zuzurechnenden Aufwendungen und Belastungen. Zusammen mit den danach anfallenden laufenden Aufwendungen bis zur Beendigung des operativen Geschäfts der Treuhandanstalt wird sich bis Ende 1994 eine Gesamtverschuldung von rund 250 Milliarden DM ergeben. Sie ist zugleich die Schlussbilanz für den größten Teil der DDR-Wirtschaft und damit das Erbe der 40-jährigen sozialistischen Planwirtschaft.

Der überwiegende Teil des Fehlbetrages entfällt auf den negativen Wert der volkseigenen Betriebe im Treuhandbereich. In erster Linie sind darin jene Beträge enthalten, die die Treuhandanstalt aufwenden muss, um in sanierungsfähigen Unternehmen die wirtschaftliche Grundlage für dauerhafte und sichere Arbeitsplätze zu schaffen. Hinzu kommen die Kosten für die Abwicklung nicht sanierungsfähiger Unternehmen.

Eröffnungsbilanz der Treuhandanstalt – ernüchternde Schlussbilanz der DDR-Wirtschaft (Bundesministerium der Finanzen), Bonn, 15. Oktober 1992, S. 1f.

von 37 Mrd. DM gegenzurechnen waren die Ausgaben, welche die Treuhand gegenüber „ihren" Betrieben durch Investitionszuschüsse, Zuwendungen für Sozialpläne, ökologische Sanierung, aber auch die Übernahme von Schulden der Betriebe aus der DDR-Zeit (Altkrediten) und durch Zinsen für nach der Wende aufgenommene Kredite usw. geleistet hatte. Das dadurch hervorgerufene Haushaltsdefizit der THA für 1990 bis 1994 belief sich auf 270 Mrd. DM.[8] Die Entschädigung der Ex-DDR-Bürger aus „ihrem" Volkseigentum bzw. eine Vergütung für die 60 Mrd. DM Umtauschverluste waren damit endgültig vom Tisch. Von den durch Entflechtung auf die Anzahl von 12300 gestiegenen Betrieben blieb eine Vielzahl auf der Strecke, ebenso 2,9 Millionen Arbeitsplätze.

Angestellte werden Mittelständler

Da die Treuhandanstalt ihre Angebote von ehemals volkseigenen Betrieben zunächst ausschließlich bestimmten westdeutschen Unternehmen gleicher Branche unterbreitete und mit dem raschen Verkauf der Ostfirmen an sie rechnete, fanden die Manager der zu verkaufenden Betriebe, obwohl sie schon vor 1989 zu Direktoren ernannt oder erst mittels Abstimmung von ihren Belegschaften als Geschäftsführer bestätigt worden waren, in den Überlegungen der THA zunächst nur Platz als Übergangslösung. Von den 130 Generaldirektoren der zentral geleiteten Kombinate war im Oktober 1991 nur noch einer „im Dienst". Die „richtigen Führungskräfte" gab es nach Auffassung der THA nur im Westen. In einer groß ange-

„Vieles hätte man besser machen können"

Klaus von Dohnany, ehemaliger Bundesminister, über Fehler in der Arbeit der Treuhand:

Warum musste man zum Beispiel die Handelsorganisationen nach Westen privatisieren, wo doch mit den Westhändlern fast zwangsläufig auch die dort üblichen Westwaren kamen? Warum musste man Grundstücke für Produktionsstätten so teuer – in der Regel weit über den heutigen Verkehrswerten – bewerten? Warum die oft tüchtigen Ostmanager aus politischen Gründen ablösen? Vieles hätte man sicher besser machen können.

Klaus von Dohnany: Die Weisheit des Marktes überschätzt, in: Die Zeit, 44/1999, S. 14.

legten Anzeigenkampagne warb 1991 eine Beratungsfirma im Auftrag der Treuhand und einiger großer Konzerne mit folgendem Text: „100 junge Kaufleute für den größten Konzern der Welt.“ Unter dem Foto eines staatsmännisch lächelnden Erich Honecker war zu lesen: „Ihn mussten wir leider entlassen. Wann fangen Sie an?“[9]

Als sich herausstellte, dass nach dem Verkauf der „Filetstücke“ die westdeutschen Konzerne wenig Interesse an der weiteren Privatisierung zeigten, entstand der THA durch die „übrig gebliebenen“ Großunternehmen ein Problem. Eine der Lösungsmöglichkeiten war die weitere Aufsplitterung der ehemaligen Kombinate und Betriebe durch Ausgliederung von früheren Abteilungen. Für die so entstandenen Betriebe sowie die kleineren Betriebe im ehemaligen Kombinatsverband brauchte man Manager – natürlich auch aus dem Westen.

„20 000 hochkarätige Manager gesucht. Kaum ein ostdeutsches Unternehmen kann ohne Westmanager auskommen“, titelte am 5. Mai 1991 die Frankfurter Allgemeine Zeitung. Von denen, die dem Ruf folgten und bei der THA vorsprachen, hatte ein großer Teil nicht nur den Managementposten im Auge, sondern wollte auch Eigentümer werden. Dabei handelte es sich vielfach um ältere Westmanager, die zuvor in westdeutschen Großunternehmen tätig waren und sich nach der Wende ein neues Betätigungsfeld suchten. Nicht wenige davon waren gerade an einem Wendepunkt ihrer Karriere angekommen oder wollten die letzten Berufsjahre vor der anstehenden Pensionierung nutzen, um noch einmal neue berufliche Herausforderungen anzunehmen. Oder sie wollten durch den Erwerb eines Kleinbetriebes lang gehegte Wünsche nach Autonomie und beruflicher Selbstständigkeit realisieren, d.h. aus der Rolle eines angestellten Managers in die eines Eigentümer-Unternehmers schlüpfen.

Diese Art der Privatisierung geschah auf dem Wege des „Management-Buy-In“ (MBI)[10]. Aufgrund ihrer beruflichen Beziehungen konnten die Antragsteller wirtschaftliche Verbindungen nutzen und direkt mit den höchsten Vertretern der Treuhandspitze in Kontakt treten, um für sich günstige Kaufkonditionen auszuhandeln. Ihre politischen Verbindungen spielten diese Manager primär dann aus, wenn es nach der Privatisierung um den Erhalt von Subventionen und Fördermit-

[9] In: Heinz Suhr: Der Treuhand Skandal. Wie Ostdeutschland geschlachtet wurde, Frankfurt/Main 1991, S. 103.

[10] MBI: Verkauf eines Unternehmens an einen Manager eines anderen Betriebes, der dieses Unternehmen nunmehr als Eigentümer und Manager führt.

Wie wird man Unternehmer?

Günter H. Münzberg, ein langjähriger Mitarbeiter der Leipziger Niederlassung der THA, über die Voraussetzungen für Ostdeutsche, „ihre“ Firmen zu kaufen:

Das Management-Buy-Out, ... war die typische Form, bei der ostdeutsche Manager die Gelegenheit erhielten, ihre Unternehmen, die sie früher schon als Betriebs- oder Fachdirektoren geleitet hatten, zu kaufen. Aber auch einfache Belegschaftsmitglieder machten von dieser Möglichkeit Gebrauch. Um das eigene Unternehmen erwerben zu können, mussten der oder die potenziellen Käufer der Treuhandanstalt neben dem Kaufantrag ein Unternehmenskonzept vorlegen, das unter anderem eine Unternehmensbeschreibung, die bisherige Entwicklung des Unternehmens und seine gegenwärtige Situation ... umfasste. Hinzu kam die Vorstellung des MBO-Teams mit Angaben zu dessen technischer oder kaufmännischer Ausbildung sowie zu Branchenkenntnissen und Markterfahrung. Mit dem Unternehmenskonzept wurden weiterhin Aussagen zur vorgesehenen Markterschließung, zur künftigen Organisationsstruktur des zu erwerbenden Unternehmens, zur Personalplanung und Finanzierung gefordert. Das Ganze war mit der Vorlage der DM-Eröffnungsbilanz sowie einem zeitnahen Jahresabschlussbericht und Kaufpreisvorstellungen zu komplettieren.

Günter Heribert Münzberg: Zu treuen Händen. Ein Insider-Bericht, Leipzig 2001 (Militzke Verlag), S. 125.

VEB auch an Ostdeutsche

Regine Hildebrandt, von 1990 bis 1999 brandenburgische Arbeits- und Sozialministerin, über das Entstehen von MBOs, 1992:

Die Treuhand hat damit begonnen Konzepte zu entwickeln, die wir am Anfang gebraucht hätten. Sie scheint begriffen zu haben, dass ihre Politik so nicht weiter gehen kann. Jetzt werden Konzepte wie MBI und MBO, also im Management-Buy-In und Management-Buy-Out für kleinere Betriebe entwickelt. ... Das wilde Privatisieren hat einer gewissen Vorsicht Platz gemacht.

Rüdiger Liedtke: Die Treuhand und die zweite Enteignung der Ostdeutschen, München 1993 (edition spangenberg), S. 74f.

[11] MBO: Verkauf eines Unternehmens an eine Gruppe betriebszugehöriger Manager, die dadurch auch zu Eigentümern des Unternehmens werden.

teln ging. Dabei nutzten sie gezielt bestehende Kontakte zu ihren Landesregierungen, von denen viele die Patenschaft für den Aufbau der Landesverwaltungen im Osten übernommen hatten. Eine Anzahl Manager verfügte auch über direkte Verbindungen zur Bundesregierung und nutzte diese.

Den Gedanken, auch Ostmanagern die Möglichkeit zu geben, sich in „Unternehmer-Eigentümer" zu verwandeln, was als „Management-Buy-Out" (MBO)[11] möglich war, hatte die THA zunächst nicht ernsthaft erwogen. Als drei leitende Angestellte des ehemaligen VEB Florena Waldheim-Döbeln, der im Juni 1990 in die „Florena Cosmetic GmbH" umgewandelt worden war, sich entschlossen, „den Betrieb zu erhalten und unternehmerisch tätig zu sein", stießen sie im November 1990 bei der THA in Berlin erst einmal auf Abwehr: „Damals galt noch die Regel, dass ein Unternehmen nur an kapitalkräftige westliche Investoren verkauft werden könnte."

Von der Abgabe des ersten Unternehmenskonzeptes bis zum perfekten Kaufvertrag für die Florena-Manager vergingen fast anderthalb Jahre. Die drei wurden im Februar 1992 zu gleichen Teilen Firmeneigner und gleichberechtigte Geschäftsführer und hatten sich allesamt „millionenfach verschuldet". Zuvor aber hatten sie sich von der THA, den Banken und sogar behördlich (Überprüfung auf eventuelle Verbindungen zum MfS) durchchecken lassen müssen.

Ein Teil der Probleme, die die Florena-Führungskräfte mit der Treuhandanstalt hatten, beruhten auf dem frühen Zeitpunkt, zu dem sie den Antrag stellten. Ende 1991, Anfang 1992, als die THA nicht mehr umhin konnte, zu akzeptieren, dass sich weder die verbleibenden Großbetriebe noch die Masse der schon vorher existierenden oder durch Aufsplitterung geschaffenen Kleinbetriebe an westdeutsche Konzerne oder Manager würden verkaufen lassen, korrigierte die THA ihre

Im Jahr 1977 erhielt der VEB Florena Waldheim eine so genannte neue Fließreihe zum Abfüllen verschiedener kosmetischer Wässer. Ca. 20 000 Arbeitsstunden sollten durch die Anlage in der Abteilung Abfüllung eingespart werden

Sektkellerei Rotkäppchen in Freyburg/Unstrut: Historischer Gebäudeteil, der zu DDR-Zeiten in Betrieb war

restriktive Haltung gegenüber potenziellen MBO-Privatisierungen.

Im Unterschied zu den Westdeutschen, die eine Privatisierung über MBI anstrebten, liebäugelte die Masse der ostdeutschen Leitungskräfte in Klein- und Mittelbetrieben - anders auch als die Florena-Manager - zunächst nicht mit der Privatisierung. Erst als sich immer stärker abzuzeichnen begann, dass die Betriebe keine Käufer finden bzw. in eine desolate wirtschaftliche Situation abgleiten würden und deshalb liquidiert werden sollten, entschlossen sie sich zum Management-Buy-Out. Im Gegensatz zur Gruppe der Westunternehmer, die ihre Privatisierungen relativ zügig und fast komplikationslos abschließen konnten, verliefen die Privatisierungsverhandlungen der MBOler eher schleppend.

Nicht selten erfolgte die Eigentumsübertragung erst nach mehrmaligen gescheiterten Anläufen, wobei ein Haupthemmnis wohl die von den Leitungskräften der THA vorgelegten unzureichenden oder wenig erfolgversprechenden Sanierungs- und Unternehmenskonzepte darstellten. Ostdeutsche Führungskräfte konnten ihre Nachteile vor der THA weitgehend kompensieren, wenn es ihnen gelang, sich mit einem Westmanager zusammenzutun, also MBI und MBO zu kombinieren.

Der heute wohl bekannteste Unternehmer-Eigentümer-Betrieb dieser Kombination ist die „Rotkäppchen-Sektkellerei GmbH" in Freyburg/Unstrut. Die Chancen dieses Betriebes, zu überleben, schätzte die THA als gering ein, nachdem sich die Ostdeutschen dem Westsekt zugewandt hatten, das bisherige DDR-Renommierunternehmen 80 Prozent seines Umsatzes innerhalb eines Jahre einbüßte und die von der THA zur Besichtigung eingeladenen westdeutschen Sekthersteller von Faber bis „Mumm" den Betrieb als völlig marode charakterisiert hatten.

Vier Manager aber, das „Aus" des Unternehmens vor Augen, suchten - ohne selbst über genügend beleihbares Vermögen zu verfügen, mit dem sie ein MBO hätten beantragen können - und fanden einen westdeutschen Manager aus der Branche, der bereit war, nach Freyburg umzusiedeln und mitzumachen, „weil einem so etwas Spannendes wie die Pionierarbeit zur Rettung eines Traditionsbetriebes in die Zukunft nur einmal im Leben geboten wird". Dieser machte auch als weiteren Geldgeber die Familie Eckes-Chantré ausfindig, welche 60 Prozent der Kaufsumme aufbrachte. Die - nunmehr - fünf Manager beschafften die „restlichen" 40 Prozent, sodass die Freyburger Firma 1993 von der THA freigegeben wurde.

Eine dritte Gruppe von Unternehmer-Eigentümern, die 1990 und danach THA-Eigentum übernahm, waren die Reprivatisierer. Es handelte sich bei ihnen um Besitzer von halbstaatlichen und privaten Industrieunternehmen, die 1972 im Ergebnis eines „Umwandlungsprozesses" verstaatlicht worden waren.

Die Regierung Modrow hatte bereits im Januar 1990 ein „Reformkonzept" vorgelegt, in welchem die Rückgabe dieser Unternehmen an die vormaligen Besitzer oder ihre Nachkommen bzw. Erben zugesichert wurde. Mit diesen Privatisierungen konnte die Regierung Modrow ihre Bereitschaft demonstrieren, im Rahmen der Wirtschaftsreform Eigentumspluralismus in der DDR einzuführen. Bis zur Währungsunion wurde von der THA auch zügig reprivatisiert, danach jedoch gerieten die Anträge zunehmend in den Privatisierungsmechanismus des zweiten Treuhandgesetzes.

Von da ab schleppten sich die Verhandlungen nur noch ziemlich mühsam dahin. Grund war die unsichere Rechtslage, die geringe Kenntnis des nunmehr geltenden Rechts seitens der Antragsteller und die ungeklärte Frage der Eigentumsverhältnisse. Ferner wirkte es sich erschwerend aus, dass die regionalen Treuhandniederlassungen, die für die Kleinbetriebe zuständig waren, sich noch in der Aufbauphase befanden. Hinzu kamen Bedenken der Treuhand über die Managementfähigkeiten der ehemaligen Eigentümer bzw. deren Erben, die Sanierungsfähigkeit der Unternehmen und die Zuständigkeit der ehemaligen Besitzer für die „Altschulden", d.h. die in VEB-Zeit an „ihre" Betriebe vergebenen Investitionskredite. Daraus ergaben sich zähe Kämpfe zwischen Alteigentümern und THA-Niederlassungen, die zum Teil erst 1994/95 beigelegt wurden. Erst dann konnten die Akten über insgesamt 1 588 Reprivatisierungen geschlossen werden.

Kein Eigenkapital für Investitionen

Bernd Kippig, Angestellter im elterlichen Geschäft, über die Entwicklung des reprivatisierten Unternehmens nach der Wende:

Auf jeden Fall hat sich das Geschäft gut entwickelt. Die Räume wurden zu klein. Für die Expansion halbprivater Betriebe gab es im Sozialismus natürlich keine Räume. Zuerst haben wir deshalb den Friseur(laden) in unserer Immobilie übernommen, dann den Photoladen, als beide aufgaben. Dann war das Gebäude ausgeschöpft. Auf 150 qm Verkaufsfläche hatten wir 6 Mio. Ostmark Umsatz. Dazu hatten wir außerhalb von Chemnitz eine kleine Produktion mit Abpackanlage und Konfektionierung. Nach der Wende war die Nische des Handels mit Überplanbeständen natürlich nicht mehr da. Die Spannen für unser Sortiment rutschten in den Keller. In Innenstädten mit den hohen Mieten kann man solch ein Geschäft schon gar nicht mehr betreiben. Wir standen also vor der Entscheidung, einen modernen Baumarkt auf der grünen Wiese zu errichten oder aufzugeben. Oder vielleicht noch eine abgegrenzte Zeit weiterzumachen wie bisher.

Für Investitionen auf der grünen Wiese hatten wir kein Eigenkapital. Das Risiko einer Investition mit 12 Mio. DM Kredit war uns zu hoch. Wenn man die Entwicklung bei den Baumärkten sieht, dann war die Entscheidung richtig. Wir wären heute pleite.

Deshalb haben wir die Schiene aus der Vorkriegszeit wieder aufgebaut. Wir begannen wieder die Handwerker mit Waren zu beliefern. Unsere Mitarbeiter mussten plötzlich umlernen: Nicht mehr im Erzgebirge Waren abholen, sondern Ware hinbringen und dort verkaufen. Dieser Zweig hat sich dann ganz gut entwickelt, während der Einzelhandel zurückging. 1994 haben wir ihn geschlossen.

Friedrich Thießen (Hrsg.): Zwischen Plan und Pleite. Erlebnisberichte aus der Arbeitswelt der DDR, Köln 2001 (Böhlau Verlag), S. 81f.

„Sozialverträgliche Personalanpassung" und „ABM-Karrieren"

Zum Programm der „passiven Sanierung", das die Treuhandanstalt bei den ihr unterstehenden Betrieben durchsetzte, um sie für private Investoren attraktiver zu machen, gehörte die „Personalanpassung". Damit war die Verringerung der Beschäftigtenzahl auf einen mit den alten Bundesländern vergleichbaren geringeren Personalbestand gemeint.

Diese Personalreduzierung sollte, wenn sie schon unvermeidlich war, „sozialverträglich" sein. Dafür kämpften Betriebsräte, Gewerkschaften und ostdeutsche Landesregierungen. Das bedeutete u.a., dass Entlassungen, die soziale Härtefälle darstellten (z.B. alleinstehende Mütter mit mehreren Kindern), nicht vorgenommen wurden, solange noch Personen gekündigt werden konnte, für die die Auswirkungen weniger gravierend waren (z.B. junge ledige Beschäftigte). Sozialverträglich bedeutete aber auch, dass die Entlassenen keine

Betriebliche Alterspyramide in Schieflage

Hans Apel, ehemaliger Bundesminister und zeitweiliger Aufsichtsratsvorsitzender eines ostdeutschen Energieunternehmens, über Sozialauswahl und die damit verbundenen Probleme der Personalreduzierung:

Für die LAUBAG [Lausitzer Braunkohle AG] ergibt sich heute ein spezifisches Personalproblem, das man in vielen Ostbetrieben vorfindet. Ein Teil der jüngeren Arbeitnehmer wird über die so genannte „Sozialauswahl" entlassen. Die Auszubildenden werden seit Jahren nicht übernommen. Bis zum Jahrgang 1947 sind alle Älteren „raus". Das Unternehmen hat weder ältere, erfahrene Arbeitnehmer noch dynamische Jugend. Das Durchschnittsalter liegt bei 42 Jahren. Und um diesen Wert herum bewegt sich das Lebensalter der LAUBAG-Mitarbeiter. In gut einem Jahrzehnt können sie alle gemeinsam in den Vorruhestand gehen. Zu einem Unternehmen mit Zukunft gehört aber auch eine Alterspyramide ihrer Arbeitnehmer, die solche vom massiven Personalabbau erzwungenen Deformationen überwindet. Das ist uns bisher nicht gelungen, weil die Personalpolitik der LAUBAG seit der deutschen Einheit unter dem einseitigen Diktat des anhaltenden Personalabbaus steht.

Hans Apel: Zerstörte Illusionen. Meine ostdeutschen Jahre, Stuttgart 2000 (Deutsche Verlagsanstalt), S. 147.

Ausgliederung als Rettungsboot

Bernd Schnabel, ehemaliger Betriebsratsvorsitzender des Kraftwerks Hagenwerder, über die Haltung der Betriebsräte zu Ausgliederungsvorhaben der Betriebsleitung:

Die schrittweise Ausgliederung der Instandhaltung war für die Betriebsräte eine innere Zerreißprobe. Die betroffenen Kollegen wollten Schutz gegen diese Maßnahme, von der wir wussten, dass die Alternative dazu Kündigungen gewesen wären. Also rieten wir, in die angebotenen Rettungsboote zu steigen, was uns den Vorwurf einbrachte, nicht auf ihrer Seite zu stehen.

Jörg Roesler/Dagmar Semmelmann: „... ohne Energie geht gar nichts!" Die ostdeutsche Energiewirtschaft von den Kombinaten zur VEAG (1980–2001), Berlin 2001 (Vereinigte Energiewerke AG), S. 117.

Einkommenseinbußen erleiden sollten, die ihren Lebensstandard erheblich minderten.

Die Arbeitnehmervertreter bemühten sich, die blanke Entlassung („betriebsbedingte Kündigung") zu verhindern und die „Personalanpassung" auf dem Wege der Auflösung des Arbeitsverhältnisses im gegenseitigen Einverständnis (d.h. per Aufhebungsvertrag) zu erreichen. Sie kämpften für Abfindungen bzw. Übergangslösungen, wie z. B. eine betriebliche Zusatzfinanzierung der Arbeitslosigkeit bis zum Rentenbeginn für Vorruheständler. Sie kämpften dafür, dass die früheren VEB, die auf dem Weg zum „schlanken" Betrieb sowohl Forschungs- und Instandhaltungsabteilungen als auch ehemalige Konsumgüterproduktionen und den erst in den 80er-Jahren aufgebauten Rationalisierungsmittelbau wieder abstießen, dies auf dem geregelten Wege der Ausgliederung machten. Sie achteten darauf, dass die ehemaligen „Mutterbetriebe" ihren zwangsweise verselbstständigten Unternehmen zumindest in den ersten Jahren gewisse Auftragsgarantien mitgaben. Der Kampf gegen den eigentlichen Personalabbau aber, den die Betriebsräte zunächst auch führten, zumindest soweit es sich um die Reduzierung der Stammbelegschaft handelte, erwies sich rasch als aussichtslos.

Der Personalabbau, der bald jede Grenze überschritt, die aus der Geschichte der Bundesrepublik aus Krisenzeiten oder Krisenregionen bekannt war, behagte auch vielen Vorständen der privatisierten Unternehmen nicht. Vor allem die Arbeitsdirektoren in den mitbestimmten Aufsichtsräten setzten sich vehement dafür ein, die „Personalanpassung" auch mithilfe betrieblicher Zahlungen sozialverträglich zu gestalten. Je schärfer aber die Absatzkrise und je stärker die daraus folgende Produktionseinschränkung wurde, desto eher kam es zu „betriebsbedingten Kündigungen", d.h. zu Entlassungen ohne Wenn und Aber.

Gegen Entlassungen „bis zum Gehtnichtmehr" versuchte die Treuhand ab 1991 Vertragsklauseln einzubauen. In einer Beschäftigungsklausel hatte sich der Käufer zu verpflichten, eine festgelegte Anzahl von Vollzeitarbeitsplätzen „zu schaffen oder zu sichern und zu besetzen". Unterschritt der Investor die vereinbarte Arbeitsplatzzahl innerhalb des vereinbarten Zeitraumes und versäumte er, frei werdende Stellen wieder zu besetzen, so hatte er eine Vertragsstrafe an die Treuhand zu zahlen. Diese Strafe, als Pönale bekannt geworden, wurde pro Arbeitsplatz berechnet und betrug bei einem Jahr Unterbesetzung 24 000 DM pro Ar-

Von ABM zu ABM

Regine Hildebrandt, von 1990 bis 1999 brandenburgische Arbeits- und Sozialministerin, 1996 über die abnehmende Resonanz auf Arbeitsbeschaffungsmaßnahmen (ABM) und Qualifizierungsangebote ihres Ministeriums bei den Arbeitslosen:

In der ersten Zeit nach der Wende wurden ABM- und Qualifizierungsangebote mit Begeisterung angenommen, sie waren mehr als ein Strohhalm, an den sich die Arbeitslosen klammerten – sie waren eine große Hoffnung. Doch der mit viel Engagement, Aufwand und Geld in Angriff genommene Bau einer beschäftigungspolitischen Brücke, die in bessere Zeiten hinüberführen sollte, hat sein wichtigstes Ziel nicht erreicht. Die wirtschaftliche Entwicklung ist nicht schnell genug vorangekommen, die Lage auf dem Arbeitsmarkt hat sich nicht stabilisiert; die Brücke reicht nicht bis ans andere Ufer, sie schwebt unvollendet irgendwo über dem Abgrund und wird von provisorischen Pfeilern gestützt. Die meisten ABM-Stellen lassen sich nicht in feste Arbeitsplätze verwandeln. Die Begeisterung ist vielerorts in Enttäuschung umgeschlagen, das Engagement in Müdigkeit. ... „Wir machen das nicht mehr lange mit", höre ich immer häufiger, „ABM, Arbeitslosigkeit, Umschulung, Arbeitslosigkeit, ABM, Arbeitslosigkeit, Fortbildung, Arbeitslosigkeit ... Nichts als Unruhe, keine Kontinuität in der Arbeit, und am Ende stehen wir immer wieder da, wo wir am Anfang standen."

Regine Hildebrandt: Wer sich nicht bewegt, hat schon verloren, Bonn 1996 (Verlag J.H.W. Dietz Nachfolger), S. 75f.

Die Besten gehen in den Westen

Die Unternehmensberatung McKinsey 1991 über die Abwanderung von Fachkräften aus den neuen in die alten Bundesländer:

Insbesondere dürften die fähigsten Mitarbeiter solche Unternehmen verlassen, die eine Perspektive, z.B. durch Übernahme, nicht erkennen lassen und bei denen umfassende Umstrukturierungsmaßnahmen (inklusive der erforderlichen Investitionen) nicht kurzfristig eingeleitet werden. Die Abwanderung von Leistungsträgern auf allen Ebenen hat in den letzten Monaten schon in hohem Maße stattgefunden, wie viele Einzelbeispiele zeigen, ohne dass diese Entwicklung statistisch erfasst werden kann. Dieser Arbeitskräfteverlust geht zum Teil so weit, dass die technische Betriebssicherheit gefährdet ist. Gerade größeren Unternehmen droht zunehmend der Verlust ihrer dynamischsten Führungskräfte, weil diese es vorziehen, für West-Unternehmen zu arbeiten oder in kleineren Einheiten eine unternehmerische Aufgaben zu übernehmen.

Überlegungen zur kurzfristigen Stabilisierung und langfristigen Steigerung der Wirtschaftskraft in den neuen Bundesländern (McKinsey & Company, Inc.), Düsseldorf/München (April) 1991, S. 19.

beitsplatz. Nach Angaben der Treuhand konnten bis 1993 ca. 20 Prozent der Investoren ihre Vereinbarungen nicht einhalten. Wenn sie sich in Zahlungsschwierigkeiten befanden, wollte sich die Treuhand dem Argument der Unternehmen, dass der Einzug der Pönale die völlige Zahlungsunfähigkeit herbeiführen könnte, allerdings nicht entziehen und verzichtete dann auf die Vertragsstrafe.

Wer erst einmal „auf der Straße lag", hatte bei der jahrelang rückläufigen Beschäftigtenzahl – sie betrug 1997 nur noch ein Fünftel des Ausgangsniveaus von 1989 –, auf sich allein gestellt, nur beschränkte Möglichkeiten, wieder einen Arbeitsplatz zu finden. Die aussichtsreichste Lösung war noch, in den alten Bundesländern Arbeit (als Pendler) oder Arbeit und einen neuen Lebensmittelpunkt (durch Abwanderung) zu finden. Dieser Weg stand allerdings nur bestimmten Gruppen von Arbeitslosen offen, die in Grenzregionen lebten bzw. jung und qualifiziert waren. Die meisten Arbeitslosen in den neuen Bundesländern griffen, nachdem die von ihnen noch am ehesten akzeptierte Kurzarbeit 1993 auf ein Zehntel reduziert

Der Abriss der Leuna-Werke war ein Großprojekt, finanziert durch Mittel des Arbeitsamtes

worden war, als Überbrückung für die Zeit der Suche nach einem neuen Arbeitsplatz auf dem ersten Arbeitsmarkt zum „zweiten", d.h. auf Arbeitsbeschaffungsmaßnahmen (ABM) bzw. Qualifizierungsangebote zurück.

Im Jahre 1993, als die Zahl der registrierten Arbeitslosen bei 1,1 Millionen lag, befand sich eine weitere Viertelmillion in ABM und ähnlichen Beschäftigungsverhältnissen und eine Drittelmillion in der beruflichen Weiterbildung. Gleichzeitig gab es 850 000 Empfänger von Vorruhestands- bzw. Altersübergangsgeld, das aufgrund staatlicher Finanzierungsregelungen teilweise betrieblich aufgestockt worden war.

Bis 1999 war die Anzahl der offiziell registrierten Arbeitslosen auf 1,3 Millionen angestiegen, die Zahl der von ABM- und ähnlichen Projekten erfassten lag nach wie vor bei einer Viertelmillion, während die Anzahl der geförderten Teilnehmer beruflicher Weiterbildung auf 140 000 abgesunken war. Der Vorruhestand wurde staatlicherseits nicht mehr finanziert.

Die aktive Arbeitsmarktpolitik konnte also ihr Ziel, die rasche Integration der Arbeitslosen über Arbeitsbeschaffungsmaßnahmen in den regulären (ersten) Arbeitsmarkt zu fördern, nur in beschränktem Maße erreichen. Die Quote liegt in den neuen Bundesländern seit Jahren durchgehend unter 50 Prozent, in vielen Regionen sogar unter 35 Prozent - aber z.B. in Süddeutschland bei über 50 Prozent bis sogar über 66 Prozent.

Gerade in Ostdeutschland ergaben sich für viele Arbeitslose langfristige Perioden, in denen sie von Maßnahme zu Maßnahme gereicht wurden, ohne in den regulären Arbeitsmarkt integriert zu werden - die so genannten „ABM-Karrieren".

Im Laufe der 90er-Jahre lag gleichzeitig, trotz des immensen Aufwandes an staatlichen Mitteln und der außergewöhnlichen Anstrengungen aller Arbeitsmarktakteure, der Anteil der Langzeitarbeitslosen an der Gesamtzahl der Arbeitslosen mit 35 Prozent über dem (im internationalen Vergleich ohnehin hohen) westdeutschen Niveau - mit steigender Tendenz.

Offensichtlich taugen die in der Bundesrepublik seit Ende der 60er-Jahre für Zeiten der Wachstumsverminderung bzw. -stockung entwickelten Arbeitsbeschaffungsmaßnahmen wenig für eine sich in der Deindustrialisierung befindliche Region mit fast kontinuierlich zurückgehendem Arbeitskräftebedarf.

ABM-Arbeiter in Leuna, 1992. Er muss seinen Betrieb eigenhändig zerlegen. Große Teile des Werkes werden verschrottet, andere von der Treuhand verkauft

Rettung industrieller Kerne

Bis in das Jahr 1991 hinein hielt die Bundesregierung an ihrer Zuversicht fest, die Selbstheilungskräfte des Marktes würden Umfang und Struktur der Wirtschaft in den neuen Bundesländern schon effektiv regeln, wenn man Plan- durch Marktwirtschaft und Staats- durch Privateigentum ersetze. Obwohl der ordnungspolitische Umgestaltungsprozess seit der Währungsunion ab Juli 1990 rasch vorangetrieben wurde, konnten aufmerksame Beobachter schon nach wenigen Monaten erkennen, dass sich, ungeachtet einer Anschubfinanzierung in dreistelliger Millionenhöhe, in der Ex-DDR nicht von selbst ähnliche Strukturen wie im Westen Deutschlands entwickeln würden, auch wenn die staatlichen Rahmenbedingungen für die Wirtschaftstätigkeit inzwischen in Ost und West bereits die gleichen waren.

Das Absinken des Industrieanteils an der Wirtschaftsleistung war zunächst von den Fachleuten auf die leichte Schulter genommen worden. Den Rückgang des hohen Industrieanteils der DDR, der 1989 dem der Bundesrepublik vom Anfang der 70er-Jahre entsprach, wertete man als Zeichen dafür, dass sich die ostdeutsche Wirtschaft modernisiere und die anteilige Schrumpfung sozusagen von selbst aufhören werde, wenn die für den west-

Die Schlüsselrolle des verarbeitenden Gewerbes

Die Unternehmensberatung McKinsey über die volkswirtschaftliche Bedeutung der Erhaltung der ostdeutschen Industrie:

Eine Schlüsselrolle für die gesamtwirtschaftliche Situation der neuen Bundesländer kommt dem verarbeitenden Gewerbe zu. Hier ist mit rund 3,2 Millionen Beschäftigten der größte Teil der heutigen Arbeitsplätze konzentriert. Diese Arbeitsplätze haben zudem besonderes Gewicht, weil von ihnen beträchtliche Multiplikatoreffekte ausgehen: Ein Arbeitsplatz im verarbeitenden Gewerbe zieht je nach Branche etwa ein bis zwei weitere Arbeitsplätze in einem anderen Bereich des verarbeitenden Gewerbes oder im (produktionsnahen) Dienstleistungsbereich nach sich. Auch für den innerdeutschen Handel sowie für den Außenhandel kommt diesem Bereich eine dominierende Bedeutung zu. Gleichzeitig stellt er – entsprechend den (mit Vorsicht zu betrachtenden) Eröffnungsbilanzen – einen großen Teil des ostdeutschen Volksvermögens.

Überlegungen zur kurzfristigen Stabilisierung und langfristigen Steigerung der Wirtschaftskraft in den neuen Bundesländern (McKinsey & Company, Inc.), Düsseldorf/München (April) 1991, S. 14.

Textilbetrieb der LAUTEX in Nengersdorf/Sachsen, ein ehemaliger VEB, inzwischen privatisiert: Textilarbeiterin in der letzten verbliebenen Produktionshalle, 1992. Die gesamte Branche war stark von Pleiten betroffen

Die Kräfte des Marktes unterschätzt

Klaus von Dohnany, ehemaliger Bundesminister, Manager und Berater der Treuhandanstalt, über die Ursachen der Deindustrialisierung in Ostdeutschland:

Eines musste man 1990 also wissen: Produkte, Preise, Qualität und Unternehmensführung der alten Bundesrepublik und des Westens überhaupt waren denen des Ostens so überlegen, dass ohne zusätzlichen Schutz das marode Wirtschaftsgebäude des Ostens in wenigen Wochen zusammenbrechen würde. Die „Markt"-Wirtschaftler aber unterschätzten erstaunlicherweise die Kräfte des Marktes.
Und in dieser Unterschätzung der Folgen des überlegenen Westens lag ein entscheidender Fehler der Aufbaustrategie Ost. Marktkräfte und Wettbewerb bauen nämlich nicht nur auf – sie können unterlegene Wirtschaftssysteme im offenen Wettbewerb auch einreißen.

Klaus von Dohnany: Den Markt unterschätzt, in: Die Zeit, 44/1999, S. 14.

Industrieller Kahlschlag droht!

Betroffenheit bei den Experten des Instituts für Wirtschaftsforschung Halle über das Ausmaß der Deindustrialisierung in Ostdeutschland:

Die Kritik an der Treuhand richtet sich weniger gegen die Priorität von Privatisierungsaktionen als solche, sondern wird von der Sorge bestimmt, dass sie einem industriellen Kahlschlag Vorschub leistet. Es muss Beunruhigung auslösen, wenn von den ursprünglich 3,3 Millionen Beschäftigten im verarbeitenden Gewerbe z. Zt. nur noch 1,2 Millionen tätig sind und damit die industriellen Kerne in Ostdeutschland abzuschmelzen drohen. Ohne diese Basis wird aber der Neuaufbau moderner Industrieregionen nicht möglich sein. ... Es wird sich auch aus sozialen Gründen der politische und gewerkschaftliche Druck verstärken, die Treuhandanstalt noch stärker als bisher zur Sanierung und Erhaltung von industriellen Kernen einzusetzen.

Ostdeutschland 1992 und 1993: Zwischen Skepsis und Hoffnung. Auszüge aus dem Herbstgutachten (Institut für Wirtschaftsforschung Halle), Halle/Berlin 1992, S.4.

lichen Teil Deutschlands typischen Werte erreicht seien. Umso bestürzter musste man dann erkennen, dass die Deindustrialisierung sich nicht an irgendwelche imaginären Grenzen hielt, sondern bald ein nie erwartetes Ausmaß erreichte. De facto wies das noch am stärksten industrialisierte Bundesland im Osten – Sachsen – einen geringeren Industrialisierungsgrad auf als das am wenigsten industrialisierte Bundesland des Westens – Schleswig-Holstein.

Zur Durchsetzung einer raschen Wirtschaftseinheit war ein neoliberales Konzept ausgewählt worden, das allein auf private Investoren setzte. Da sich Zweifel an diesem Konzept eigentlich verboten, kam die Bundesregierung nach einigen Monaten des Nachdenkens zum Entschluss, die Investitionsanreize für Investoren direkt und indirekt stärker zu fördern. Im Frühjahr 1991 beschloss das nach den ersten gesamtdeutschen Wahlen vom Dezember 1990 gebildete dritte Kabinett Kohl das „Gemeinschaftswerk Aufschwung Ost". Das Sieben-Punkte-Programm umfasste u. a. die Entwicklung einer leistungsfähigen Infrastruktur, um Industrieansiedlungen zu erleichtern, den Abbau von bürokratischen Investitionshemmnissen (die in Zusammenhang mit dem Prinzip der Restitution von Eigentum aufgetreten waren) und die Förderung privater Investitionen durch Zuschüsse, Kredite und Abschreibungsmöglichkeiten von bis zu 50 Prozent im ersten Jahr.

Die neuen Fördermaßnahmen bewirkten jedoch gerade für diejenigen Großbetriebe wenig, die nach dem Verkauf der „Filetstücke" übrig geblieben waren. Zahlreiche westdeutsche Konzerne waren nach dem Abflauen des „Vereinigungsbooms" von 1992/93 in die bisher schwerste Wirtschaftskrise der Bundesrepublik geraten. Ihnen stand der Sinn eher nach Schließung überzähliger Produktionsstätten als nach dem Erwerb neuer Kapazitäten im Osten, die nach ihrer Modernisierung den Absatz der Firmen im Westen nur schmälern konnten. Die Düsseldorfer Wirtschaftsvereinigung Stahl z.B. machte aus ihrer Meinung keinen Hehl. Sie vertat den Standpunkt, dass angesichts einer weltweiten Stahlkrise die kleineren Stahlstandorte in Deutschland wie das Eisenhüttenkombinat Ost (EKO) an der Oder sowie die Bayerische Maxhütte und Krupp/Hoesch in Rheinhausen geschlossen werden sollten.

Ähnlich urteilten die westdeutschen Kalibergbauunternehmen. Nur handelte es sich bei den Kaligruben in Thüringen und Sachsen-Anhalt nicht um kleinere Werke, sondern um Förderstätten, die dem westdeutschen Kalibergbau qualitativ und

[12] Der Spiegel, 30/2000, S. 102ff.

[13] René Heilig/Knut Holm: Signal Bischofferode, Berlin 1993, S. 81.

quantitativ durchaus ebenbürtig, wenn nicht überlegen waren (Produktion von 3,4 Mill. Tonnen 1989 im Vergleich zu 2,4 Mill. Tonnen in der Bundesrepublik). Das Interesse der in Kassel angesiedelten BASF-Tochter Kali und Salz (K+S) an der zum Verkauf stehenden Mitteldeutschen Kali AG war einzig und allein von ihrer Sorge um die eigene Produktion und Beschäftigung bestimmt. Der u.a. für den Bergbau zuständige Treuhandvorsitzende Schucht notierte in sein Tagebuch: „Nach Schneider [ein K+S-Vorstand] muss die deutsche Kaliindustrie in eine Hand, weil zwei deutsche Gruppen auf dem Markt sich einen tödlichen Preiskampf liefern würden. Die Kali und Salz arbeitet mit Verlust."[12] Die Treuhand ließ vom Investmenthaus Goldmann Sachs einen Fusionsvorschlag erarbeiten. Danach sollten die Kasseler 51 Prozent der Aktien erhalten und als Gegenwert ihre Werke einbringen (49 Prozent blieben bei der THA). Damit hatten die Kasseler im deutschen Kalibergbau das Sagen. Der Konzern einigte sich im Dezember 1992 mit der THA über die Schließung der meisten Thüringischen Kaligruben, darunter auch des Thomas-Müntzer-Schachtes in Bischofferode (zum 31. Dezember 1993). Für diesen Schritt hatten sie sich auch die Zustimmung der zuständigen Gewerkschaft IG Bergbau und Energie gesichert, welche die Schließung der meisten Thüringer Schächte als „entscheidende Weichenstellung für das Überleben des deutschen Kalibergbaus" guthieß.[13]

Die Kumpel des Schachtes antworteten mit einer Erklärung, die Entscheidung der Treuhand nicht widerspruchslos hinnehmen zu wollen. Es folgten Protestkundgebungen vor Ort, in Bonn und vor dem Treuhandgebäude in Berlin. Letztere verlief nicht mehr friedlich. Im April 1993 begann bei laufender Produktion die Besetzung des Werkes durch die Kumpel. Als die THA ungeachtet einer Solidaritätswelle in ganz Deutschland am 1. Juli entschied, auf der Fusion zu beharren, traten die ersten zwölf Kumpel des Bischofferoder Schachtes in den Hungerstreik, denen sich später unter Tage weitere anschlossen. Das Medienaufsehen war groß. Die Frage, ob der Fusionsvertrag bleiben oder zurückgenommen werden solle, spaltete Parteien und Parlamente. Unter der Losung „Bischofferode ist überall" fanden Solidaritätskundgebungen und Protestkundgebungen in allen Teilen Ostdeutschlands statt. Schließlich gelang es der Thüringischen Landesregierung mit dem Versprechen, den Aufbau von Ersatzbeschäftigungskapazitäten zu bezahlen, den Hungerstreik zu beenden

Kupferbergbau in Sangershausen: das Mansfeld-Kombinat „Thomas Münzer Schacht". Das große am Hauptgebäude angebrachte Mosaik aus Keramikplatten zeigt im oberen Drittel das Emblem der deutsch-sowjetischen Freundschaft

Streik der Kalikumpel am Werkstor zum Kaliwerk in Bischofferode in Thüringen am 9. April 1993

Abwanderung der Fachleute verhindern!

Der damalige brandenburgische Ministerpräsident Manfred Stolpe beim Besuch von Eisenhüttenstadt am 20. November 1991, nachdem ihm 8 000 an diesem Tag gesammelte Unterschriften für den Erhalt des Stahlstandortes überreicht worden waren:

Es ist nicht so, dass alles vergessen werden muss, was Frauen und Männer hier an diesem Standort vor dem 3. Oktober 1990 geschaffen haben, und sie haben gute Arbeit geleistet, und es sind hochqualifizierte Menschen, und es tut mir weh, wenn ich die Fachleute aus Eisenhüttenstadt heute in Hamburg oder in Duisburg treffe und wenn mir dort die Unternehmer sagen, das sind prächtige Leute, davon können wir noch einige gebrauchen. Liebe Kolleginnen und Kollegen, wir wollen die Fachleute aus Eisenhüttenstadt in Eisenhüttenstadt einsetzen. Hier werden sie gebraucht, hier sollen sie Arbeit finden.

Herbert Nicolaus/Lutz Schmidt: Einblicke. 50 Jahre EKO Stahl, Eisenhüttenstadt 2000 (EKO Stahl GmbH), S. 257.

Nicht einfach die Lichter ausschalten!

Hans-Peter Neumann, EKO-Arbeitsdirektor, über seine Beteiligung an der Aktion „Eisenhüttenstadt muss leben“:

Von der Unternehmensleitung den Tag X zu fordern, an dem in der EKO Stahl AG die Lichter ausgehen, ist eine Forderung, die der Vorstand nicht erfüllen kann und auch nicht erfüllen will. Ich komme aus einer Krisenregion im Ruhrgebiet. In Eisenhüttenstadt bin ich nicht angetreten, um hier die Lichter auszuschalten, sondern ich sehe meine Aufgabe darin, diese Unternehmen neu zu strukturieren und neue Beschäftigungsfelder zu schaffen mit dem Ziel, den Standort Eisenhüttenstadt zu erhalten. In Vorbereitung auf die Betriebsversammlung, in Gesprächen mit den gewählten Vertretern habe ich mich entschieden, mich in die erste Reihe zu stellen, denn was hier zu leisten ist, sehe ich als politische Aufgabe.

Herbert Nicolaus/Lutz Schmidt: Einblicke. 50 Jahre EKO Stahl, Eisenhüttenstadt 2000 (EKO Stahl GmbH), S. 255.

Um den Erhalt der Stahlstandorte wurde besonders hart gerungen: EKO-Stahl Hochofen in Eisenhüttenstadt, 1994

„Eisenhüttenstadt muss leben“

IG-Metalllied für den Kampf um die Erhaltung des Stahlstandortes Eisenhüttenstadt, geschrieben von Michael Sellin und Dirk Michaelis, 1991:

Eisenhüttenstadt muss leben – darum Stahl
Gute Maloche für gutes Geld
Keine Geisterstadt am Arsch der Welt
Dann doch lieber den eigenen Kantinenfraß
Als von irgendwo ein Gnadenbrot
Dann doch lieber die Fäuste auf dem Tisch
Als die Hände in' Schoß und arbeitslos
Dann doch lieber die Stechuhr im Morgengraun
Und die Hitze beim Eisenabstich
Als den Frost von innen – aus der Traum
nur die Taschenuhr tickt – weiter nichts.
Gute Maloche für gutes Geld
Keine Geisterstadt am Arsch der Welt
Dann doch lieber den Zoff nach Feierabend
Weil den Kids die ganze Lehre stinkt
Als verlorene Kinder und Straßengang
Die gar nichts mehr sehn, außer dass man sie linkt.
Lieber selber mit ihnen auf die Straße
Besser mit der Zeit gehen – als gehen mit der Zeit
Lieber handeln bevor man behandelt wird
Und den cleveren Bossen keinen Pfennig
geschenkt
...
Eisenhüttenstadt – lass die nicht hängen
und mach bloß nicht schlapp
Eisenhüttenstadt – pass auf dich auf –
die Zeit wird knapp
Hütte – jetzt tanzen wir um deinen Stahl
Hütte – du und deine IG Metall
Gute Maloche für gutes Geld
Keine Geisterstadt am Arsch der Welt.

Herbert Nicolaus/Lutz Schmidt: Einblicke. 50 Jahre EKO Stahl, Eisenhüttenstadt 2000 (EKO Stahl GmbH), S. 258.

Für den Erhalt des Stahlstandortes Eisenhüttenstadt demonstrierten am 12. Februar 1993 etwa 5 000 Menschen in der Oderstadt

und die vorgesehene Schließung des Schachtes zum 31. Dezember 1993 zu erreichen. Die Härte der Auseinandersetzung hatte allerdings das In- und Ausland aufgeschreckt. „Erster Aufstand im Osten“ titelten mehrere Tageszeitungen, und selbst das „Wall Street Journal“ fragte besorgt: „Kippt jetzt etwa die Wiedervereinigung?“

Nachdem Treuhand, Bundesregierung und Industriegewerkschaft Bischofferode „durchgestanden“ hatten, war ihnen aber auch bewusst, dass ein weiterer Fall dieser Art oder gar mehrere gleichzeitig in der Tat zur Zerreißprobe für den deutschen Einigungsprozess werden könnten. Und Brände schwelten an vielen Orten. Am 12. Februar 1993 z.B. waren 6 000 Eisenhüttenstädter auf die Straße gegangen, um gegen die Bestrebungen der Düsseldorfer Wirtschaftsvereinigung Stahl zu protestieren. Es war die größte Protestaktion in der Stadt seit der Herbstrevolution von 1989. Die Stahlwerker errichteten vor dem Stadttheater eine Mahnwache, deren Wächter zwischen dem 1. März und 5. Mai 1993 im Dreistundentakt wechselten. Die Mahnwache endete mit einer Demonstration, an der auch der brandenburgische Ministerpräsident Manfred Stolpe teilnahm. Selbst in der THA mehrten sich Stimmen, die ein Umdenken der Behörde verlangten. Der bisherige Weg „Ansanieren, Privatisieren oder Plattmachen“ habe sich als wenig geeignet erwiesen. Restrukturierungs- und Rationalisierungsmaßnahmen seien zu knapp gewesen und zu sehr verzögert worden, „die oligopolistischen Märkte“ der Westkonzerne habe man seitens der THA unterschätzt und zu häufig einer „Zusammenarbeit mit ungeeigneten Partnern bzw. potenziellen Käufern Vorschub geleistet“.[14]

Birgit Breuel aber hielt sich an ihren Auftrag und die neoliberale Ideologie, die Staatseingriffe verdammte. Sie monierte: „Wenn es mit der Ordnung der sozialen Marktwirtschaft nicht schnell und einfach genug geht, vor allem, wenn es weh tut, dann kommt das Heftpflaster einer undefinierten Industriepolitik. ... Der Begriff wird ... gegenwärtig mehr als Zauberwort benutzt.“[15] Auch Beratungsfirmen wie McKinsey und Wirtschaftsforschungsinstitute wie das Hallenser forderten, ordnungspolitisch bei der Stange zu bleiben, konnten aber wie etwa McKinsey nicht umhin, festzustellen, dass „der Gesamtprozess [der Privatisierung] zunehmend politisiert wird.“ Sie sahen auch, dass es „der Markt“ zumindest kurz- und mittelfristig nicht schaffen würde, die Wirtschaftskrise in Ostdeutschland zu beenden, fürchteten aber andererseits die ordnungspolitische Sünde des „undifferenzierten Eingriffes des Staates“ in die Wirtschaft.

Wo private und staatliche Wirtschaftsberatungsinstitutionen noch befangen waren, durchtrennte Kanzler Helmut Kohl, geleitet von seinem politischen Instinkt, den gordischen Knoten ohne Rücksicht auf die Ökonomen, deren Stunde dies (wieder einmal) nicht war. Ohne ordnungspolitische Bedenken stellte er sich an die Spitze der Forderung: „Rettet die industriellen Kerne!“ Anknüpfend an bereits im Mai 1991 bei einem Besuch der Buna-AG bei Merseburg gegebene Zusagen erneuerte er sein Versprechen, dass Chemiedreieck zu retten. Da die westdeutschen Chemiekonzerne nicht bereit waren, in noch nicht privatisierte industrielle Kerne zu investieren, erhielt die Treuhand den Auftrag, nunmehr intensiv nach ausländischen Investoren zu suchen, und lockte gleichzeitig mit Milliarden-Subventionen aus der Staatskasse. Buna konnte 1994 an den amerikanischen Multi Dow Chemical veräußert werden, das EKO 1995 an den belgischen Stahlkonzern Cockerill. Andere „industrielle Kerne“ wurden von der THA in Management-Kommanditgesellschaften (MKG) zusammengefasst, von denen 1993 drei zur Betreuung von 69 als schwer verkäuflich geltende Unternehmen mit 32 000 Beschäftigten existierten. Die den MKG angehörigen Betriebe, die nach bisherigem THA-Konzept hätten liquidiert werden

Maßnahmen statt Maßnahmepläne

Dietmar Heinze, Zentraler Immissionsschutzbeauftragter der VEAG, über die ökologische Sanierung der Braunkohlekraftwerke nach der Wende:

Die zu DDR-Zeiten seitenlang aufgeschriebenen Maßnahmepläne konnten wir nun endlich alle umsetzen. Haben unheimlich intensiv gearbeitet. Da weiß ich noch, dass wir die Leute aus den Kraftwerken sogar mal an einem Wochenende nach Jänschwalde zitiert haben, um mit denen dort die Sache schnell voranzutreiben. Die sind alle gekommen, auch wenn sie ihre Bemerkungen gemacht haben, wie: „Euch ist wohl nichts mehr heilig.“ Haben wir gesagt: „Nee, es ist nichts mehr heilig hier; jetzt gilt: jetzt oder nie!“ – Es ging ja darum, dass wir sofort erst mal die Staubemission der Kraftwerke senken. Darauf hat der VEAG-Vorstand konsequent gedrungen. Es sind dort auch Sofortprogramme durchgeführt worden, die ich auch mit initiiert habe.

Jörg Roesler/Dagmar Semmelmann: „... ohne Energie geht gar nichts!“ Die ostdeutsche Energiewirtschaft von den Kombinaten zur VEAG (1980–2001), Berlin 2001 (Vereinigte Energiewerke AG), S. 124.

Feierliche Grundsteinlegung für die Rauchgasentschwefelungsanlage im Kraftwerk Janschwälde am 22. Oktober 1992 mit Bundeskanzler Helmut Kohl

Kanzler rettet Chemiedreieck

Helmut Kohl, von 1982 bis 1998 Bundeskanzler, über seinen Anteil an der Rettung ostdeutscher Großbetriebe der Chemieindustrie:

Ich bin seit 1990 mit großer Entschiedenheit für die Rettung des Chemiedreiecks in Halle, Leuna und Merseburg eingetreten. Entsprechend habe ich meinen ganzen Einfluss geltend gemacht, dass – allen Widerständen zum Trotz – nicht alle Arbeitsplätze des früheren großen DDR-Chemie Kombinats mit mehr als 27 000 Mitarbeitern „platt gemacht“ wurden. Ein Besuch in dieser Region zeigt jedermann, dass diese Politik zur Erhaltung von Arbeitsplätzen trotz aller Schwierigkeiten erfolgreich war: Über 9 000 Stellen wurden auf diese Weise gesichert.

Helmut Kohl: Mein Tagebuch 1998–2000, München 2000 (Droemer), S. 115.

[14] In: Thomas Falkner: Absturz in die Marktwirtschaft. Der schwere Gang durch die ostdeutsche Wirtschaftskrise, München 1994, S. 251.

[15] In: Rüdiger Liedtke: Die Treuhand und die zweite Enteignung der Ostdeutschen, München 1993, S. 87.

müssen, erhielten drei Jahre Zeit und eine Sanierungschance vor der Privatisierung, die nun mit einem Male doch warten konnte. Ähnliche Konditionen galten für die ca. 50 Unternehmen, die der zum 1. Januar 1995 gegründeten Beteiligungsmanagementgesellschaft Berlin zugewiesen wurden. Die gewährte „Schonfrist" galt auch noch, als die Treuhandanstalt am 31. Dezember 1994 ihre Tore schloss und die von ihr übernommenen Verpflichtungen und eingeleiteten Maßnahmen ab 1995 an verschiedene Nachfolgeorganisationen abgab, deren wichtigste die „Bundesanstalt für vereinigungsbedingte Sonderaufgaben" (BvS) war.

Aufschwung in Randbereichen?

Die Währungsreform verursachte einen „Schock ohne Therapie" und löste einen Rückgang der Produktion und Beschäftigung aus, der in den neuen Bundesländern keine Branche verschonte, auch das Bauwesen nicht. Das Baugewerbe wies jedoch – von den typischen saisonalen Schwankungen einmal abgesehen – ab 1992 wieder Zuwachsraten auf, die sich von 1993 bis 1995 verstetigten. In der Industrie dauerte es dagegen bis 1993/94, ehe ein merkliches Wachstum zu verzeichnen war. Angesichts der rar bleibenden wirtschaftlichen Erfolgsmeldungen aus dem Osten avancierte das Baugewerbe in den Medien bald zum „Zugpferd des Aufschwungs". In diesem Zusammenhang wurde gern darauf verwiesen, dass auch die unmittelbar dem eigentlichen Baugeschehen nachgelagerten Zweige wie Zementwerke, Sand- und Kiesgruben sowie Steinbrüche vom Bauboom profitierten und – zügig privatisiert – „Zement aus den neuen Ländern für die neuen Länder" erzeugten. Zwischen 1991 und 1995 wuchs die Bauproduktion real um 94 Prozent.

Die rasche Bewältigung der „Anpassungskrise" und die darauf folgende Expansion ließ den Anteil der Bauwirtschaft an der Bruttowertschöpfung zeitweise den der Industrie überflügeln. Diesen Boom verdankte die Branche dem im Frühjahr 1991 von der Bundesrepublik ins Leben gerufenen „Gemeinschaftswerk Aufschwung Ost". Sein größ-

Alt und Neu: Zur Hälfte saniertes Wohnhaus in Threna, Mitte der 90er-Jahre

Vergänglichkeit des Baubooms

Gustav Horn, Abteilungsleiter am Deutschen Institut für Wirtschaftsforschung in Berlin, am 15. Januar 2001 über den temporären Bauboom in Ostdeutschland:

Die Folgen der Fehler (von 1990) wurden überdeckt durch den Bauboom, der durch steuerliche Anreize beflügelt wurde. Das konnte nicht so weitergehen, das wusste jeder. Der Bau würde zurückgeführt werden müssen; man hoffte, dass bis dahin die Industrie seine dynamische Rolle übernehmen könnte. Diese Hoffnung musste angesichts der Fehler der Vergangenheit trügen. Und nun, in den letzten Jahren werden diese Fehler, die früher überdeckt worden sind, erst richtig offenbar.

Deutschlands Mezzogiorno. Muss die wirtschaftliche Weichenstellung in Ostdeutschland verändert werden? Materialien einer Diskussionsveranstaltung der Friedrich-Ebert-Stiftung, Berlin 2001, S. 27.

ter Posten waren Ausgaben in Höhe von 6,5 Mrd. DM Investitionen für den Verkehr, weitere 2,4 Mrd. DM waren im Programm der Bundesregierung für den Wohnungs- und Städtebau vorgesehen, verglichen mit „nur" 2,2 Mrd. DM unmittelbar für die Wirtschaftsförderung. Als diese Mittel 1995 aber im Wesentlichen „verbaut" waren und keine neuen „Aufschwungprogramme" von ähnlicher Dimension wie das „Gemeinschaftswerk" aufgelegt wurden, begann der „Lokomotive des ostdeutschen Aufschwungs" der Dampf auszugehen. Zwischen 1995 und 2000 ging die Produktion des Baugewerbes um 23 Prozent zurück. Ungeachtet dessen ist sein Anteil an der ostdeutschen Bruttowertschöpfung bis heute – gemessen an westdeutschen Verhältnissen – überdimensioniert. Das Baugewerbe profitierte offensichtlich auch noch in der zweiten Hälfte der 90er-Jahre von den über Transfers bewirkten Investitionen. Vor allem in der ersten Hälfte der 90er-Jahre war es durch üppige Abschreibungserleichterungen zu deutlichen Fehlinvestitionen, z. B. einer Überversorgung sowohl im Wohnungsbau als auch bei Bürobauten,

Luftaufnahme aus Leipzig: Sanierte und nicht sanierte Wohnhäuser

Moskau warnt vor Eigentumsveränderungen

Wolfgang Schäuble, Verhandlungsführer West bei den Einigungsgesprächen, über das Eintreten der Sowjetunion für das aus der Bodenreform resultierende Landeigentum in der ehemaligen DDR:

Moskau hatte der Deutschen Botschaft schon am 28. April 1990 ein Memorandum überreicht, das unseren engen Spielraum aufzeigte: „Nichts im Vertragsentwurf zwischen der BRD und der DDR darf dazu berechtigen, die Gesetzlichkeit der Maßnahmen und Verordnungen infrage zu stellen, die die Vier Mächte in Fragen der Entnazifizierung, der Demilitarisierung und der Demokratisierung gemeinsam oder jede in ihrer ehemaligen Besatzungszone ergriffen haben. Die Rechtmäßigkeit dieser Beschlüsse, vor allem in Besitz- und Bodenfragen, unterliegt keiner neuerlichen Prüfung oder Revision durch deutsche Gerichte oder andere deutsche Staatsorgane." Die Warnung war unmissverständlich.

Enteignungsmaßnahmen nicht rückgängig zu machen!

Wolfgang Schäuble über die Auseinandersetzungen in der Bonner Koalition um die Aufrechterhaltung des Bodenreformeigentums nach der Wiedervereinigung:

Grundtenor der Regelung (gemeinsame Regierungserklärung von DDR und BRD am 15. Juni 1990) war, dass generell den ursprünglichen Eigentümern wieder zu ihrem Recht verholfen werden sollte, soweit dies noch möglich war. Die große Ausnahme davon bildeten die zum Teil „Bodenreform" genannten Enteignungsmaßnahmen der Jahre 1945 bis 1949, die aufgrund dringender Interventionen der Sowjetunion, aber auch nach dem Willen der Regierung de Maizière, auf keinen Fall rückgängig gemacht werden sollten. Um diese Frage hatte es nicht nur zwischen den Verhandlungsführern beider Regierungen, sondern auch innerhalb der Bonner Koalition heftige Auseinandersetzungen gegeben. Insbesondere die Sprecher der FDP kämpften im Frühsommer 1990 mit Vehemenz dafür, auch die Enteignungsmaßnahmen von 1949 rückgängig zu machen.

Beide Texte aus:
Wolfgang Schäuble: Der Vertrag: Wie ich über die deutsche Einheit verhandelte, Stuttgart 1991 (Deutsche Verlagsanstalt), S. 103 und 255.

gekommen, was sich Ende der 90er-Jahre in einer Vielzahl von Leerständen niederschlug.

Erwies sich die rasche Entwicklung im Baugewerbe bis zu einem gewissen Grade als Scheinblüte, so schien die Landwirtschaft zunächst ein Zweig besonderer Besorgnis zu werden. Der bereits im 1. Halbjahr 1990 aufflammende Streit um die weitere Gültigkeit der Bodenreform stellte das langfristige Nutzungsrecht an Grund und Boden infrage und musste Investoren verunsichern. Das noch von der Regierung de Maizière verabschiedete Landwirtschaftsanpassungsgesetz machte die Eigentumssituation auf dem Lande noch unübersichtlicher. Es regelte die Wiederherstellung des Privateigentums und die Vermögensaufteilung des in die Landwirtschaftlichen Produktionsgenossenschaften (LPG) eingebrachten Grund und Bodens sowie des Inventars. Etwa zeitgleich mit der Industrie wurde dann die DDR-Landwirtschaft schlagartig in die Marktwirtschaft entlassen.

Die ostdeutsche Landwirtschaft hat allerdings beide Schocks, verglichen mit der Industrie, gut überstanden. Infolge der Maßnahmen des Landwirtschaftsanpassungsgesetzes bildete sich eine große Vielfalt an Betriebsgrößen und Betriebsformen heraus, vom kleinbäuerlichen privaten Wiedereinrichter bis hin zu größeren landwirtschaftli-

Vermögensstreit auf dem Lande

Der Bericht der Bundesregierung zum Stand der Deutschen Einheit 1998 über die Entwicklung der Vermögensauseinandersetzungen in der Landwirtschaft der neuen Bundesländer:

Auch im achten Jahr der deutschen Einheit ist die Vermögensauseinandersetzung zwischen ehemaligen LPG-Mitgliedern und den LPG-Nachfolgeunternehmen bzw. den in Liquidation gegangenen LPGen noch nicht abgeschlossen. Es werden immer wieder Fälle von Unkorrektheiten bei der Vermögensauseinandersetzung bekannt. Diesem Umstand wurde mit der Ende 1996 in Kraft getretenen Änderung des Landwirtschaftsanpassungsgesetzes (von 1990) insofern Rechnung getragen, dass die Verjährungsfrist ... um weitere fünf Jahre verlängert und das Verfahren zur Abberufung von Liquidatoren erleichtert wurde.

Jahresbericht der Bundesregierung zum Stand der Deutschen Einheit (Bundesministerium für Wirtschaft), Juni 1998, S. 72.

Die Fischteiche bei Preitz/Lausitz sind die größten Europas. Hier werden Karpfen „geerntet“

Gurkenernte bei Luebbenau im Spreewald, 1997

chen Unternehmen in der Rechtsform einer juristischen Person (GmbH, eingetragene Genossenschaften, AG usw.). Die „Entlassung in die Marktwirtschaft" bedeutete für die Landwirtschaftsbetriebe nicht, sich in der freien Konkurrenz durchsetzen zu müssen. Der deutsche Agrarmarkt war vielmehr einer komplizierten Markt- und Preisregulierung unterworfen. In dieser spiegelte sich die EU-Marktordnung wider, in der Produktionsquoten und Preisreglementierungen eine wesentliche Rolle spielen. Die Produktion bestimmter Erzeugnisse (z.B. Milch und Zucker) wird durch Produktionsquoten reguliert, und der Verkauf vieler Erzeugnisse erfolgt zu reglementierten Preisen. Offensichtlich fiel es den ostdeutschen Bauern leichter, sich in diesem Regulierungsgestrüpp zurechtzufinden, als den Unternehmern im verarbeitenden Gewerbe, mit den Methoden der Verdrängungskonkurrenz ihrer westdeutschen Wettbewerber fertig zu werden.

Rinderställe einer ehemaligen LPG in Ummerstadt

Ungeachtet dessen, dass nicht ins kalte, sondern ins lauwarme Wasser gesprungen wurde, kam es nach 1990 zu drastischen Einbrüchen in der Produktion und Effektivität der Landwirtschaftsbetriebe, besonders in der Viehwirtschaft. Das war teilweise auf die vergleichsweise geringen Quoten zurückzuführen, welche die EG den ostdeutschen Betrieben zuteilte (Stilllegungsauflagen im Bereich der Pflanzenproduktion). In stärkerem Maße lag dies aber an der Auflösung der bis 1989 bestehenden Verflechtungen mit den landwirtschaftliche Produkte verarbeitenden und vertreibenden Industrie- und Handelsbetrieben.

In den ersten Jahren nach der Wende, zwischen 1989 und 1994, verringerte sich unter dem Druck der Produktionsschrumpfung die Zahl der Berufstätigen in der ostdeutschen Landwirtschaft drastisch von 834 000 auf 165 000. Damit gingen – wie in der Industrie – 80 Prozent der Arbeitsplätze verloren.

Der Anteil der in der Landwirtschaft Tätigen sank von 5,6 Prozent im Jahr 1991 auf 3,5 Prozent im Jahr 1998 (Bundesdurchschnitt: 2,5 Prozent). Die Produktivität stieg gleichzeitig rasch an. Die durchschnittliche jährliche Milchleistung von 1996 erreichte 6 574 kg je Kuh und lag damit um 200 kg höher als in den alten Bundesländern. Der günstige Produktivitätsvergleich blieb nicht nur auf ausgewählte Leistungen in der Viehzucht beschränkt. Der Arbeitskräftebesatz ostdeutscher Landwirtschaftsbetriebe halbierte sich zwischen 1991 und 1994 und war damit 1995 nur halb so hoch wie im früheren Bundesgebiet.

Fragt man nach den Ursachen des vergleichsweise günstigen Abschneidens der ostdeutschen Landwirtschaft im Transformationsprozess, so wird man sie wahrscheinlich in den Unterschieden zur Entwicklung von Industrie und Bauwesen suchen müssen. Verglichen mit diesen Wirtschaftszweigen ist die Landwirtschaft Ostdeutschlands einen Sonderweg gegangen: Erstens hat die THA nur begrenzten Einfluss auf die Umstrukturierung der Landwirtschaft gehabt, da die Versuche, die bestehenden Eigentumsverhältnisse durch Aufhebung der Bodenreform rückgängig zu machen, scheiterten. Somit fielen unter das Treuhandregime nur die volkseigenen Güter. Zweitens konnte sich die Landwirtschaft der in Industrie und Bauwesen praktizierten Auswechselung des Spitzenmanagements weitgehend entziehen. Das galt – drittens – auch für die seitens der THA für die Industrie angeordnete Aufsplitterung (Entflechtung) der Betriebe. Diese konnte in der Landwirtschaft nur auf freiwilliger Basis stattfinden. Die Mehrzahl der Bauern entschied sich nicht für kleinbäuerliche, sondern für gemeinschaftliche Formen der Produktion. Dadurch entstand (bzw. wurde fortgeführt) eine anders als in den alten Bundesländern geartete Struktur von Rechtsformen und Größen-

„Zeitgemäße Interpretation des Genossenschaftsgedankens“

Andreas Eisen, Geschäftsführer des Instituts für Genossenschaftswesen an der Humboldt-Universität zu Berlin, über einen wünschenswerten Einfluss der ostdeutschen auf die westdeutschen Genossenschaften:

Die Entwicklung der Genossenschaften in Ostdeutschland hat nicht nur zur Gestaltung des Systemwandels beigetragen, sondern auch institutionellen Wandel im Genossenschaftswesen in Westdeutschland induziert. Zunächst ist das der schlichten Tatsache geschuldet, dass die ostdeutschen Genossenschaften ihre Geschichte und ihre spezifische Kultur in das gesamtdeutsche Genossenschaftswesen eingebracht haben. Mit der erfolgreichen Anpassung der Agrargenossenschaften und gewerblicher Produktivgenossenschaften an die Bedingungen der Marktwirtschaft sind allerdings auch zwei für das (west-)deutsche Genossenschaftswesen untypische bzw. neue genossenschaftliche Organisationsformen in das gesamtdeutsche Genossenschaftswesen integriert worden. Diese Genossenschaften werden innerhalb der genossenschaftlichen Organisationen mittlerweile wesentlich weniger skeptisch, teilweise sogar als zukunftsträchtig angesehen. Insbesondere von Produktivgenossenschaften – als Unternehmen von Arbeitnehmern – versprechen sich einige einen entscheidenden Beitrag zur Lösung gesellschaftlicher Probleme. ... Die Erfahrungen der ostdeutschen Genossenschaften bergen durchaus auch die Möglichkeit, durch gewinnorientiertes Streben hervorgerufene Deformationserscheinungen in der westdeutschen Genossenschaftslandschaft einen Kontrapunkt entgegenzusetzen. Es sprechen einige Anzeichen dafür, dass es ostdeutschen Genossenschaften gelungen ist, eine genossenschaftliche Kultur zu entwickeln, die eine vergleichsweise gute Ausgangsbasis für eine moderne Interpretation genossenschaftlicher Leitideen bietet. Die gesamtgesellschaftliche soziale Funktion von Genossenschaften ist in Ostdeutschland deutlich spürbarer bewusst, als das in Westdeutschland der Fall ist. Dies bedeutet allerdings mitnichten eine Rückbesinnung auf sozialpolitische Funktionen, die den Genossenschaften in der DDR als Instrumente staatlicher Politik auferlegt wurden. Es handelt sich im Gegenteil um eine zeitgemäße Interpretation des Genossenschaftsgedankens, die ökonomische und soziale Funktionen von Genossenschaften nicht als gegensätzliche, sondern komplementäre Funktionen versteht. Im Idealfall ergänzen sich diese Funktionen nicht nur, sondern erzeugen positive Folgen im Hinblick auf die Wettbewerbsfähigkeit des genossenschaftlichen Unternehmens.

Konrad Hagedorn/Andreas Eisen (Hrsg.): Lernstücke. Genossenschaften in Ostdeutschland, Berlin 2000 (edition sigma), S. 39ff.

ordnungen der Unternehmen. Der Flächenanteil der Einzelunternehmen („Wiedereinrichter“) in den neuen Bundesländern beläuft sich auf 23 Prozent, in den alten Bundesländern liegt er bei 95 Prozent. Fast ein Drittel aller ostdeutschen Landwirtschaftsunternehmen sind Agrargenossenschaften. Während die Betriebe mit über 500 ha in den neuen Ländern 70,7 Prozent der gesamten landwirtschaftlichen Nutzfläche bewirtschaften, sind es in den alten Bundesländern nur 0,8 Prozent.[16] Die Zulassung einer differenzierten Entwicklung der Wirtschaftsstrukturen – zuweilen wird auch von „zwei deutschen Agrarwirtschaften“ gesprochen – ist der ostdeutschen Landwirtschaft offensichtlich gut bekommen und hat der westdeutschen keineswegs geschadet.

[16] Hans Watzke, in: Perspektiven der ostdeutschen Wirtschaft, Berlin 1999, S. 107.

Hunderte von Strohballen werden nach der Roggen- und Gersteernte witterungsbeständig in Planen eingeschweißt

5 Transfer-Wirtschaft

Aufholen ohne einzuholen

Der drastische Produktionsrückgang in Ostdeutschland vom Sommer 1990, der unmittelbar nach der wirtschaftlichen Vereinigung der DDR mit der Bundesrepublik einsetzte, war von den neokeynesianischen Wirtschaftswissenschaftlern vorausgesagt worden. Für die Vertreter der neoliberalen Wirtschaftstheorie, deren Empfehlungen die Bundesregierung gefolgt war, kam er völlig überraschend. Mit den Begriffen „Anpassungskrise“ und „schöpferische Zerstörung“ bemühten sie sich um eine ordnungspolitische Einordnung der Wirtschaftskrise in Ostdeutschland.

Als die Bundesregierung erkennen musste, dass systemische Veränderungen wie Privatisierung, Abschaffung der planwirtschaftlichen Regulierung über den Staat und Verzicht auf eine eigene Industriepolitik im Osten allein nicht ausreichten, um die neuen Länder aus dem Krisentief herauszuholen, entschloss sie sich im Frühjahr 1991, die nahezu erschöpften Mittel der Anschubfinanzierung durch das Milliardenprogramm „Gemeinschaftswerk Aufschwung Ost“ zu ersetzen. Grundsätzlich bedeutete das keine Änderung der Wirtschaftspolitik der Bundesregierung gegenüber Ostdeutschland: Nicht der Staat, sondern weiterhin die durch Infrastrukturverbesserungen und Fördervergünstigungen (z.B. hohe Abschreibungsquoten) angelockten Investoren bestimmten, welche Struktur die Wirtschaft in den neuen Bundesländern erhalten würde. Da es 1993 – Sig-

Ab 1992 war eine gewisse Trendwende spürbar – der lang beschworene „Aufschwung Ost“ fand nicht nur in den Lohntüten und bei den Renten statt, sondern auch in Büros und Betrieben

nal war der Hungerstreik der Kumpel von Bischofferode – politisch nicht mehr tragbar erschien, die aus Konkurrenz- und anderen Gründen von den westdeutschen Konzernen verschmähten früheren Stammbetriebe der Kombinate zu liquidieren, wurden diese als „industrielle Kerne" dem regulären Treuhandkontingent entzogen und mit Milliardensubventionen versehen an ausländische Unternehmen verkauft. Andere Betriebe, für die sich kein Käufer fand, wurden als Management-KG saniert und erst danach nochmals zum Verkauf angeboten.

So zusammengeflickt diese Politik auch war, Finanzspritzen und Sanierungen bewirkten, dass dem Rückgang des Bruttoinlandsproduktes (BIP) in den neuen Bundesländern Einhalt geboten werden konnte: 1992 war die Trendwende insgesamt spürbar, wobei der einsetzende Bauboom eine gewichtige Rolle spielte. 1993 entspannte sich die Lage auch in dem durch die Krise am meisten gebeutelten Wirtschaftszweig, der Industrie.

In den folgenden drei bzw. vier Jahren, von 1992/93 bis 1996, fand dann der lang beschworene „Aufschwung Ost" nicht mehr nur in den Lohntüten, beim Arbeitslosengeld und bei den Renten statt, sondern auch in Büros und Betrieben. In diesen Jahren wuchs die ostdeutsche Wirtschaft schneller als die westdeutsche. Absolut gemessen verringerte sich das Leistungsdefizit des Ostens von 26 000 DM auf 18 000 DM pro Kopf.

Der Aufschwung Ost schien auf den ersten Blick nur einen Schönheitsfehler zu haben: Nach zweistelligen Zuwachsraten des BIP 1993 und 1994 schwächte sich das Wachstum 1995/96 rasch auf ein Drittel ab. Von 1997 bis 2000 lag der Zuwachs dann unter 1,5 Prozent und damit auch unter den westdeutschen Zuwächsen des BIP, die in diesem Zeitraum zwischen 1,4 und 3,2 Prozent pendelten. Damit hörte der Aufholprozess nicht nur auf, der Leistungsabstand zwischen Ost und West stieg absolut sogar wieder an – von 17 720 DM BIP/Einwohner 1996 auf 19 480 im Jahre 2000.[1]

Wie die ostdeutsche Wirtschaftskrise von 1990 kam auch die wirtschaftliche Stagnation der neuen Bundesländer seit 1997 überraschend. Allerdings kam es dieses Mal nicht zu einer Überprüfung und wenigstens Teilberichtigung der Wirtschaftspolitik gegenüber Ostdeutschland wie 1991, obwohl der Regierungswechsel 1998, mit dem die Ära Kohl zu Ende ging, dazu Gelegenheit geboten hätte. Wirtschaftsforschungsinstitute und Bundesregierung trösteten sich damit, dass die Stagnation des BIP hauptsächlich aus zwei dynamischen

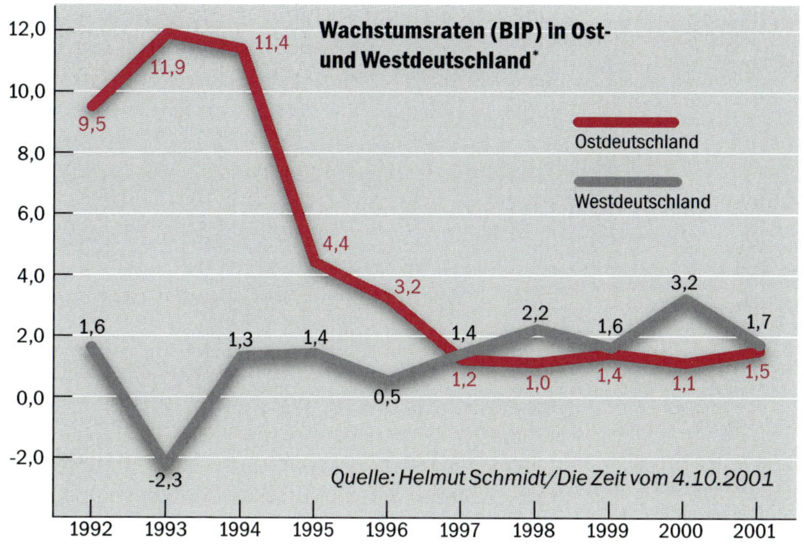

*Veränderungsrate (bezogen auf das Vorjahr) für das Bruttinlandsprodukt, Bruttowertschöpfung in Preisen von 1995

Komponenten resultierte: einem verhältnismäßig raschen Zuwachs (zwischen 3 zu 9 Prozent) des verarbeitenden Gewerbes, der damit in jedem Jahr höher lag als in den alten Bundesländern, und dem schnellen Rückgang der Leistungen der Bauwirtschaft. Man gab sich zuversichtlich, dass die Bauproduktion bald bundesdeutsches „Normalniveau" erreichen würde, während den hohen Wachstumsraten der Industrieproduktion, die 1996 mit 43 Prozent erst das Niveaus von 1989 erreicht hatte, noch ein relativ langer Zeitraum des Aufholens bevorstünde. Optimistisch stimmte auch die (hauptsächlich von der Industrie getragene) Exportquote der neuen Bundesländer, die seit ihrem Tiefpunkt 1995 von 12 auf 21 Prozent im Jahre 2000 anstieg. Der Optimismus von Wirtschaftsforschungsinstituten und Bundesregierung

[1] Jan Priewe, in: AG Perspektiven für Ostdeutschland (Hrsg.): Ostdeutschland eine abgehängte Region? Perspektiven und Alternativen, Dresden 2001, S. 30.

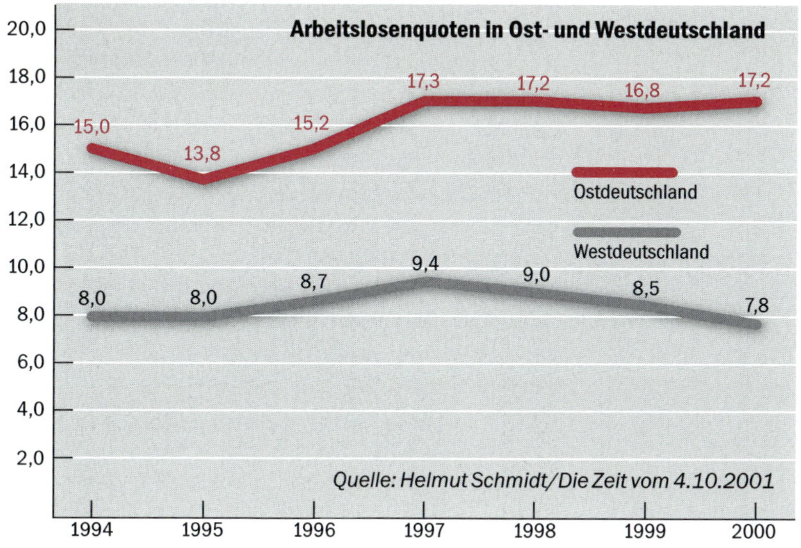

[2] Harry Maier, in: Materialen der Enquete-Kommission „Aufarbeitung von Geschichte und Folgen der SED-Diktatur in Deutschland" (12 Wahlperiode), hrsg. vom Deutschen Bundestag, Baden-Baden 1995, Bd. III/1, S. 876.

ließ sich auch dadurch nicht erschüttern, dass die Arbeitslosenquote mit nachlassendem Wirtschaftswachstum in der zweiten Hälfte der 90er-Jahre höher lag als in der ersten. Niemand unternahm auch einen Vergleich mit anderen Staaten, die zeitgleich mit der Ex-DDR die Transformation vom Plan zum Markt durchschritten. Polen z.B. gelang es, die hohen Wachstumsraten seines Bruttosozialprodukts, die 1993 bis 1996 erzielt wurden, auch in der zweiten Hälfte der 90er-Jahre annähernd beizubehalten.

So blieb auch einer der wichtigsten industriesoziologisch bedeutsamen Unterschiede zwischen der Ex-DDR und Polen unterbelichtet: In Polen wurde die Transformation im Wesentlichen von der eigenen Wirtschaftselite vollzogen. In den neuen Bundesländern wurden die früheren „sozialistischen Manager", so weit sie in der „Revolutionsphase" die Anerkennung ihrer Belegschaften gefunden hatten, meist von der Treuhandanstalt aus ihren Stellungen entfernt und ihre Positionen mit Westdeutschen besetzt. Mitte der 90er-Jahre betrug der Anteil der Ostdeutschen an der Bevölkerung der vergrößerten Bundesrepublik insgesamt 19,0 Prozent , ihr Anteil an den Eliten in der Wirtschaft 0,4 Prozent, in der Verwaltung waren es gerade mal 2,5 Prozent. Der Flensburger Wirtschaftswissenschaftler Harry Maier vertritt die Auffassung, dass man „dem ostdeutschen Management die Möglichkeit hätte geben sollen, einen Teil des Sachkapitals zu erwerben, um das persönliche Schicksal mit dem des Unternehmens verbinden zu können." ... Anders könne im Osten „keine leistungsfähige Wirtschaft entstehen".[2] Maiers Argumentation wird durch Untersuchungen gestützt, wonach dem Betriebsklima gerade unter den komplizierten Bedingungen der Transformation eine große Rolle zukommt. Die Mentalität „ihrer" Werktätigen kannten die ostdeutschen Leitungskräfte in der Regel besser als sie die westdeutschen Manager, die an die Spitze ostdeutscher Betriebe gestellt wurden, erkennen konnten oder wollten. Die zu Recht bekannt gewordenen Fälle, in denen es den „eingeflogenen" westdeutschen Managern gelang, mit der spezifischen ostdeutschen Unternehmenskultur klar zu kommen, diese

„Erfolgsmodell Bundesrepublik" nicht duplizieren!

Die Unternehmensberatung McKinsey warnte im April 1991 vor dem „Überstülpen" der westdeutschen Unternehmenskultur auf ostdeutsche Betriebe:

Bei der „Fusion" von Ost- und Westdeutschland können wir von den typischen Fusionserfahrungen der Wirtschaft Wesentliches lernen: Ein bloßes Überstülpen der Unternehmenskultur der übernehmenden Gesellschaft auf das übernommene Unternehmen funktioniert meist nicht bzw. dauert sehr lange. Das, was für die übernehmende Gesellschaft normal ist, bedroht die gewachsene Identität und die künftige Prosperität des übernommenen Unternehmens. Entgegen dieser Erfahrung wird das heutige Denken über die Integration Deutschlands vorwiegend von der Überlegung bestimmt, wie das „Erfolgsmodell Bundesrepublik" dupliziert werden kann.

Überlegungen zur kurzfristigen Stabilisierung und langfristigen Steigerung der Wirtschaftskraft in den neuen Bundesländern (McKinsey & Company, Inc.), Düsseldorf/München (April) 1999, S. 33.

Zum Zuschauen verurteilt

Arnfried Kögler, seit 1980 Leiter der Abteilung Betriebsregime in der Hauptverwaltung des Kombinats Verbundnetze, über den „Stromvertrag", der ersten Stufe zur Privatisierung der ostdeutschen Energiewirtschaft:

Ja, und dann kam schon die Zeit mit den Stromverträgen. Das war ja dann Mitte 90. Da wurde eine große Veranstaltung gemacht in dieser Jugendeinrichtung – war so eine FDJ-Kaderschmiede – ja, Bogensee! Dort wurden wir dann mit diesem Vertrag konfrontiert. Das war dann – die große Ernüchterung. Also, als ich das Ding gelesen habe, ist mir das Messer in der Tasche aufgegangen. Das war so dieser Eindruck, der dann beim Lesen des Textes auf einen einstürmt, wenn man nicht mehr objektiv denkt, nachdem man die ersten Sätze gelesen hat und sich so geohrfeigt fühlt. – Was mich so zornig gemacht hat? – Na ja, dass wir zu Idioten abgestempelt wurden. Das stand natürlich da nicht drin, aber da stand drin, nach Unterzeichnung übernehmen die Herren aus der Bundesrepublik die Geschäftsbesorgung für die Betriebe der Energiewirtschaft. Also, im Prinzip fühlten wir uns – oder ich fühlte mich – plötzlich entmündigt. Wir sollten das ja nun weiter machen, aber die sollten das Sagen haben.

Jörg Roesler/Dagmar Semmelmann: „... ohne Energie geht gar nichts!" Die ostdeutsche Energiewirtschaft von den Kombinaten zur VEAG (1980–2001), Berlin 2001 (Vereinigte Energiewerke AG), S. 99.

teilweise umzuformen und sie im Interesse der Entwicklung des Betriebes zu nutzen, sind letztlich Ausnahmen geblieben.

Für westdeutsche Manager schwer nachzuvollziehen war offensichtlich auch der Wunsch der ostdeutschen Arbeiter und Angestellten, anstelle der Missachtung des Leistungsprinzips, wie es sich besonders in den 80er-Jahren manifestiert hatte, eine engere Bindung des Lohnes an die individuelle Leistung zu setzen. In dieser Haltung lag die Möglichkeit begründet, eine höhere Arbeitsmoral, basierend auf Leistungsgerechtigkeit, für die betriebliche Entwicklung zu nutzen. Für das Gros der westdeutschen Manager war es aber einfacher und bequemer, die Arbeitsmoral statt durch differenzierte Leistungsbewertung mit Hinweisen auf die demnächst fälligen Entlassungen zu heben. „Durch gezielte Verringerung der Arbeitskräfte bei gleich bleibendem Arbeitsanfall stiegen zwangsläufig Arbeitsintensität, Arbeitsvolumen und Leistungsverdichtung. Auch durch gezielte Stellenreduzierungen will man durch Arbeitsumverteilung eine Arbeitsverdichtung und Leistungssteigerung erreichen", hieß es in einer von Soziologen der Universität Saarbrücken in den neuen Bundesländern 1995/96 vorgenommenen Untersuchung.[3] Eine „neue Unterwürfigkeit", gepaart mit „Arbeit(sleistung) aus Angst", aber ist nach allen Erkenntnissen des modernen Managements keine gute Grundlage für eine effiziente Betriebswirtschaft.

[3] Hermann Kotthoff/Ingrid Matthäi: Vom Kombinat zum Kleinbetrieb. Die Entstehung einer mittelständischen Industrie, Berlin 1999, S. 112ff.

Manager in Bermudashorts

Wolfgang Sittig, Wirtschaftsberater der Treuhand aus Hessen, über seine ersten Eindrücke von ostdeutschen Großbetrieben:

Im Zuge der Wende habe ich die Beratung zahlreicher Gesellschaften der alten DDR übernommen. ... Als ich in das Unternehmen eintrat, war das Kombinat, dem es zugehörte, schon zerschlagen. Der so genannte Stammbetrieb hatte noch 1 900 Beschäftigte. Die Geschäftslage war katastrophal, und die Motivation der Belegschaft tendierte gegen „Null". Obwohl ich lange Jahre im Ostgeschäft tätig war und einige Kenntnisse auch über das Innenleben der Unternehmen hatte, war ich über das, was ich konkret vor Ort vorfand, erstaunt. Moderne Bürotechnik fehlte so gut wie überall; ich bin kaum irgendwo auf einen PC gestoßen. ... Moderne Kommunikationstechnik fehlte völlig. Die Führungsmannschaft war ständig in Beratungen. ... Dies galt es abzustellen. Ebenso wie die Reinigung der Büros durch die leitenden Angestellten; Reste der klassenlosen Gesellschaft der DDR. Führende Mitarbeiter, u.a. des Vertriebes, erschienen in Bermudashorts und anderer Freizeitkleidung am Arbeitsplatz. Niemand nahm daran Anstoß. Auch insoweit galt es, die Mitarbeiter auf die sich ändernden Verhältnisse einstellen.

Friedrich Thießen (Hrsg.): Zwischen Plan und Pleite. Erlebnisberichte aus der Arbeitswelt der DDR, Köln 2001 (Böhlau Verlag), S. 109f.

Von der „Anschubfinanzierung" zum Dauertransfer?

Die Bundesrepublik verfügte seit ihrer Gründung über ein Instrument der Angleichung des Wohlstandsniveaus der Bundesländer untereinander: den Finanzausgleich. Artikel 107 des Grundgesetzes schrieb fest, „dass die unterschiedliche Finanzkraft der Länder angemessen ausgeglichen wird". Das sollte in erster Linie durch Umverteilung zwischen „reicheren" und „ärmeren" Bundesländern geschehen. Artikel 107 schloss aber auch

Vertrauen gewinnen war schwer

Wolfgang Sittig, Wirtschaftsberater der Treuhand aus Hessen, über seinen Einsatz als Geschäftsführer in einem Chemnitzer Maschinenbaubetrieb:

Leider gingen die Mitarbeiter zunächst davon aus, dass ich nicht die Herstellung einer kleineren, überlebensfähigen Einheit beabsichtigte, sondern sie nahmen an, das Unternehmen solle „platt gemacht werden". Daher hatte ich zu Beginn meiner Arbeit mehr Feinde als Freunde. Auf der ersten Betriebsversammlung ging es hoch her mit Beschimpfungen als „Arschloch", „dumme Sau" etc. Diese Einstellung der Arbeiter zu meiner Person änderte sich nur allmählich, bis die Leute merkten, dass meine Politik die richtige war. ... Mit dazu beigetragen, deren Vertrauen zu gewinnen, hat wohl auch der Umstand, dass ich kein Di-Mi-Do-Mann[19], sondern ständig vor Ort war, und dass ich die Heerscharen von Unternehmensberatern aus dem Unternehmen entfernt habe, die ohnehin sehr misstrauisch betrachtet wurden.

Friedrich Thießen (Hrsg.): Zwischen Plan und Pleite. Erlebnisberichte aus der Arbeitswelt der DDR, Köln 2001 (Böhlau Verlag), S. 110.

[19] So wurden die Manager aus den alten Bundesländern genannt, die Führungspositionen in Ostbetrieben übernommen hatten und regelmäßig zum verlängerten Wochenende wieder nach Hause fuhren.

nicht aus, „dass der Bund aus seinen Mitteln leistungsschwachen Ländern Zuweisungen zur ergänzenden Deckung ihres allgemeinen Finanzbedarfs ... gewährt". Im Jahre 1990, dem Jahr der deutschen Vereinigung, betrug das Gesamtvolumen des Finanzausgleichs 20,5 Mrd. DM. Davon entfiel knapp ein Fünftel, also 4,0 Mrd. DM, auf den Länderfinanzausgleich, 4,4 Mrd. DM auf die Umverteilung von Bundesmitteln. Fast 60 Prozent des Finanzausgleichs ergaben sich aus der Zerlegung von Steuern, die sowohl an den Bund als auch an die Länder flossen.

In diesen Finanzausgleich hätten normalerweise die im Herbst 1990 entstehenden neuen Bundesländer eingeordnet werden müssen. Im Sinne des Grundgesetzes wäre es gewesen, den neuen Ländern nach ihrer Bildung den gleichen „Chancenausgleich" zu gewähren wie den finanzschwächeren alten Ländern. Davon sah die Bundesregierung jedoch aus mehreren Gründen ab: Keineswegs von ausschlaggebender Bedeutung war, dass Finanzhilfe für Ostdeutschland – an die Regierung de Maizière – schon vor der Bildung der Länder geleistet werden musste. Von größerem Gewicht war, dass die Hilfen für den Osten als „Anschubfinanzierung" gedacht und als einmalige Leistung deshalb aus dem „Fonds Deutsche Einheit" bezahlt werden sollten.

Noch wichtiger war, dass bei einer Einbeziehung der fünf neuen Bundesländer in den Finanzausgleich sich wesentliche Veränderungen in Westdeutschland vollzogen hätten. Während die neuen Länder bei der bloßen Ausdehnung des Finanzverbundes wegen ihrer schwachen Wirtschaftsleistung und den aus der Wirtschaftskrise resultierenden geringeren Steuereinnahmen allesamt den Nehmerstatus eingenommen hätten, wären einige alte Bundesländer unweigerlich aus der Nehmer- in die Geberposition gerutscht. Das aber hätte dem Konzept der Bundesregierung widersprochen, die anlässlich der Abstimmungen über die deutsche Einheit erklärt hatte, dass diese nicht mit Belastungen für die Bundesbürger (West) verbunden sein würde. Es ginge, wie der Bundeskanzler in einer Regierungserklärung vor dem Deutschen Bundestag erklärte, lediglich darum, „einen Teil dessen, was wir in den kommenden Jahren zusätzlich erwirtschaften, unseren Landsleuten in der DDR ... zur Verfügung zu stellen".[4] Mit dieser, wie es Bundesfinanzminister Theo Waigel am 23. Mai 1990 bei der Verabschiedung des Gesetzes über die Währungsunion im Bundestag formulierte, „gut gelungenen, großzügigen und finanzpolitisch glänzen-

[4] Helmut Kohl, in: Der Vertrag über die Schaffung einer Währungs-, Wirtschafts- und Sozialunion zwischen der Bundesrepublik Deutschland und der Deutschen Demokratischen Republik. Erklärung und Dokumente, Bonn 1990, S. 58.

Kürzungen von Subventionen im Westen

Die Unternehmensberatung McKinsey im April 1991 über notwendige Veränderungen in den alten Bundesländern bei länger andauernden Finanztransfers von West nach Ost:

Eine neue Solidarität zwischen alten und neuen Ländern muss gefunden werden. Die finanziellen und personellen Beiträge der alten Bundesländer sind erheblich auszubauen; diese Belastung eröffnet gleichzeitig die Chance für schon lange notwendige Veränderungen (z.B. Reduzierung aufgeblähter Behörden, Vereinfachung von Verwaltungsprozessen, Streichung unsinniger Subventionen und Transferzahlungen, Schaffung neuer Formen der Arbeitsteilung zwischen Öffentlicher Hand und Privaten). Speziell die Kürzung von Subventionen muss bei rationaler Betrachtung weit über den bisher genannten Zeitrahmen (10 Mrd. DM) hinausgehen.
Es kann in einem Deutschland politisch nicht mehr vertretbar sein, einzelne privilegierte Minderheiten in den alten Bundesländern dauerhaft mit Beträgen zu bezuschussen, die ein Vielfaches der Überbrückungshilfen in den neuen Bundesländern ausmachen.

Überlegungen zur kurzfristigen Stabilisierung und langfristigen Steigerung der Wirtschaftskraft in den neuen Bundesländern (McKinsey & Company, Inc.), Düsseldorf/München (April) 1991, S. 30.

Warnung vor permanenter Alimentierung

Karl Schiller, ehemaliger Wirtschafts- und Finanzminister der Bundesrepublik, zu den Gefahren eines Dauertransfers von Finanzmitteln West-Ost, 1994:

Wenn die privaten industriellen Investitionen im Osten zu erliegen kämen, wobei die verminderten öffentlichen Transferzahlungen fortlaufen würden, erlahmte die „expansive Drift" des Prozesses. Die permanente Alimentierung des Ostens würde sich in einer Deformation der Gesellschaft niederschlagen. Eine große subventionierte Reservearmee von Arbeitskräften im Wartestand jeglicher Art wäre das Gegenteil einer wirklichen Integration – das Ganze wäre eine moderne, deutsche Variante des Mezzogiorno.

Deutschlands Mezzogiorno. Muss die wirtschaftliche Weichenstellung in Ostdeutschland verändert werden? Materialien einer Diskussionsveranstaltung der Friedrich-Ebert-Stiftung, Berlin 2001, S. 18.

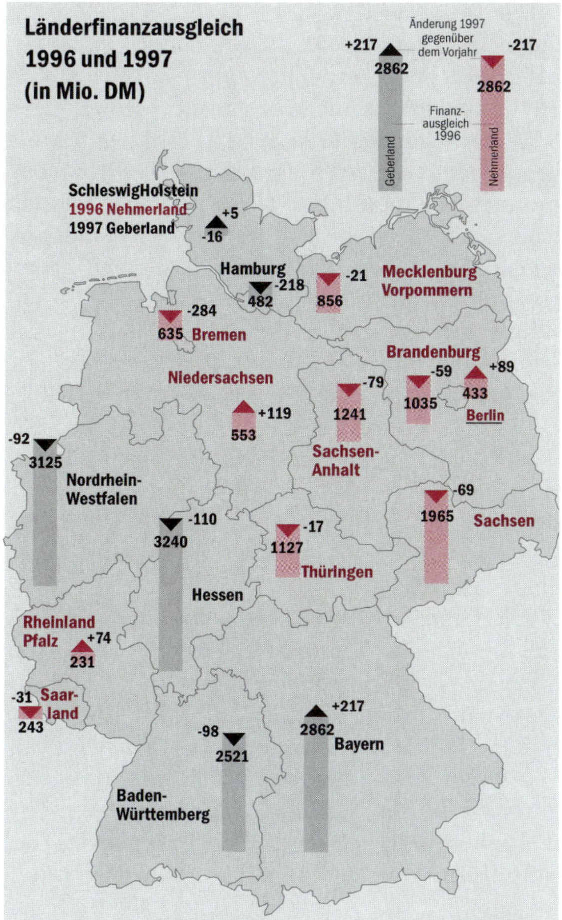

Quelle: Bundesministerium der Finanzen

den Alternative"[5] zum traditionellen Finanzausgleich wurde zwar die problemlose Zustimmung auch des Bundestages (einschließlich der SPD-regierten Länder) zum damals auf 115 Mrd. DM festgelegten und später auf 160,7 Mrd. DM aufgestockten „Fonds Deutsche Einheit" gesichert. Damit wurde aber auch eine Sonderfinanzregelung geschaffen, die das Grundgesetz nicht vorsah.

Das Verfahren wurde auch beibehalten, als deutlich wurde, dass es bei einer „Anschubfinanzierung" für die neuen Bundesländer nicht bleiben würde. Der (zweite) Einigungsvertrag verfügte, dass ein steuerkraftbezogener Umsatzsteuerausgleich sowie ein gesamtdeutscher Länderfinanzausgleich in den kommenden Jahren (bis 31. Dezember 1994) nicht stattfinden würde. Stattdessen wurde bis 1994, als hätte es keine Vereinigung gegeben, der Finanzausgleich „jeweils gesondert unter den alten Ländern und unter den jungen Ländern" durchgeführt, was bei der Ähnlichkeit der geringen Steuerkraft in den neuen Ländern völlig wirkungslos blieb. Auch die vom Grundgesetz vorgesehenen Bundesergänzungszuweisungen wurden nicht bemüht. Das Geld floss in die neuen Bundesländer hauptsächlich über das „Gemeinschaftswerk Aufschwung Ost" und mittels anderer Sonderzuweisungen. Diese wurden zu 59 Prozent über Kreditaufnahmen finanziert und trieben die Verschuldung des Bundes und die aus diesen Krediten abgeleiteten Zins- und Tilgungszahlungen in eine Höhe, die zehn Jahre später zum Politikum werden sollte. Eine 1993 beschlossene Neufassung des Gesetzes über den Finanzausgleich trat am 1. Januar 1995 in Kraft. Damit begann „die zweite Phase des finanzverfassungsrechtlichen Einigungsprozesses"[6], die bis 2004 andauern wird.

Die Einbeziehung der neuen Länder führte zu erheblichen Veränderungen in der Verteilung der Finanzen zwischen den alten Ländern, obwohl diese an den „Kosten der Einheit" bis heute nach wie vor in geringerem Maße beteiligt sind, als dies bei der bloßen Ausdehnung des Länderfinanzaus-

[6] Uli Busch, in: AG Perspektiven (Anm. 1), S. 110.

[5] Theodor Waigel, in: Der Staatsvertrag. Grundlage der deutschen Einheit, hrsg. vom Presse- und Informationsamt der Bundesrepublik, Bonn 1990, S. 88.

Bundeskanzler Helmut Kohl (l.) und Arbeitsminister Norbert Blüm vor der 16. Gesprächsrunde über das Gemeinschaftswerk „Aufschwung Ost" am 26. April 1993 in Bonn

Finanztransfers West-Ost: Keine Einbahnstraße

Bundestagspräsident Wolfgang Thierse über soziale und ökonomische Wirkungen der Transferzahlungen in Ost und West:

Die Transferleistungen von West nach Ost nach West waren beispiellos. Ohne die Solidarität der westdeutschen Beitrags- und Steuerzahler wäre der soziale Absturz für ganze Bevölkerungsschichten im Osten unvermeidbar gewesen, jedenfalls viel schlimmer, als er für einen Teil der Bevölkerung gewesen ist. Politische und soziale Stabilität waren unbestreitbare Vorzüge. ... Die Transfers sind für die Wirtschaft und für die öffentlichen Hände niemals Einbahnstraßen gewesen. Sie finanzieren im Osten auch die Nachfrage nach einem Warenüberschuss aus dem Westen und damit im Westen erzielte Einnahmen und Einkommen. Weniger Transfer bringt also auch dem Westen Verluste.

Zehn Jahre danach. Die Einheit neu denken! Dokumentation der Veranstaltung des Forum Ostdeutschland, Berlin (1. Juli) 2000, S. 12f.

gleichs auf den Osten der Fall gewesen wäre. Seit 1995 flossen inzwischen 5 und 7 Mrd. DM jährlich in die neuen Bundesländer. Das war knapp die Hälfte der umzuverteilenden Summe. Ein weiteres reichliches Drittel ging an das ehemals geteilte Berlin, zwischen einem Fünftel und einem Achtel an „bedürftige“ alte Bundesländer.

Die Nettotransfers (unter Berücksichtigung des Steueraufkommens Ost) in die neuen Länder beliefen sich im ersten vollen Jahr nach Beitritt auf 109 Mrd. DM und stiegen mit geringfügigen Schwankungen bis 1995 auf 190 Mrd. DM an. Sie liegen seitdem bei ca. 140 Mrd. DM jährlich. Wenn es auch eine (vor allem von Vertretern der süddeutschen „Geberländer“ geführte) Argumentation gab, wonach Anschubfinanzierung und „Übergangshilfe“ nicht zum Dauertransfer West-Ost führen dürften, der in den neuen Ländern eine schädliche „Subventionsmentalität“ erzeuge, waren sich doch letztlich Bund und Länder darüber einig, dass es weitere finanzielle Transfers von West nach Ost geben muss, da der „selbsttragende Aufschwung“ der Wirtschaft in den neuen Bundesländern bisher – im Unterschied etwa zu Transformationsländern wie Polen und Ungarn – nicht eingetreten ist.

Seit Anfang 1995, als die Belastungen, die sich aus der Finanzhilfe für die neuen Bundesländer ergaben, erstmals in den alten Bundesländern unmittelbar spürbar wurden, sind die Transfers auch in den Medien und zwischen den West- und Ostdeutschen zu einem Streitpunkt geworden, der entzweit. In der Auseinandersetzung haben Ostdeutsche wiederholt darauf hingewiesen, dass der Mittelzufluss in den Osten, der finanziell zweifellos ein beträchtliches Minusgeschäft ist, wirtschaftlich auch den Menschen im Westen zugute kommt. Gemeint ist, dass die Transfers im Osten Kaufkraft schaffen, die – angesichts der Schwäche der ostdeutschen verarbeitenden Industrie – für

200 Milliarden DM pro Jahr

Der Publizist Claus Noé Anfang 2001 über die deutsch-deutschen Transferleistungen und das dadurch Erreichte:

Seit 1991 wurden von Westdeutschland und der Europäischen Union mehr als 1,4 Billionen D-Mark in die neuen Länder einschließlich Ost-Berlin transferiert. Alle in Deutschland zugelassenen 52 Millionen Autos zusammen sind etwa soviel Wert. Von 1991 bis heute ist das Volkseinkommen in Deutschland um ganze 600 Milliarden D-Mark gewachsen. Mehr als doppelt soviel ist in die neuen Länder geflossen. Die Haushaltsnettoeinkommen in den neuen Ländern liegen nach zehn Jahren bei 80 Prozent der westdeutschen. Ein stolzes Ergebnis, wenn man weiß, dass es üblicherweise – also ohne besondere Politik – in anderen Ländern etwa 35 Jahre dauerte, bis sich der Einkommensabstand zwischen zwei Regionen auch nur halbiert hat. Aber die Wirtschaft in den neuen Ländern schafft nur zwei Drittel der Werte, die sie für privaten Konsum, für Staatsverbrauch und für Investitionen ausgibt. Das sind seit 1997 Jahr für Jahr über 200 Milliarden D-Mark, die von West nach Ost transferiert werden müssen. Lebten die 15,3 Millionen Ostdeutschen in einem Land mit eigener Währung, so hieße diese Differenz zwischen Produktion und Absorption strukturelles, also dauerhaftes Leistungsbilanzdefizit. Der Wechselkurs der Währung eines Landes mit einem außenwirtschaftlichen Ungleichgewicht von einem Drittel des Bruttoinlandsprodukts geriete ins Trudeln.

Berliner Tagesspiegel vom 17. Februar 2001.

Lebensmittel und Gebrauchsgüter eingesetzt wird. Den entsprechenden Umsatz machen dabei die den Osten flächendeckend versorgenden Supermärkte wie REWE, ALDI, Lidl, Kaisers usw., deren Produktionsstätten überwiegend in den alten Bundesländern beheimatet sind. Der ostdeutsche Zusatzmarkt für westdeutsche Unternehmen, so wird argumentiert, würde ohne den Finanztransfer von West nach Ost deutlich geringer ausfallen, eine stärkere Reduzierung dürfte auch im Westen Arbeitsplätze kosten.

Der West-Ost-Finanztransfer hat eine soziale Umverteilung bewirkt, die jedoch bisher wenig Beachtung im Transferstreit gefunden hat. Die Mittel wurden vorwiegend über die Kreditaufnahme des Bundes und aus Bundessteuern gezahlt. Diese sind letztlich vom Steuerzahler aufzubringen. Da in den 90er-Jahren die Lohnsteuern mit 90 Prozent die wichtigste Einnahmequelle des Bundes im Vergleich zu den seitens der Selbstständigen aufzubringenden Steuern waren (veranlagte Einkommen- und Körperschaftsteuer betrugen zusammen 10 Prozent), sind die auf Lohn- und Gehaltsteuern zahlenden Arbeiter und Angestellten in weitaus größerem Maße als andere Schichten der Bevölkerung zur Finanzierung der deutschen Einheit herangezogen worden. Demgegenüber waren die Unternehmer über die Gewährung von Subventionen durch erhöhte Abschreibungsquoten und Steuervergünstigungen im Osten zweifellos die größten Nutznießer. Beim Finanztransfer West-Ost und dem daraus resultierenden Gewinntransfer West-Ost handelt es sich also nicht nur um eine regionale, sondern auch um eine soziale Umverteilung - von unten nach oben. Wenn sich in den 90er-Jahren die Einkommensunterschiede zwischen Arbeitnehmern und Selbstständigen deutlich stärker auseinander entwickelten, als dies in der Altbundesrepublik während der ersten Hälfte der Ära Kohl der Fall war, dann haben die Dauertransfers West-Ost und ihr teilweises „Recycling“ Ost-West daran einen direkten Anteil.

Soziale Auswirkungen besonderer Art ergeben sich aus den West-Ost-Transfers in jenen Fällen, in denen infolge der durch Transfers geschaffenen Subventionsmöglichkeiten für Betriebe in den neuen Ländern - in direktem Gegensatz zu den ursprünglich mit der Aufhebung der Zonenrandförderung verfolgten Absicht - ein „Subventionsgefälle“ Ost-West entsteht. Dies haben sich „clevere“ Firmeninhaber des früheren Zonenrandgebietes, insbesondere in Niedersachsen, zu Nutze gemacht: Sie verlagerten ihre Produktion über die

Betriebsverlagerung von Niedersachsen nach Sachsen Anhalt

Brief des Betriebsrates der Hemeyer Verpackungen, Werk Bad Lauterberg/Harz, an Politiker, u.a. auch an den niedersächsischen Ministerpräsidenten Gabriel.

Sehr geehrte Damen und Herren, wir bitten sie darum, uns der Belegschaft der Firma Hemeyer, Gehör zu schenken. Am 6. März 2000 teilte Dr. Karl-Heinz Hemeyer, ... dem Betriebsrat ... mit, dass er die unternehmerische Entscheidung getroffen hat, den Betrieb in Bad Lauterberg zum 31. Dezember 2000 zu schließen und die Produktion nach Bitterfeld zu verlagern. Dr. Hemeyer hat in Bitterfeld (Sachsen Anhalt) nach unserem Wissen von der Treuhand(nachfolgerin BvS) für ein Butterbrot ein ca. 100 000 qm großes Gelände bekommen. Zusätzlich fließen nach seinen Angaben dort auch großzügige Subventionen (Steuergelder, auch unsere). Dieses hat seine Entscheidung leicht gemacht. Aus gleichen Gründen verlagerte Dr. Hemeyer 1998 schon einmal eine Abteilung nach Bitterfeld und stürzte 54 Kollegen in die Arbeitslosigkeit. Da die Region Süd-Niedersachsen, besonders der Landkreis Osterode mit einer Arbeitslosenquote von über 16 Prozent sehr strukturschwach ist, bitten wir zu prüfen, ob es nicht möglich ist, ähnliche Fördermittel wie in Bitterfeld aus Kreis, Land, Bund und EU für den Erhalt der Arbeitsplätze in diesem Betrieb zu bekommen.

Aus der Antwort des niedersächsischen Ministerpräsidenten Sigmar Gabriel:

Bei der Förderung der Wirtschaftsräume im Osten des seit 1990 wieder vereinigten Deutschlands werden Konditionen ausgelobt, die für manche Unternehmer unbestreitbar einen hohen Reiz ausüben, in die neuen Bundesländer zu wechseln. Dies ist gesamtwirtschaftlich gewollt, führt in Einzelfällen aber doch zu problematischen Ergebnissen.

Als Landesregierung müssen wir bei realistischer Betrachtung zudem zur Kenntnis nehmen, dass die Rahmenbedingungen für unternehmerisches und wirtschaftspolitisches Handeln nicht allein in Hannover, sondern auch in Berlin und zunehmend in Brüssel gesetzt werden. Auch die Politik kann im konkreten Einzelfall nicht immer das Gewünschte leisten.

„Blech kann man verbiegen ... uns nicht!“
Dokumentation eines Kampfes (Betriebsrat der Firma Hemeyer Verpackungen Werk Bad Lauterberg),
Bad Lauterberg, September 2001, S. 26 und S. 6

[7] NBI. Die Zeit im Bild. Sonderausgabe, S. 25.

„Subventionsgrenze“ nach Osten und entließen dafür die Belegschaften am ursprünglichen Produktionsstandort. Während in einem solchen Fall die Unternehmer den Nutzen haben (der durch die geringeren Ostlöhne noch vermehrt wird), sind die Arbeiter und Angestellten, aus deren Steueraufkommen die Transfers überwiegend bestritten werden, die Geschädigten. Bekannt geworden ist ein solcher Fall durch die Belegschaft der „Hemeyer Verpackungen“ aus Bad Lauterberg im Harz, die sich derzeit massiv gegen derartige Unternehmerpraktiken gewehrt hat.

„Managerin des Jahres“ pleite

Günter H. Münzberg, langjähriger Angestellter der Treuhandaußenstelle Leipzig, darüber, wie die geringe Eigenkapitaldecke einem Vorzeigeunternehmen zum Verhängnis wurde:

Erstaunt nahm die Leipziger Bevölkerung 1993 aus den Medien zur Kenntnis, dass die ehemalige Direktorin des VEB Spezialhandel Leipzig, Martina-Elvira Lotzmann, vom Wirtschaftsmagazin „Forbes“ zur „Managerin des Jahres“ auserkoren wurde. Damit stand diese engagierte Frau stellvertretend für den „Aufbau Ost“. 1990 entstand aus dem volkseigenen Betrieb, der Uniformen für die Sowjetarmee lieferte, die Leipziger Handelsgesellschaft Merkur GmbH, die von Frau Lotzmann von der Treuhandanstalt als klassisches MBO erworben wurde. Von da an ging es ständig aufwärts. 60 Schneiderinnen fertigten Modekollektionen, die sich vor allem bei den Damen in den GUS-Staaten der ehemaligen Sowjetunion großer Beliebtheit erfreuten. 1996 kommt schließlich das bittere Erwachen. „Die neureichen Russen kaufen“, wie die „SuperIllu“ im November 1997 schrieb, „lieber Nobelmarken aus Italien und Frankreich. Und die breite Masse in den GUS-Staaten hat für Mode kaum noch Geld.“ ... Schließlich machte Merkur 1996 Pleite.

Aber Frau Lotzmann hatte ja noch die Lotzmann Bekleidung GmbH. Doch der nächste Tiefschlag ließ nicht lange auf sich warten. Als die hessische Firma Fink, von der 90 Prozent der Aufträge stammten, ohne Vorwarnung alle Verträge kündigte, konnte die Unternehmerin aufgrund der Zahlungsausfälle die Kredite nicht mehr tilgen. Das bedeutete für die Lotzmann Bekleidung GmbH das endgültige Aus, und im September 1997 musste die einstmalige Vorzeigeunternehmerin den Gang zum Amtsgericht antreten, um das Gesamtvollstreckungsverfahren, die ostdeutsche Form des Konkurses, zu beantragen.

Günter Heribert Münzberg: Zu treuen Händen. Ein Insider-Bericht, Leipzig 2001 (Militzke Verlag), S. 128f.

Die Sorgen der ostdeutschen Mittelständler

Im Sommer 1998 ließ sich Helmut Kohl für die CDU-Wahlzeitung „Neue Bundesländer Illustrierte“ (NBI) die Frage stellen, auf welchen Wirtschaftszweig er denn am meisten setze. Der Bundeskanzler antwortete: „Auf den Mittelstand, der in diesem Teil Deutschlands früher besonders stark war. Er ist jetzt wieder sehr im Kommen: das Handwerk, die freien Berufe, die Gewerbetreibenden. Im vergangenen Jahr [1997] haben 530 000 Menschen den Schritt in die Selbstständigkeit gewagt. Das ist die höchste Zahl seit der Wiedervereinigung.“[7]

Wenn man die Worte „im vergangenen Jahr“ durch „bis zum vergangenen Jahr“ ersetzt, dann entsprechen Kohls Angaben der Wirklichkeit, so wie sie die Statistik nachzeichnen kann. Seit 1997 bis einschließlich 2000 sind noch mehr als eine viertel Million Unternehmensgründungen hinzu gekommen (274 000). Im gleichen Zeitraum haben – und damit hört die Erfolgsgeschichte bereits auf – eine viertel Million Gewerbetätiger ihre Selbstständigkeit wieder aufgegeben bzw. aufgeben müssen.

Struktur der Unternehmen im Kammerbezirk Schwerin

Hansheinrich Liesberg, seit 1990 Präsident der Industrie- und Handelskammer Schwerin:

Unser Kammerbezirk hat 20 000 Unternehmen. Von diesen 20 000 Unternehmen – das hört sich erst einmal ganz anständig an – haben 80 Prozent Null bis drei Beschäftigte. Das heißt also: Vati mit Mutti und einem Kind, die wursteln da so vor sich hin. Das ist die wirtschaftliche Basis, die wir haben. ... Dann haben wir im Prinzip ganze drei Prozent, die mehr als 500 Beschäftigte haben. Auch das ist die Wirtschaftsrealität.

Deutschlands Mezzogiorno. Muss die wirtschaftliche Weichenstellung in Ostdeutschland verändert werden? Materialien einer Diskussionsveranstaltung der Friedrich-Ebert-Stiftung, Berlin 2001, S. 38.

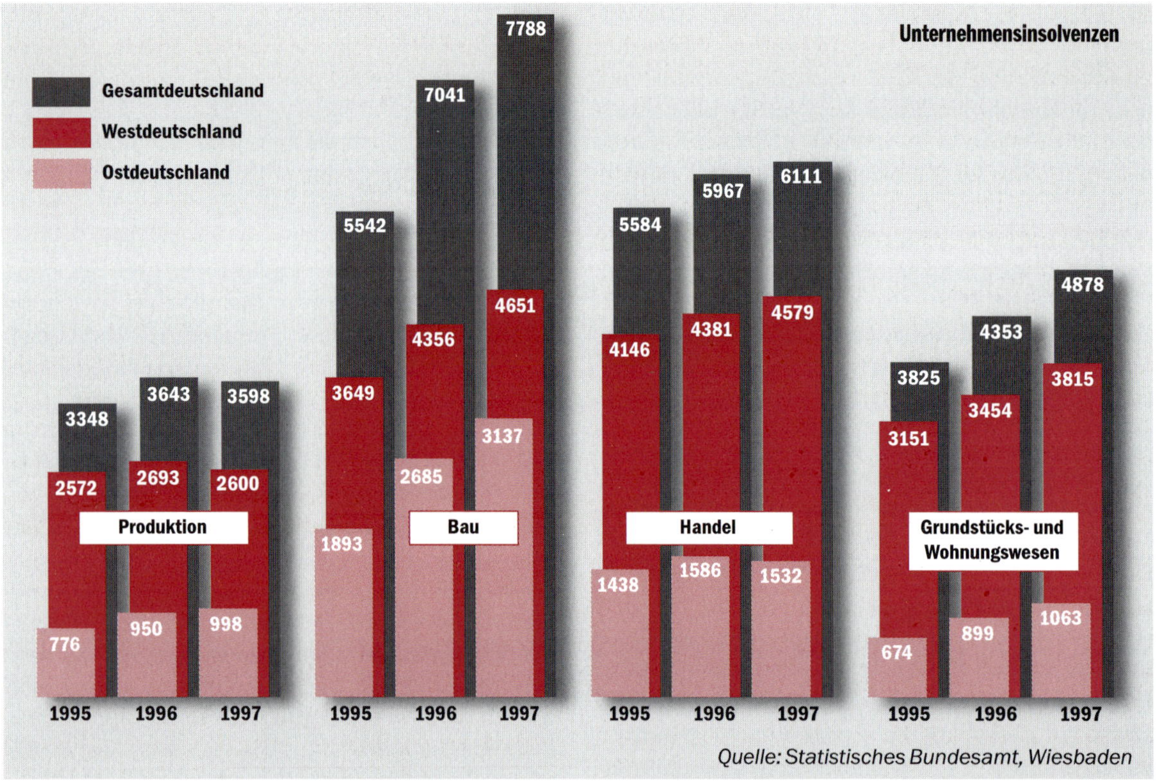

Quelle: Statistisches Bundesamt, Wiesbaden

Der Nettozuwachs an Selbstständigen betrug nach 1997 pro Jahr etwas mehr als 6 000 – mit abnehmender Tendenz. In der Dreijahresperiode zuvor (1995 bis 1997) hatte er noch doppelt so hoch gelegen. Die auffallende Veränderungsgeschwindigkeit im ostdeutschen Unternehmensbestand ist als deutliches Zeichen mangelnder Konsolidierung zu werten. Das Institut für Wirtschaftsforschung Halle kommentierte dies so: „Offensichtlich findet auf Branchen- und Betriebsebene ein nach wie vor intensiver Selektionsprozess statt.“[8]

Geborgtes Eigenkapital

Edgar Most, seit 1990 Mitglied der Geschäftsleitung der Deutschen Bank AG, Filiale Berlin, über die Probleme der ostdeutschen Mittelstandsbetriebe mit ihrer Eigenkapitaldecke:

Wenn ich das verarbeitende Gewerbe betrachte, ist das Eigenkapital in Ostdeutschland nur ein Prozent geringer als in den Altbundesländern. Aber dieses Eigenkapital gehört fast zur Hälfte den Banken und nicht den Unternehmen, ist also das Ergebnis von Eigenkapitalhilfsprogrammen, ERP-Förderkrediten usw. ... Der Kredit hat nun einmal das Problem an sich, dass er zurückgezahlt werden will. Das berührt natürlich auch die Frage des Eigenkapitals.

Deutschlands Mezzogiorno. Muss die wirtschaftliche Weichenstellung in Ostdeutschland verändert werden? Materialien einer Diskussionsveranstaltung der Friedrich-Ebert-Stiftung, Berlin 2001, S. 30.

Geht man den Unternehmensliquidationen auf den Grund, dann stößt man immer wieder auf die ambivalente Eigenkapitalsituation der ostdeutschen Mittelstandsbetriebe. Die meisten Unternehmen verfügen nur über wenig Finanzmittel und weisen insbesondere einen geringen Cashflow (Finanzmittelüberschuss aus laufender Tätigkeit) auf. Hinzu kommt eine wachsende Belastung aus Fremdkapital (Tilgung und Zinsdienste für gewährte Kredite). Die Kapitalknappheit, so weit sie nicht zur vorzeitigen Geschäftsaufgabe zwingt, hat eine ganze Reihe von Folgen, die insgesamt alle die Expansions- und langfristigen Überlebensaussichten der ostdeutschen mittelständischen Unternehmen schmälern. Sie erlaubt keine größeren Ausgaben für Forschung und Entwicklung, selbst wenn die dafür ausgebildeten Beschäftigten (noch) vorhanden sind, und gefährdet damit die Absatzfähigkeit der Unternehmen in der Zukunft.

Kapitalknappheit verhindert größere Marketingausgaben und damit die Expansion in der Gegenwart. Marketing ist unerlässlich, sobald die Un-

[8] Ostdeutschland 1992 und 1993: Zwischen und Hoffnung. Auszüge aus dem Herbstgutachten (Institut für Wirtschaftsforschung Halle), Halle/Berlin, 9. Dezember 1992, S. 2.

ternehmen über den lokalen Markt hinaus auftreten wollen bzw. anstreben, in größerer Stückzahl zu produzieren, um die „economies of scale" zu nutzen. Eigenkapitalknappheit verleitet aber auch dazu, die Lohnkosten dadurch niedrig zu halten, dass man aus dem Arbeitgeberverband austritt

Lohn erst im nächsten Monat

Der Vorarbeiter einer mittelständischen Maschinenfabrik über die Auswirkungen der unzureichenden Liquidität des Unternehmens:

Wir sind schwer hinter den Tarifen zurück. Man kann sagen, im Durchschnitt liegen wir sieben Mark unter dem Tarif. Wir haben jetzt im Durchschnitt 12 bis 15 Mark. Brutto! Das ist das, mit dem die Leute eben unzufrieden sind. Weil viele Überstunden dabei und alles mögliche noch dabei sind. Und Überstunden werden nicht bezahlt, keine Zuschläge. Wir kriegen kein Weihnachtsgeld, wir kriegen kein Urlaubsgeld, keine Erschwerniszulage. Wir kriegen nichts! Wochenendzuschläge 25 Prozent, wenn der Betrieb Geld hat. Wir haben ja sogar manchmal Schwierigkeiten, Lohn zu zahlen. Da gibt es den nächsten Monat erst Lohn. Das ganze Jahr schon, dass wir erst Abschlag kriegen, dann die Restzahlung Mitte des drauf folgenden Monats.

Hermann Kotthoff/Ingrid Matthäi: Vom Kombinat zum Kleinbetrieb. Die Entstehung einer mittelständischen Industrie, Berlin 1999 (edition sigma), S. 134.

Überleben nur ohne Tarifvertrag

Ein mittelständischer Getränkehersteller darüber, warum Mittelstandsbetriebe nicht nach Tarif zahlen:

Ich weiß auch, dass viele nicht nach dem Tarif bezahlen. In unserer Größenordnung zahlen die Wenigsten nach Tarif. Arbeitgeberverband hin, Arbeitergeberverband her. Manche sind gar nicht Mitglied und manche sind Mitglied und manche, ach, viele interessiert das doch gar nicht. Hauptsache überleben! Das ist doch erstmal, ich muss doch als Betrieb erstmal überleben in diesem Zustand hier. Ich kann doch stundenlang einen Tarifvertrag aushandeln, wenn die Bank morgen nicht sagt, wir machen das, dann war's das hier.

Hermann Kotthoff/Ingrid Matthäi: Vom Kombinat zum Kleinbetrieb. Die Entstehung einer mittelständischen Industrie, Berlin 1999 (edition sigma), S. 132.

und „Haustarife" macht, die unter den ostdeutschen Flächentarifen liegen, die für die meisten Gewerke im Osten sowieso schon geringer als im Westen sind. Die Abwanderung von Fachleuten aus den mittelständischen Unternehmen „nach Westen" in die dortigen Großbetriebe ist damit vorprogrammiert. Die Kapitalknappheit kann so weit gehen, dass der Unternehmer eigentlich wider Willen auf die Anwendung von Leistungslohn verzichtet, weil dafür die Buchhaltung teurer erscheint, als die aus einem möglichen Motivationsgewinn resultierenden Produktivitätssteigerungen.

Bedenkt man die Schwierigkeiten, welche die meisten ostdeutschen Mittelständler in der täglichen Unternehmertätigkeit überwinden müssen, dann ist es eigentlich erstaunlich, dass es trotzdem einer Reihe von Firmen gelungen ist, sich während der 90er-Jahre expansiv zu entwickeln. Diese Betriebe sind es, welche die Zukunft des ostdeutschen Mittelstandes verkörpern könnten. Es handelt sich bei ihnen bis heute aber um Ausnahmen von der Regel. Eines dieser Unternehmen ist die Florena Cosmetic GmbH&Co KG in Waldheim/Döbeln. Der Betrieb hatte schon in den 80-er Jahren als Gestattungsproduktion für die Hamburger Firma Beiersdorf (Nivea) für den Weltmarkt produziert. Das aus einem VEB des Kosmetik-Kombinates durch Management-Buy-Out hervorgegangene Unternehmen verzeichnete 1991 ein Umsatztief von 18 Mill. DM. Bis 1993 stieg der Umsatz wieder auf 45 Mill. DM an, 1997 waren 92 Mill. DM erreicht, und im Jahr 2000 wurde bei verlangsamter Entwicklung die 100-Millionen-DM-Umsatzgrenze überschritten.

Neben dem Absatz in den neuen Bundesländern, wo Florena bei Hand und Hautcremes einen Marktanteil von 18 Prozent, bei Rasiercremes sogar von mehr als 50 Prozent besitzt, setzt die Firma ihre Erzeugnisse auch in Westdeutschland (mit 25 Prozent des Inlandumsatzes) und – mit 40 Prozent des Gesamtumsatzes – im Ausland ab, überwiegend in den Nachfolgestaaten der Sowjetunion, aber auch in Westeuropa. Als die heutigen Besitzer 1992 das Unternehmen von der Treuhandanstalt erwarben, mussten sie den Bestand von 170 Mitarbeiterinnen und Mitarbeitern garantieren. Anfang 2000 waren im Unternehmen 235 Festangestellte und 26 Auszubildende beschäftigt, dazu nach Bedarf Saisonkräfte. (Der ostdeutsche Durchschnitt für MBO-Betriebe liegt bei 85 Beschäftigten). Um das „blau-weiße Wunder" (Farbe der Hauptprodukte der Florena-Erzeugnisse) zu bewirken, ha-

ben die drei Geschäftsführer ins Unternehmen erheblich investiert: 60 Mill. DM statt der 5,6 Mill. DM, zu denen sie sich beim Kauf gegenüber der THA verpflichtet hatten. Sie haben jährlich bis zu fünf Prozent des Umsatzes in die werkseigene Forschung und Entwicklungsabteilung gesteckt, deren Mitarbeiterzahl von 12 auf 20 gestiegen ist. Inzwischen hat die Florena GmbH die Produktivität vergleichbarer westdeutscher Unternehmen erreicht und ihre Eigenkapitalquote auf über 30 Prozent gesteigert.

Während die Florena GmbH bis zum Jahr 2000 ein hundertprozentiger Ostbetrieb war, vollzog sich die Privatisierung der Rotkäppchen Sektkellerei GmbH in Freyburg/Unstrut durch eine Kombination aus MBO und MBI. Im Jahre 1991 setzte das Unternehmen lediglich 1,8 Millionen Flaschen seiner Stammmarke um, 1995 wurden 18,5 Millionen Sektflaschen an den Konsumenten gebracht, 1998 schon 40,1 Millionen, im Jahre 2000 waren es 69,9 Millionen. Der Umsatz hatte sich bis dahin auf 222 Mill. DM erhöht. Der größte Teil der Produktion wird in den neuen Bundesländern verkauft, wo der Marktanteil weit über 50 Prozent liegt. Im Westen Deutschlands betrug er dagegen im gleichen Jahr erst 2,3 Prozent. Angepeilt wird ein Anteil von 5 Prozent. Zu diesem Zweck lief bereits eine bundesweite TV-Werbekampagne der Firma unter dem Motto „Überraschung in Rot". Im Westen wurde die Rotkäppchen Sektkellerei GmbH seit Beginn des Jahres 2002 noch auf andere Weise aktiv. Im Kampf um die Übernahme der westdeutschen Traditionsmarken „Mumm" und „MM" gelang es den Freyburgern, mit „Henkel & Söhnlein" den zweitstärksten Sektproduzenten der Bundesrepublik auszustechen und sich auch im Rhein-Main-Gebiet festzusetzen.

Wie bei Florena waren auch bei „Rotkäppchen" die Investitionen hoch: 71 Mill. DM flossen seit 1993 in das Unternehmen, im Jahre 2000 davon allein 6,4 Mill. DM. Mit 92 Beschäftigten ist die Firma der größte Arbeitgeber des 4 700 Einwohner zählenden Städtchens Freyburg.

An der Investitionsausgaben sowie den Aufwendungen für Forschung und Entwicklung und Marketing wird ersichtlich, dass die Produktionssteigerungen der beiden Vorzeigeunternehmen – beide haben volumenmäßig den Absatz von 1989 erreicht und überschritten – das Ergebnis eines beträchtlichen Einsatzes von Ideen und Finanzmitteln waren.

Dass dies für eine stabile Vorwärtsentwicklung ihrer Firmen notwendig ist, wissen natürlich auch

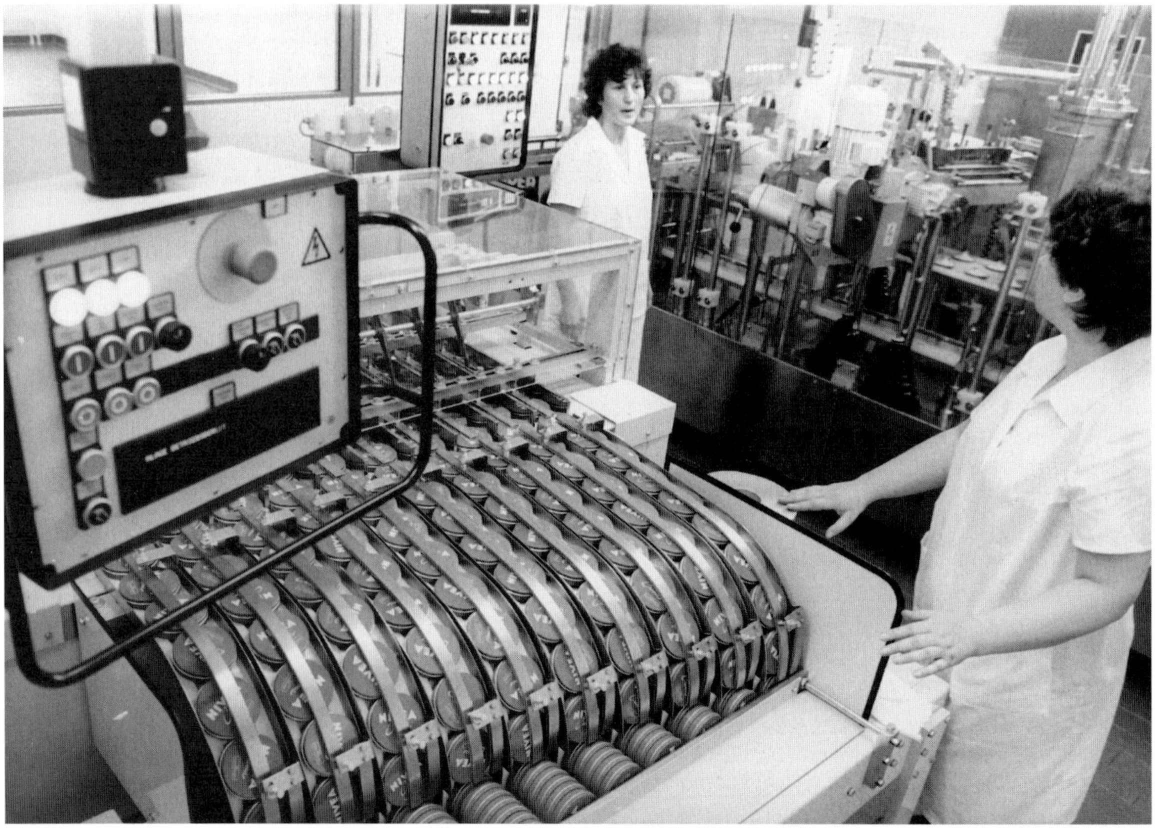

Die Florena Cosmetic GmbH&CoKG in Waldheim ist eine moderne Hautcremefabrik, die schon in den 80er-Jahren für die Firma Beiersdorf (Hamburg) als Gestattungsproduktion die renomierte Nivea-Creme herstellen durfte

Sektkellerei Rotkäppchen 1998: moderne Gäranlage in neuer Produktionshalle ...

andere ostdeutsche Mittelständler. Warum ist ihnen eine ähnliche Entwicklung nicht gelungen? Als am 15. Juni 2001 in einer Podiumsdiskussion in Berlin einem halben Dutzend erfolgreicher ostdeutscher Unternehmer vom Moderator die Frage gestellt wurde, warum sie es „geschafft" hätten und andere ostdeutsche Mittelständler nicht, waren diese um eine Antwort verlegen. Sie wussten, dass nicht nur sie fleißig gewesen waren und kluge Ideen gehabt hatten. Die nicht ganz befriedigende Antwort war dann, man habe eben auch Glück gehabt. Und an Glück hat es auch den Managern von „Florena" und „Rotkäppchen" nicht gefehlt.

„Florena" war zu winzig: Der Umsatz betrug fünf Prozent des inländischen Umsatzes der Cosmed-Sparte der Hamburger Beiersdorf AG (Nivea), des wichtigsten Wettbewerbers. Das war zu wenig, um an den ehemaligen Kooperanten und nunmehrigen Konkurrenten aus Sachsen Hand anzulegen. Im Gegenteil: Die Beiersdorf AG, die „Florena" von Anfang an genau kannte, da der VEB zu DDR-Zeiten für die Hamburger Firma eine „Gestattungsproduktion" gemacht hatte, gewährte den Managern aus Waldheim Einblicke in die Produktion in Hamburg und lässt bis heute das bekannte „8x4" in

... und computergesteuerte Flaschenfüllanlage

Lohnveredlung in Waldheim produzieren - wie schon vor 1989.

Auf dem deutschen Sektmarkt wurden keine Milliardenumsätze gemacht, aber „Rotkäppchens" Umsatz betrug - in Millionen Flaschen gemessen - 1994 mehr als ein Viertel des Umsatzes seines größten Konkurrenten, der Sektmarkte Faber der Günther Reh AG. Es war nicht die absolute Distanz zwischen dem Produzenten aus dem Osten und dem Marktführer im Westen, sondern die schlichte Unterschätzung des Potenzials der Freyburger Sekthersteller. Deshalb ließen die Besitzer der Sektmarken Faber, Söhnlein Brillant, Mumm, MM und Deinhard das MBO/MBI an der Unstrut, in das mit Eckes nur einer der kleineren westdeutschen Sekthersteller (1984 auf dem 9. Platz nach „Rotkäppchen") über eine Beteiligung einstieg, gewähren.

Das Land der verlängerten Werkbänke

In den 80er-Jahren hatten sich im Rahmen der deutsch-deutschen Wirtschaftskooperation Manager und Techniker der DDR-Kombinate und der bundesdeutschen Konzerne vielfach bereits kennen gelernt. Stand bei diesen Treffen auf ostdeutscher Seite oft noch der Staat in Gestalt von zentralen Außenhandelsgesellschaften, Ministeriumsvertretern und natürlich auch vom Bereich Kommerzielle Koordinierung (KoKo) und vom MfS im Hintergrund, so packten die Manager der Kombinate ab Januar 1990 die Verhandlungen mit den westdeutschen Firmen selbstständig und selbstbewusst an. Verhandelt wurde auf Augenhöhe. Joint Ventures, von ost- wie westdeutschen Firmen finanzierte Gemeinschaftsunternehmen vor allem im Technologiebereich, schloss man bis in die erste Märzhälfte 1990 ab. Mit dem Wahlergebnis vom 18. März 1990 wurde deutlich, dass es nicht mehr lange zwei deutsche Staaten geben würde und die Ostbetriebe, so weit daran von westlicher Seite Interesse bestand, vollständig zu haben waren. Die aufgekauften Betriebe wurden in das jeweilige westliche „Firmenimperium" eingepasst - in der Regel als „verlängerte Werkbänke". An deren Spitze setzte man Leute des eigenen Vertrauens - Fachleute aus dem Westen.

Verlängerte Werkbank ist ein häufig benutztes Wort, aber was ist exakt darunter zu verstehen? Wird der Begriff - im angloamerikanischen Sprachbereich sagt man „branch plant" (Filialbetrieb) - verwendet, dann werden nicht nur, wie der Name „verlängerte Werkbank" vermuten lässt, gravierende technologische Asymmetrien benannt, wie etwa die Beschränkung der Produktion des Filialbetriebes auf Komponenten bzw. auf die Ausführung einzelner Arbeitsgänge am Produkt. Branch plant verweist darüber hinaus auf ökonomische Asymmetrien: Der betroffene Betrieb fällt nicht oder nur teilweise Entscheidungen über die Tätigung von Investitionen im Unternehmen, unterhält keine oder nur marginale Forschungs- und Entwicklungsabteilungen. Der Filialbetrieb organisiert nicht das Controlling seiner Geschäftstätigkeit bzw. das Marketing oder den Vertrieb seiner Produkte, sondern das Stammunternehmen entscheidet.

Diese ökonomischen Asymmetrien ziehen soziale nach sich. Bei verlängerten Werkbänken fehlt mit den genannten Funktionen bzw. Abteilungen ganz oder teilweise das höhere, in ausgeprägten Fällen selbst das mittlere Management. Natürlich kann man einwenden: Verlängerte Werkbänke, z.B. Industrieunternehmen, die über keine „komplette Wertschöpfungskette" verfügen, sind in jeder Marktwirtschaft anzutreffen. Und das nicht erst seit gestern. Ihre Anzahl wird in Zukunft mit

Wirtschaft mit Angebotsproblemen

Hansheinrich Liesberg, seit 1990 Präsident der Industrie- und Handelskammer Schwerin, über die Notwendigkeit einer gesonderten Behandlung der spezifischen Probleme ostdeutscher Mittelständler:

Natürlich sind die Betriebe zu klein - weil sie nicht Kapital akkumulieren können, um sich zu vergrößern. Der Kapitalmangel selbst ist Ausdruck der Tatsache, dass keine Kapitalakkumulation stattfindet, weil die Produktion nicht rentabel ist. Dies sind alles Symptome, die eine Wirtschaft zeigt, die Angebotsprobleme hat. Auf diese Angebotsprobleme muss man adäquat antworten. Es sind dies andere Probleme, als sie die deutsche Wirtschaft insgesamt hat. Die westdeutsche Wirtschaft insgesamt ist sehr angebotsfähig, sie ist sehr kompetetiv auf den Weltmärkten. Die ostdeutsche Wirtschaft hat Probleme. Deshalb muss man noch spezielle Konzepte für den Osten machen und sie nicht unter Regionalpolitik subsumieren, wie dies häufig schon geschieht.

Deutschlands Mezzogiorno. Muss die wirtschaftliche Weichenstellung in Ostdeutschland verändert werden? Materialien einer Diskussionsveranstaltung der Friedrich-Ebert-Stiftung, Berlin 2001, S. 35f.

Montageband im Opelwerk in Eisenach, 1994

der Globalisierung zunehmen. Doch im ostdeutschen Fall geht es um mehr: In den neuen Ländern gibt es sie nicht nur in großer Zahl, sondern es handelt sich um ein „Land der verlängerten Werkbänke“, um eine „branch plant economy“ oder „Dependenz-Wirtschaft“.

Von ihr wird man sprechen, wenn sich - erstens - in einem Land, das über ein räumlich ausgedehntes Netz von Industriebetrieben verfügt, die Stammbetriebe für die Unternehmen von Gewicht außerhalb der Region bzw. in einem anderen Land befinden und wenn - zweitens - diese Erscheinung nicht nur massenhaft auftritt, sondern auch einseitig ist, d.h., die betroffene Region verfügt selbst nicht über Stammbetriebe in nennenswerter Zahl, die wiederum ihre Filialbetriebe in der anderen Region besitzen. Ja, die Region kennt kaum größere Firmen, die über alle Funktionen eines modernen Unternehmens verfügen.

Zu verlängerten Werkbänken können nicht nur Großbetriebe werden. Als ab 1990 mittelständische Westunternehmer nach einem geeigneten Übernahmebetrieb bei der Treuhandanstalt vorsprachen, sahen sie sich vor allem Betriebe der gleichen Branche an. Die übernahmen sie, weil sie sich „zur Ergänzung des eigenen Produktspektrums eigneten oder als verlängerte Werkbank zur Produktionsverlagerung dienen konnten“.[9] Bezieht man sich auf Unternehmen mit mehr als 1 000 Beschäftigten, dann existiert in den neu-

[9] Hermann Kotthoff/Ingrid Matthäi (Anm. 3), S. 36.

„Eine richtige ostdeutsche Firma“

Der Vorstandsvorsitzende der Jenoptik GmbH, Lothar Späth, über eine Besonderheit dieses, aus dem Kombinat Carl Zeiss Jena hervorgegangenen Unternehmens:

Es war zwischen Treuhand und Zeiss von Anfang an klar, dass Carl Zeiss Jena eine Tochtergesellschaft von Oberkochen wird. Mich reizte aber die Chance, eine richtige ostdeutsche Firma aufzubauen. ... Wir sind nicht den Weg vieler Unternehmen gegangen, bei denen das Management, der Vertrieb, die Forschung und Entwicklung im Westen sitzen und im Osten nur die Produktion mit der niedrigsten Wertschöpfung hergestellt wird. ... Das Wichtigste ist, dass der Konzernsitz in Jena bleibt und nicht ferngesteuert wird. In Jena wird entschieden – nicht in München oder Frankfurt.

Neues Deutschland vom 20. September 1995.

en Ländern nur ein Betrieb, der über alle Unternehmensfunktionen verfügt: Jenoptik in Jena.

Rudi Geil, in der zweiten Hälfte der 80er-Jahre der spezielle Berater von Bundeskanzler Kohl für die Wirtschaft der neuen Länder, musste auf einer Tagung der Industrie- und Handelskammer in Chemnitz im März 1998 feststellen: „Die (Infra-) Strukturen in Ostdeutschland ließen ohne weiteres zu, einen großen Konzern aus einem der neuen Länder zu leiten. Es müsse als ‚Warnsignal‘ betrachtet werden, dass nach acht Jahren deutscher Einheit noch immer keines der großen Westunternehmen und keine Bank ihren Hauptsitz in den neuen Ländern habe.“[10]

Günter Heismann, ein bekannter Wirtschaftsjournalist, stellte in einer im Jahr 2000 veröffentlichten Analyse der ostdeutschen Industriebetriebe fest, dass „Ostdeutschlands Chemieanlagen, Autofabriken und Computerbetriebe“, die heute modernste Erzeugnisse oftmals effizienter herstellen als im Westen, „gleichzeitig ausnahmslos Zweigwerke westdeutscher und ausländischer Konzerne sind, in denen in den seltensten Fällen Forschung und Entwicklung oder andere zentrale Unternehmensfunktionen mit hochqualifizierten, gutbezahlten Arbeitsplätzen zu finden sind“.[11]

Heismann hat damit die volkswirtschaftlichen Auswirkungen einer bestimmten betrieblichen Struktur angesprochen. Am deutlichsten sind sie auf dem Gebiet der Forschung und Entwicklung (F&E). Viele nagelneue, mit erheblichen Subventionen anstelle der alten Standorte errichteten Großbetriebe, wie die Opelwerke in Eisenach oder die VW-Werke in Mosel, verkörpern zwar den neuesten technischen Stand, können aber selbst nicht Träger einer technischen Weiterentwicklung sein, da ihnen dazu die Voraussetzungen in Gestalt von gut ausgestatteten Forschungs- und Entwicklungsabteilungen fehlen. Das wohl gravierendste Handicap der ostdeutschen „branch plant economy“ ist die weitgehende Aufgabe der F&E Funktion. 1989 war das Forschungspersonal in beiden deutschen Staaten pro 100 Erwerbstätigen etwa gleich groß. In Westdeutschland arbeiteten 1989 etwas weniger als eine halbe Million Forscher, in Ostdeutschland knapp 150 000 in F&E-Abteilungen, d.h. 33 Prozent. Bereits 1992 waren es nur noch 3,5 Prozent. Entsprechend sank im Osten die Zahl der zum Patent angemeldeten Erfindungen: 1989 waren es noch 101 000, 1992 sank die Zahl auf 15 000 und im Jahr 1996 waren es nur noch knapp 3 000.

Ostdeutschlands wirtschaftliche Chance, dass hatte schon 1991 die Unternehmensberatungsfirma McKinsey in einem Gutachten für die Bundesregierung festgestellt, besteht darin, sich „ein eigenständiges Wettbewerbsprofil“ zuzulegen, d.h., neue Märkte mit möglichst „idealen Unternehmer-/Angebots-/Nachfrage-Konstellationen zu schaffen“. Eine Alternative gäbe es nicht, denn „wer in einem bekannten Markt nach alten Regeln gegen etablierte und starke Wettbewerber antritt, wird aller Voraussicht nach scheitern“. Verlängerte Werkbänke aber entwickeln keine eigenen Modelle und suchen sich nicht selbstständig Absatzgebiete. Das „erledigt“ für sie die Konzernzentrale außerhalb der Region. Damit ist allerdings auch der Beitrag des Unternehmens zum ebenso angestrebten wie notwendigen „selbsttätigen Aufschwung“ in Ostdeutschland erledigt.

Heismanns Urteil über die negativen Folgen der Dependenzwirtschaft ist eindeutig: „Nach dem Untergang der DDR musste Ostdeutschlands Industrie sicherlich einer Reformation an Haupt und Gliedern unterzogen werden. In vielen Industriebranchen wurden zwar die Glieder reformiert, doch dabei zugleich die Häupter abgetrennt. ... Ein hochentwickeltes Industrieland kann nicht allein von Zweigwerken leben. Industrielle Schwellenländer ohne forschende Unternehmen erreichen schwerlich den Wohlstand der fortgeschrittensten Industrienationen.“[12]

[10] Neues Deutschland vom 3. März 1998

[11] Günter Heismann: Überholen ohne einzuholen. Neue Hochtechnologien zwischen Ostsee und Thüringer Wald, Berlin 2000, S. 10 u. 74f.

[12] Günter Heismann (Anm. 11), S. 75.

Ostdeutschland „auf der Kippe“?

Im Januar 2001 machte ein Thesenpapier in Deutschland von sich reden, das die alarmierende Nachricht enthielt, die wirtschaftliche und soziale Entwicklung in Ostdeutschland stehe „auf der Kippe“.[13] Wenn nicht andere Wege eingeschlagen würden, so argumentierte der Verfasser, Bundestagspräsident Wolfgang Thierse, werde anstelle des unter großen Anstrengungen erreichten Aufwärtstrends ein Abwärtstrend treten. Dabei spielte er auf die seit 1995/96 eingetretene Stagnation im Aufholprozess der neuen Bundesländer gegenüber den alten an, die sowohl auf wirtschaftlichem als auch auf sozialem Gebiet - z.B. beim Durchschnittseinkommen - deutlich wurde. War nach Angaben des Ifo-Wirtschaftsinstituts München im Vergleich zum jeweiligen Niveau Westdeutschlands (gleich 100 gesetzt) das Bruttoinlandsprodukt je Einwohner in den neuen Ländern von 1992 bis 1996 von 41,2 auf 61,7 Prozent gestiegen, so verringerte sich in der zweiten Hälfte der 90er-Jahre der Abstand nicht mehr. Das ostdeutsche Niveau beim „Entgelt je Arbeitnehmer“ stieg im Vergleich zum westdeutschen von 1992 bis 1996 von 61,9 auf 75,8 Prozent. Bis zum Jahr 2000 erhöhte es sich nur noch auf 77,1 Prozent. Geringes Wachstum bzw. Stagnationstendenzen zeigten sich in der zweiten Hälfte der 90er-Jahre im Osten auch bei der Entwicklung der Arbeitsproduktivität und der Lohnstückkosten. Thierses Thesen, die über „Die Zeit“ in die Öffentlichkeit lanciert wurden, lösten ein sehr lebhaftes Echo aus. Nicht, dass die im Papier enthaltenen Informationen neu gewesen wären. Bereits einige Jahre nach der Währungs-, Wirtschafts- und Sozialunion hatten prominente Persönlichkeiten wie Exbundesbankpräsident Karl Otto Pöhl und Exwirtschaftsminister Karl Schiller darauf hingewiesen, dass ohne Kurskorrekturen in der Wirtschaftspolitik der Bundesregierung gegenüber dem Osten der wirtschaftliche und soziale Aufholprozess in den neuen Ländern gefährdet sei. Dabei handelte es sich aber um Kritiken „vom Rande“ her: Der Bundestagspräsident stand dagegen im politischen Scheinwerferlicht. „Ein Brief kam, von ganz oben, der Schluss macht mit dem Gesülze von wachsender deutscher Einheit, blühenden Beitrittsgebieten und Chefsache Ost“, kommentierte der Publizist Christoph Dieckmann das Thesenpapier in der „Zeit“.[14]

Die Reaktionen auf Thierses Wortmeldung kamen rasch, sie kamen von allen Seiten: Politiker in Regierungsverantwortung und in der Opposition meldeten sich genauso zu Wort wie Wirtschaftswissenschaftler. Keine der im Bundestag vertretenen Parteien verzichtete auf einen Kommentar. Die Stellungnahmen waren sehr unterschiedlich und oft auch innerhalb der Parteien nicht einheitlich. „Bei sachgerechter Einschätzung stellt sich die Entwicklung differenzierter da“, hieß es vonseiten des Staatsministers für den Aufbau Ost, Rolf Schwanitz. Thierse habe „Empfindungen wiedergegeben, aber keine Daten“, behauptete Bundes-

[13] Wolfgang Thierse: Fünf Thesen zur Vorbereitung eines Aktionsprogramms für Ostdeutschland, Berlin 2001, S. 4-10.

[14] Die Zeit, 2/2001, S. 5.

Bundestagspräsident Wolfgang Thierse während einer Buchvorstellung am 9. Januar 2001 in Berlin

Ein riesiges Notstandsgebiet für lange Zeit

Karl Otto Pöhl, ehemaliger Bundesbankpräsident, 1994 über die mittelfristigen Aussichten der ostdeutschen Wirtschaft:

Ostdeutschland wird für lange Zeit so etwas wie die Midlands in England sein. Ein riesiges Notstandsgebiet, aus dem die jungen, kreativen Kräfte abwandern. Besonders der Norden – Mecklenburg – wird das Sibirien Deutschlands, nur ohne Rohstoffe.

Daniela Dahn: Wir bleiben hier oder Wem gehört der Osten. Vom Kampf um Häuser und Wohnungen in den neuen Bundesländern, Hamburg 1994 (Rowohlt Taschenbuch Verlag), S. 55f.

Eine Art ostdeutsches Mezzogiorno

Der Publizist Claus Noé über die Konsequenzen einer verfehlten Wirtschaftspolitik für die neuen Bundesländer:

Das muss alles nicht so kommen. Aber wer die Ostdeutschen zu ökonomischen Underdogs werden lässt, in einer Art Mezzogiorno, aus dem sich die Beweglichen davonmachen und in dem die Sesshaften leiden, riskiert eine andere, eine gespaltene Republik. Der schwierige Weg in die offene Gesellschaft führt über Aufklärung, Solidarität und ökonomische Disziplin.

Lettre international, Heft 50, Oktober 2000, S. 5ff.

kanzler Schröder. Von „platten Diskussionen" sprach ein SPD-Staatssekretär.[15] Günter Nooke, der aus dem Osten stammende stellvertretende Vorsitzende der Unionsfraktion im Bundestag, beklagte dagegen – mit Thierse übereinstimmend – die Abkoppelung Ostdeutschlands von der wirtschaftlichen Entwicklung im Westen, warnte aber in einer einberufenen aktuellen Stunde des Bundestages: „Bevor der Osten kippt, müssen wir dafür sorgen, dass die Stimmung nicht kippt."[16] Auch unter den Ökonomen gingen die Auffassungen weit auseinander: Während Gustav Horn vom Deutschen Institut für Wirtschaftsforschung (DIW) in Berlin von Thierses Thesen als heilsamen Schock sprach und der ehemalige Staatssekretär im Bundesfinanzministerium, Claus Noé, explizit erklärte: „Thierses ökonomische Analyse ist richtig", vertrat Karl Brenke, ebenfalls DIW, die Auffassung: „Grund zur Befürchtung, dass der Osten weiter zurückfällt, gibt es nicht."[17]

„Die deutsche Wirtschaft ist nach wie vor zerrissen"

Bundestagspräsident Wolfgang Thierse 2001 über Ostdeutschland als Wirtschaftsstandort:

Die Lage ist viel günstiger als im süditalienischen Mezzogiorno und mit dieser Krisenregion nicht zu vergleichen – im Einkommensniveau nicht, nicht im erreichten Technologiestandard und Industrialisierungsgrad, nicht im Bildungs- und Qualifikationsniveau und nicht in den politischen Strukturen. Aber die Lage ist doch viel komplizierter als in Ostfriesland oder in Teilen des Ruhrgebietes, etwa in Duisburg oder Gelsenkirchen. Von einer ökonomischen und sozialen Einheit Deutschlands kann bisher keine Rede sein.

Die deutsche Wirtschaft ist nach wie vor zerrissen – der große westliche Teil erzeugt 90 Prozent des deutschen Bruttoinlandsproduktes, hat eine sehr hohe wirtschaftliche Leistungsfähigkeit erreicht und erzielt große Exportüberschüsse. Hingegen ist Ostdeutschland vom Westen beziehungsweise vom Zentralstaat extrem abhängig. ... Ein Drittel der von Ostdeutschen gekauften Güter und Dienstleistungen wird nicht durch eigenes Angebot gedeckt, sondern von außerhalb bezogen.

Wolfgang Thierse: Zukunft Ost. Perspektiven für Ostdeutschland in der Mitte Europas, Berlin 2001 (Rowohlt Verlag) 2001, S. 89.

Es kam auch zu verschiedenartigen Interpretationen des statistischen Materials, das den Thesen von Thierse zugrunde lag. Wer meinte, der deutsche Osten stehe nicht auf der Kippe, verwies auf die relativ hohen Zuwachsraten des verarbeitenden Gewerbes. Einige rechneten die (negative Wachstumsraten aufweisende) Bauwirtschaft heraus und kamen so zu einem gegenüber den alten Bundesländern noch komfortablen Wachstum Ost.

So gut wie keine Möglichkeiten zu unterschiedlicher Interpretation bot jedoch die Wanderungsstatistik, auf die sich Thierse auch in seinen Thesen gestützt hatte. Die Anzahl derjenigen Menschen, die Ostdeutschland in Richtung Westen verließen, stieg nach Angaben des Statistischen Bundesamtes seit 1995 wieder Jahr für Jahr an – von 166 000 auf 215 000 im Jahre 2000. Die Zahl der Umzüge von West nach Ost, die sich Mitte der 90er-Jahre auf etwas mehr als 150 000 eingependelt hatte, stagnierte dagegen, sodass sich der Bevölkerungsverlust durch Abwanderung von 14 000 (1996) auf 61 000 (2000) erhöhte.

Zwischen 1990 und 2000 ging die Bevölkerung der Mittelstadt Hoyerswerda um ein Sechstel, der Großstadt Cottus um ein Siebtel, von Brandenburg, Rostock und Stralsund um ein Zehntel zurück. Für vier der fünf neuen Länder konstatierte das Statistische Bundesamt im gleichen Zeitraum Bevölkerungsverluste zwischen 7 und 9 Prozent.

Alarmierender noch als die bloße Zahl der Weggehenden erweist sich ihre Zusammensetzung nach Alter und Bildungsstand. Fast ein Viertel der aus Ostdeutschland Abwandernden ist unter 18 Jahre alt, nur 2,7 Prozent sind über 65. Daher besteht eine augenscheinliche Tendenz zur Überalterung und damit zur ökonomischen Deaktivierung der ostdeutschen Bevölkerung durch Wanderungsverluste.

Mit Blick auf die Altersstruktur der Abwandernden warnte in der Diskussion um die Thierse-Thesen eindringlich Hartmut Büttner, Vorsitzender der Arbeitsgruppe Neue Bundesländer der Mittelstands- und Wirtschaftsvereinigung der CDU/CSU, vor einem „Ausbluten des Ostens, insbesondere der Abwanderung junger leistungsfähiger Menschen". Die Abwanderung „ ist mittlerweile zu einer existenziellen Belastung für die neuen Bundesländer geworden". Ihre Folgen sind: wachsender Wohnungsleerstand, Ausdünnung der Bildungseinrichtungen, Fachkräftemangel und Kaufkraftverlust. Die PDS-Bundestagsabgeordnete und

[15] Der Tagesspiegel vom 31. Januar 2001 und vom 8. Februar 2001.

[16] Der Tagesspiegel vom 9. Februar 2001.

[17] Deutschlands Mezzogiorno. Muss die wirtschaftliche Weichenstellung in Ostdeutschland verändert werden? Materialien einer Diskussionsveranstaltung der Friedrich-Ebert-Stiftung, Berlin 2001, S. 20.

Geringe Ausbildungschancen

Eine Mitarbeiterin einer Eisenhüttenstädter Beschäftigungsinitiative über die Berufsaussichten in einer ostdeutschen Mittelstadt:

Und hier in Eisenhüttenstadt hat meine Tochter keine Chance. ... Ich kann gar nicht erkennen, dass ihre berufliche Zukunft hier liegt, und könnte ich es, ich würde es ihr nicht verübeln, wenn sie woanders hingeht. ... Das ist ein Theater, was sich hier abspielt. Drei Mal (bewerben) reicht bestimmt nicht. Aber wirklich verschiedenes, jetzt nicht nur auf eine Strecke spezifisch. Über den Zoll, Gericht ... einige haben sich noch gar nicht gemeldet, ja, EKO, Kochausbildung, alles mögliche. Na sie war ja nun nicht mal so stur und verbissen und hat gesagt, ich will nur das und nichts anderes. ... Aus ihrer Klasse haben, glaub ich, bis jetzt nur zwei von 25 Zusagen, dass sie nach dem Abitur etwas machen (können).

Jenny Richter/Heike Förster/Ulrich Lakemann: Stalinstadt-Eisenhüttenstadt. Von der Utopie zur Gegenwart. Wandel industrieller, regionaler und sozialer Strukturen in Eisenhüttenstadt, Marburg 1997 (Schüren Verlag), S. 143.

Lieber im Westen studieren

Stefan Mury, ein junger Ostberliner, über die zu geringen Anreize, in Ostdeutschland eine Hochschule zu besuchen:

Man hat zwar Universitäten und Fachhochschulen geschaffen. Jetzt macht man aber nicht den zweiten Schritt: Die Förderung von jungen Leuten, die im Osten weiter ausgebildet werden sollen, promovieren sollen. Der Universitätsaufenthalt ist praktisch mit dem BAT-Ost belegt worden. Das hat zur Folge, dass man in den Universitäten im Osten keinerlei oder fast keinen Nachwuchs mehr bekommt – in Informatik und dergleichen. Wer studieren will, der geht in die alten Bundesländer, weil man dort natürlich sofort 300 bis 500 Mark pro Monat mehr erhält. Dadurch geht dem Osten der Nachwuchs verloren, der ganz wichtig wäre, weil der sich später wieder ausgründen und etwas zur Entwicklung der Region beitragen könnte. Diese Regelung könnte meiner Ansicht nach politisch sofort gelöst werden, indem man eine Gleichbehandlung für ganz Deutschland beschließt. Dann würde der Transfer von Intelligenz und Köpfen nach Süddeutschland und Westdeutschland aufhören. Es würde sich praktisch eine Chance im Osten ergeben.

Deutschlands Mezzogiorno. Muss die wirtschaftliche Weichenstellung in Ostdeutschland verändert werden? Materialien einer Diskussionsveranstaltung der Friedrich-Ebert-Stiftung, Berlin 2001, S. 40.

Lebensmittelpunkt wird verlagert

Constanze Krehl, Vorsitzende des SPD-Landesverbandes Sachsen, über die Abwanderung junger Menschen aus Sachsen:

Wir haben in Sachsen in den letzten Jahren 150 000 junge Menschen verloren. ... Das Problem, das ich sehe, ist, sie kommen nicht zurück. Und es kommt auch kein anderer ... Da habe ich daneben schon das Problem, dass man innerhalb einer Bundesrepublik offensichtlich keine Bedingungen schaffen kann in Ostdeutschland, die ein Anreiz sind, dort den Lebensmittelpunkt hin zu verlagern.

Zehn Jahre danach. Die Einheit neu denken! Dokumentation der Veranstaltung des Forum Ostdeutschland, Berlin (1. Juli) 2000, S. 29.

ehemalige Wirtschaftsministerin im Kabinett Modrow, Christa Luft, unterstrich diese Einschätzung mit der Bemerkung, es lasse sich nicht leugnen, dass nach drei Jahren rot-grüner Politik der Osten an einer Wegscheide stehe, vielleicht mit „Altersheim-Perspektive“.[18]

[18] Der Tagesspiegel vom 9. Februar 2001; Neues Deutschland vom 13./14. Januar 2001.

Die Abwanderung ist für Deutschland nicht nur ein ökonomisches, ein soziales und ein politisches Problem (das seit 1998 vor allem die Regierung Schröder zu verantworten hat), sondern auch ein gesellschaftliches. Die Abwanderung Ostdeutscher aus der DDR in den 50er-Jahren bis zum Bau der Mauer 1961 – übrigens in nicht viel anderer Größenordnung als Anfang und Ende der 90er-Jahre, ebenfalls bei einem überdurchschnittlichen Anteil junger Menschen mit Abitur – wurde damals in der Bundesrepublik als „Abstimmung mit den Füßen“, als Votum für Freiheit, Demokratie und Marktwirtschaft interpretiert. Was die wirtschaftliche Seite, den besseren Verdienst und den rascheren sozialen Aufstieg betrifft – das damals wichtigste Argument für die „Flucht aus der Zone“ –, handelt es sich auch Anfang dieses Jahrzehnts um eine Abstimmung mit den Füßen: Nicht gegen die Marktwirtschaft an sich oder gegen ihre konkrete Erscheinungsform in den alten Bundes-

Keine ostdeutsche Marktwirtschaft

Heiner Flassbeck, seinerzeit Leiter der Abteilung Konjunktur des DIW, über den Charakter der Marktwirtschaft in den neuen Bundesländern:

Nein! Wir haben im Grunde in Ostdeutschland immer noch nicht die Bedingungen, die der Funktionsweise einer Marktwirtschaft entsprechen. Was wir haben, ist natürlich eine Marktwirtschaft westlicher Prägung – aber das ist nicht die ganze Wahrheit. ... In Ostdeutschland gibt es keine Marktwirtschaft aus sich heraus, keine endogene, keine ostdeutsche Marktwirtschaft im Grunde.

Harry W. Jablonowski/Rolfs Simons (Hrsg.): Strukturpolitik in Ost und West. Zwischen Steuerungsbedarf und ordnungspolitischem Sündenfall, Köln 1993 (Bund Verlag), S. 124.

Geronnene Fehler der Vergangenheit

Gustav Horn, Abteilungsleiter Konjunkturpolitik des DIW, über die wirtschaftspolitischen Fehlentscheidungen der 90er-Jahre und ihre Folgen bis heute:

Wir leiden heute noch unter den geronnenen Fehlern der Vergangenheit. Geronnen – weil diese Fehler sich in der Tat verhärtet haben, ... der Umstellungskurs, der die ostdeutsche Industrie wettbewerbsunfähig machte; die schnelle Lohnangleichung, die ihr den Rest gab. Diese Fehler wirken nach bis auf den heutigen Tag, und den Preis bezahlen wir gerade in den letzten vier, fünf, sechs Jahren.

Deutschlands Mezzogiorno. Muss die wirtschaftliche Weichenstellung in Ostdeutschland verändert werden? Materialien einer Diskussionsveranstaltung der Friedrich-Ebert-Stiftung, Berlin 2001, S. 27, 29.

ländern, wohl aber gegen das, was im Osten unter dem Namen Marktwirtschaft nach mehr als einem Jahrzehnt Transformation entstanden ist. Maßstab ist dabei nicht das DDR-Niveau von 1989, sondern das westdeutsche des Jahres 2000. Wirtschaftlich und sozial im Osten und für den Osten neue Weichenstellungen zu legen, sich nicht mit dem Hinweis auf das „schwere Erbe der DDR" oder die Kritik an den „geronnenen Fehlern der Wirtschaftspolitik der Einigungsphase" zu begnügen, sondern die „Zukunft Ost" zu gestalten, das ist das Anliegen der Thesen von Wolfgang Thierse, ein Anliegen, dem sich auf Dauer keine Bundesregierung wird entziehen können.

Die Altersstruktur der Bevölkerung in den neuen Bundesländern gab Ende der 90er-Jahre Anlass zur Besorgnis, denn eine Tendenz zur Überalterung war nicht zu übersehen

Literaturverzeichnis

AG Perspektiven für Ostdeutschland (Hrsg.): Ostdeutschland eine abgehängte Region? Perspektiven und Alternativen, Dresden 2001.

Ahrens, Ralf: Gegenseitige Wirtschaftshilfe. Die DDR im RGW – Strukturen und handelspolitische Strategien 1963-1976, Köln 2000.

Anatomie einer Pleite. Der Niedergang der DDR-Wirtschaft seit 1971. Materialien einer Diskussionsveranstaltung der Friedrich-Ebert-Stiftung, Berlin 2000.

Apel, Hans: Zerstörte Illusionen. Meine ostdeutschen Jahre, Stuttgart 2000.

Barkleit, Gerhard: Mikroelektronik in der DDR. SED, Staatsapparat und Staatssicherheit im Wettstreit der Systeme (Hannah-Arendt-Institut für Totalitarismusforschung), Dresden 2000.

Bilanz 10 Jahre Deutsche Einheit. Dokumentation einer Diskussionsveranstaltung der Friedrich-Ebert-Stiftung, Berlin (Mai) 2000.

„Blech kann man verbiegen ... uns nicht!" Dokumentation eines Kampfes (Betriebsrat der Fa. Hemeyer Verpackungen Werk Bad Lauterberg), Bad Lauterberg, September 2001.

Breuel, Birgit (Hrsg.): Treuhand intern, Frankfurt/Main 1993.

Bundesministerium für Wirtschaft: Der Aufbau in den neuen Bundesländern. Leistungsbilanz der Bundesregierung, Bonn 1995.

Buthmann, Reinhard: Hochtechnologien und Staatssicherheit, Berlin 2000.

Dahn, Daniela: Wir bleiben hier oder Wem gehört der Osten? Vom Kampf um Häuser und Wohnungen in den neuen Bundesländern, Hamburg 1994.

Der Staatsvertrag. Grundlage der deutschen Einheit, hrsg. vom Presse- und Informationsamt der Bundesregierung, Bonn 1990.

Deutschlands Mezzogiorno. Muss die wirtschaftspolitische Weichenstellung in Ostdeutschland verändert werden? Materialien einer Diskussionsveranstaltung der Friedrich-Ebert- Stiftung, Berlin 2001.

Dokumente der SED, Bd. XV, Berlin (Ost) 1978.

Dokumente zur Deutschlandpolitik. Deutsche Einheit. Sonderedition aus den Akten des Bundeskanzleramtes 1989/90, hrsg. vom Bundesministerium des Innern unter Mitwirkung des Bundesarchivs, München 1998.

Dümcke, Wolfgang/Fritz Vilmar (Hrsg.): Kolonialisierung der DDR. Kritische Analysen und Alternativen des Einigungsprozesses, Münster 1995.

Eisenhüttenstädter Lesebuch, Berlin 2000.

Eröffnungsbilanz der Treuhandanstalt – ernüchternde Schlussbilanz der DDR-Wirtschaft (Bundesministerium der Finanzen), Bonn, 15. Oktober 1992.

Falkner, Thomas: Absturz in die Marktwirtschaft. Der schwere Gang durch die ostdeutsche Wirtschaftskrise, München 1994.

Fischer, Wolfram/Herbert Hax/Hans-Karl Schneider: Treuhandanstalt. Das Unmögliche wagen, Berlin 1993.

Fritze, Lothar: Panoptikum DDR-Wirtschaft. Machtverhältnisse, Organisationsstrukturen, Funktionsmechanismen, München 1993.

Gehrke, Bernd/Wolfgang Rüddenklau (Hrsg.): ... das war doch nicht unsere Alternative. DDR-Oppositionelle zehn Jahre nach der Wende, Münster 1999.

Geschichte der Sozialpolitik in Deutschland seit 1945, Bd. 1, hrsg. vom Bundesministerium für Arbeit und Sozialordnung und Bundesarchiv, Baden-Baden 2001.

Gürtler, Joachim/Wolfgang Ruppert/Kurt Vogler- Ludwig: Verdeckte Arbeitslosigkeit in der DDR, München 1990.

Haendcke-Hoppe-Arndt, Maria: Die Hauptabteilung XVIII: Volkswirtschaft (MfS-Handbuch, Teil III/10), Berlin 1997.

Hagedorn, Konrad/Andreas Eisen (Hrsg.): Lernstücke. Genossenschaften in Ostdeutschland, Berlin 2000.

Härtel, Christian/Petra Kabus (Hrsg.): Das Westpaket, Berlin 2000.

Heilig, René/Knut Holm: Signal Bischofferode, Berlin 1993.

Heimann, Christian: Systembedingte Ursachen des Niedergangs der Wirtschaft. Das Beispiel der Textil- und Bekleidungsindustrie 1945 - 1989, Frankfurt/Main 1997.

Heismann, Günter: Überholen ohne einzuholen. Neue Hochtechnologien zwischen Ostsee und Thüringer Wald, Berlin 2000.

Hildebrandt, Regine: Wer sich nicht bewegt, hat schon verloren, Bonn 1996.

Honecker, Erich: Bericht des Zentralkomitees an den VIII. Parteitag der SED, Berlin 1971.

Industriegewerkschaft Bergbau und Energie (Hrsg.): Unternehmensmitbestimmung in den neuen Bundesländern. Eine Dokumentation, Bochum 1994.

Jablonowski, Harry W./Rolf Simons (Hrsg.): Strukturpolitik in Ost und West. Zwischen Steuerungsbedarf und ordnungspolitischem Sündenfall, Köln 1993.

Jahresbericht der Bundesregierung zum Stand der Deutschen Einheit, Bonn (Juni) 1998.

Janson, Karl-Heinz: Totengräber der DDR. Wie Günter Mittag den SED-Staat ruinierte, Düsseldorf 1991.

Joint Economic Committee, Congress of the United States (Hrsg.): East European Economies. Slow Growth in the 1980s, Bd. 1, Washington 1998.

Judt, Matthias: DDR-Geschichte in Dokumenten, Berlin 1998.

Kaelble, Hartmut/Jürgen Kocka/Hartmut Zwahr: Sozialgeschichte der DDR, Stuttgart 1994.

Kaiser, Monika: 1972 – Knockout für den Mittelstand. Zum Wirken von SED, CDU, LDPD und NDPD für die Verstaatlichung der Klein- und Mittelbetriebe, Berlin 1990.

Karlsch, Rainer/Raymond Stokes: Die Chemie muss stimmen. 1990-2000. Bilanz des Wandels, Leipzig 2000.

Klenke, Olaf: Ist die DDR an der Globalisierung gescheitert? Autarke Wirtschaftspolitik versus internationale Weltwirtschaft. Das Beispiel Mikroelektronik, Frankfurt/Main 2001.

Kleßmann, Christoph/Georg Wagner (Hrsg.): Leben in Deutschland 1945-1990. Texte und Dokumente, München 1993.

Kohl, Helmut: Mein Tagebuch 1998 – 2000, München 2000.

Kotthoff, Hermann/Ingrid Matthäi: Vom Kombinat zum Kleinbetrieb. Die Entstehung einer mittelständischen Industrie, Berlin 1999.

Krömke, Claus: Das „Neue ökonomische System der Planung und Leitung der Volkswirtschaft" und die Wandlungen des Günter Mittag (Helle Panke: hefte zur ddr-geschichte, 37), Berlin 1996.

Krug, Günther: Auf den Schienen des Erfolgs. Die Geschichte der DWA von 1989 bis 1998 (Bombardier Transportation/Deutsche Waggonbau GmbH), Berlin 1998.

Kuhrt, Eberhard/Hannsjörg F. Buck/Gunter Holzweißig (Hrsg.): Die Endzeit der DDR-Wirtschaft. Analysen zur Wirtschafts-, Sozial- und Umweltpolitik, Opladen 1999.

Liedtke, Rüdiger: Die Treuhand und die zweite Enteignung der Ostdeutschen, München 1993.

Luft, Christa: Die Lust am Eigentum. Auf den Spuren der deutschen Treuhand, Zürich 1996.

Luft, Christa: Zwischen Wende und Ende. Reminiszenzen einer Zeitzeugin, erweiterte Neuauflage Berlin 1999.

Maier, Charles: Das Verschwinden der DDR und der Untergang des Kommunismus, Frankfurt/Main 1999.

Marktwirtschaftlichen Kurs halten. Zur Wirtschaftspolitik für die neuen Bundesländer. Sondergutachten vom 13. April 1991, hrsg. vom Sachverständigenrat zur Begutachtung der gesamtwirtschaftlichen Entwicklung, Wiesbaden 1991.

Materialen der Enquete-Kommission „Aufarbeitung von Geschichte und Folgen der SED-Diktatur in Deutsschland“ (12. Wahlperiode), hrsg. vom Deutschen Bundestag, Bd. III/1, Baden-Baden 1995.

Mittag, Günter: Referat auf der Kontrollberatung des ZK der SED mit den Generaldirektoren der Kombinate und den Parteiorganisatoren des ZK am 31. August 1989 in Leipzig, Berlin (Ost)1989.

Möbis, Harry: Von der Hoffnung gefesselt. Zwischen Stoph und Mittag - unter Modrow, Frankfurt/Oder 1999.

Mühlfriedel, Wolfgang/ Dieter Taubert u.a.: 50 Jahre Jenapharm.1950-2000, Jena 2000.

Müller, Gerhard: Die Politik der SED zur Herausbildung und Entwicklung der Mikroelektronik der DDR im Rahmen der ökonomischen Strategie zur Durchsetzung der intensiv erweiterten Reproduktion (1976-1985), Berlin (Ost) 1989.

Münzberg, Günter Heribert: Zu treuen Händen. Ein Insider-Bericht, Leipzig 2001.

Nawroth, Kerstin /Gerhard Kullmann: Die Bedeutung und Veränderung von sozialen Bindungen in den Gruppenstrukturen der Produktionsbelegschaften in den neuen Bundesländern, Dresden 1993.

Nicolaus, Herbert/Lutz Schmidt: Einblicke. 50 Jahre EKO Stahl, Eisenhüttenstadt 2000.

Perspektiven der ostdeutschen Wirtschaft , Berlin 1999

Pirker, Theo/M. Rainer Lepsius/Rainer Weinert/Hans-Hermann Hertle (Hrsg.): Der Plan als Befehl und Fiktion. Wirtschaftsführung in der DDR. Gespräche und Analysen, Opladen 1995.

Programm der Sozialistischen Einheitspartei Deutschlands, Berlin (Ost) 1976 und 1977.

Rebe, Bernd/Franz-Peter Lang (Hrsg.): Die unvollendete Einheit. Bestandsaufnahme und Perspektiven für die Wirtschaft, Hildesheim 1996.

Regierungskonzept zur Wirtschaftsreform in der DDR. Zielstellung, Grundrichtungen, Etappen und unmittelbare Maßnahmen der Wirtschaftsreform in weiterer Verwirklichung der Regierungserklärung vom 17. November 1989, Berlin (Ost) 1990.

Revolution oder Implosion. Der Streit um die politische Bewertung der Wende im Herbst 1989. Materialien einer Diskussionsveranstaltung der Friedrich-Ebert- Stiftung, Berlin, 27. Februar 1999.

Richter, Jenny/Heike Förster/Ulrich Lakemann: Stalinstadt-Eisenhüttenstadt. Von der Utopie zur Gegenwart. Wandel industrieller, regionaler und sozialer Strukturen in Eisenhüttenstadt, Marburg 1997.

Rochtus, Dirk: Zwischen Realität und Utopie. Das Konzept des „dritten Weges“ in der DDR 1989/90, Leipzig 1999.

Roesler, Jörg: Der Anschluss von Staaten in der modernen Geschichte, Frankfurt/Main 1999.

Roesler, Jörg/Dagmar Semmelmann: „... ohne Energie geht gar nichts!“ Die ostdeutsche Energiewirtschaft von den Kombinaten zur VEAG (1980-2001), Berlin 2001.

Röhr, Rita: Hoffnung, Hilfe, Heuchelei. Geschichte des Einsatzes polnischer Arbeitskräfte in Betrieben des DDR-Grenzbezirks Frankfurt/Oder 1966-1991, Berlin 2001.

Schäuble, Wolfgang: Der Vertrag: wie ich über die deutsche Einheit verhandelte, Stuttgart 1991.

Schlussbericht der Enquete-Kommission „Aufarbeitung von Geschichte und Folgen der SED-Diktatur im Prozess der deutschen Einheit“ (13. Wahlperiode), hrsg. vom Deutschen Bundestag, Bonn (10. Juni) 1998.

Schüle, Annegret: BWS [Büromaschinenwerk] Sömmerda. Die wechselvolle Geschichte eines Industriestandortes in Thüringen 1816-1995, Erfurt 1995.

Schürer, Gerhard: Gewagt und verloren. Eine deutsche Biografie, Frankfurt/Oder 1996.

Sinn, Gerlinde/Sinn, Hans-Werner: Kaltstart, Tübingen 1992.

Statement des Präsidenten des Statistischen Bundesamtes Egon Hölder: DDR-Statistik: Schein und Wirklichkeit, Wiesbaden, April 1991.

Statistisches Jahrbuch der Deutschen Demokratischen Republik '90, Berlin (Ost) 1990.

Steffen, Johannes/Angela Jansen: Bilanz der Ära Kohl, Hamburg 1998.

Suhr, Heinz: Der Treuhand-Skandal. Wie Ostdeutschland geschlachtet wurde, Frankfurt/Main 1991.

Thierse, Wolfgang /Ilse Spittmann-Rühle/Johannes L. Kuppe (Hrsg.): Zehn Jahre Deutsche Einheit, Opladen 2000.

Thierse, Wolfgang: Fünf Thesen zur Vorbereitung eines Aktionsprogramms für Ostdeutschland, Berlin 2001.

Zukunft Ost. Perspektiven für Ostdeutschland in der Mitte Europas, Berlin 2001.

Thießen, Friedrich (Hrsg.): Zwischen Plan und Pleite. Erlebnisberichte aus der Arbeitswelt der DDR, Köln 2001.

Überlegungen zur kurzfristigen Stabilisierung und langfristigen Steigerung der Wirtschaftskraft in den neuen Bundesländern (McKinsey & Company, Inc.), Düsseldorf/München (April) 1991.

Unser Land verändert sich. Deutschland 1990-1995, hrsg. vom Presse- und Informationsamt der Bundesregierung, Bonn 1995.

Vilmar, Fritz (Hrsg.): Zehn Jahre Vereinigungspolitik. Kritische Bilanz und humane Alternativen, Berlin 2000.

Weber, Hermann (Hrsg.): DDR. Dokumente zur Geschichte der DDR, München 1986.

Weimer, Wolfram: Deutsche Wirtschaftsgeschichte. Von der Währungsreform bis zum Euro, Hamburg 1998.

Wenzel, Siegfried: Was war die DDR wert? Und wo ist dieser Wert geblieben? Versuch einer Abschlussbilanz, Berlin 2000.

Wiards, Matthias: Krise im Realsozialismus. Die Politische Ökonomie der DDR in den 80er-Jahren, Hamburg 2001.

Wiener Institut für Internationale Wirtschaftsvergleiche: The Transition Countries in Early 2000: Improved Outlook for Growth, But Unemployment Is Still Rising, Wien, Juni 2000.

Willgerodt, Hans u. a.: Gutachten „Vorteile der wirtschaftlichen Einheit Deutschlands“ (Institut für Wirtschaftspolitik an der Universität zu Köln), Köln (März) 1990.

Wirtschaftsatlas Neue Bundesländer, Gotha 1994.

Wirtschaftsreport. Daten und Fakten zur wirtschaftlichen Lage Ostdeutschlands, Berlin (Ost) 1990.

Zahlungsbilanz der ehemaligen DDR 1975 bis 1989, hrsg. von der Deutschen Bundesbank, Frankfurt/Main (August) 1999.

Zehn Jahre danach. Die Einheit neu denken! Dokumentation der Veranstaltung des Forum Ostdeutschland, Berlin 2000.

Zohlnhöfer, Reimut: Die Wirtschaftspolitik der Ära Kohl. Eine Analyse der Schlüsselentscheidungen in den Politikfeldern Finanzen, Arbeit und Entstaatlichung, 1982-1998, Opladen 2001.

Zur Unterstützung der Wirtschaftsreform in der DDR: Voraussetzungen und Möglichkeiten. Sondergutachten vom 20. Januar 1990, hrsg. vom Sachverständigenrat zur Begutachtung der gesamtwirtschaftlichen Entwicklung, Wiesbaden 1990.

Abkürzungen

ABM Arbeitsbeschaffungsmaßnahme
AG Aktiengesellschaft
AGL Abteilungsgewerkschaftsleitung
ASA Archiv Schreibende ArbeiterInnen
BArch Bundesarchiv
BASF Badische Anilin- und Sodafabrik
BGL Betriebsgewerkschaftsleitung
BIP Bruttoinlandsprodukt
BKV Betriebskollektivvertrag
BVG Betriebsverfassungsgesetz
BvS Bundesanstalt für vereinigungsbedingte Sonderaufgaben
BWF Berliner Werkzeugmaschinenfabrik
CNC Computerised Numeric Control
Cocom Coordinating Committee
ČSSR Tschechoslowakische Sozialistische Republik
DIW Deutsches Institut für Wirtschaftsforschung
DWA Deutsche Waggonbau AG
EKO Eisenhüttenkombinat Ost
FDGB Freier Deutscher Gewerkschaftsbund
FDJ Freie Deutsche Jugend
F&E Forschung und Entwicklung
GBL Gesetzblatt
GmbH Gesellschaft mit beschränkter Haftung
GST Gesellschaft für Sport und Technik
IG Industriegewerkschaft
HA Hauptabteilung
HVA Hauptverwaltung Aufklärung (des MfS)
KG Kommanditgesellschaft
KoKo (Bereich) Kommerzielle Koordinierung
LAUBAG Lausitzer Bergbau-Aktiengesellschaft
LPG Landwirtschaftliche Produktionsgenossenschaft
LVO Landesverteidigungsorgane
MBI Management-Buy-In
MBO Management-Buy-Out
MfS Ministerium für Staatssicherheit
MIT Mittelstands- und Wirtschaftsvereinigung
MKG Management-Kommanditgesellschaften
MMM Messe der Meister von Morgen
NC Numeric Control
NÖS Neues Ökonomisches System
NSW Nichtsozialistisches Wirtschaftsgebiet
NVA Nationale Volksarmee
ÖSS Ökonomisches System des Sozialismus
RGW Rat für gegenseitige Wirtschaftshilfe
SAPMO Stiftung Archiv der Parteien und Massenorganisationen der DDR im Bundesarchiv (Berlin)
SED Sozialistische Einheitspartei Deutschland
SW Sozialistische Welt
SWT Sektion Wissenschaft und Technik (des MfS)
UdSSR Union der Sozialistischen Sowjetrepubliken
THA Treuhandanstalt
TSA Technologische Spezialausrüstungen
VEAG Vereinigte Energiewerke Aktiengesellschaft
VEB Volkseigener Betrieb
VEK Volkseigenes Kombinat
VM Valutamark
VVB Vereinigung Volkseigener Betriebe
WWS Wirtschafts-, Währungs- und Sozialunion
ZK Zentralkomitee

Bildnachweis

amw, München: 37

Bundesarchiv, Koblenz: 19 (183/1988/1012/30), 24 (175/ U 6371), 40 (183/ U 0216/5), 41 (183/ Z 0314/22), 47 (183/1983/0706/6), 57 (183/1990/0827/22), 58 (183/1990/0111/21), 63 (183/1990/0406/17), 66 (183/1990/0331/19), 73 (183/1990/1018/29), 76 (183/ S 0303/3), 105 (183/1989/1016/10)

dpa, Frankfurt/M.: 4, 61, 64, 84, 86, 93, 94, 99, 110

Gerhard Gäbler, Leipzig: 10, 69

Uwe Gering, Quedlinburg: 6, 17, 27, 30, 36, 92

Paul Glaser, Berlin: 7, 11, 12, 18, 20, 21, 22, 29, 31, 39, 42, 44, 46, 59, 77, 80, 81, 82, 84, 85, 91, 106, 113

Jürgens Ost und Europa Photo; Berlin: 9, 23, 38, 50, 52, 53

Keystone Pressedienst, Hamburg: 8

Ulrich Kneise, Eisenach: 65, 108

transit, Leipzig: 34, 35 (Christine Eisler), 88 (Peter Hirth), 89 (Uwe Schossig)

Ullstein Bilderdienst, Berlin: 5

Vattenfall Europe Generation AG Co KG, Berlin: 13, 15, 42, 43, 45, 46, 49, 55, 56, 87